2015 职(执)业资格考试辅导丛书

公路工程造价人员资格考试辅导用书

Gonglu Gongcheng Zaojia Jichu Lilun ji Xiangguan Fagui Moni Lianxi yu Tijie

《公路工程造价基础理论及相关法规》模拟练习与题解

（第二版）

李治平 主编

人民交通出版社股份有限公司
China Communications Press Co.,Ltd.

内 容 提 要

本书针对《公路工程造价人员资格考试大纲》所列的各考点，编制了大量专项模拟练习题，题型与考试完全一致，并在题量上尽量反映了考试的重点和难点，每道练习题均配有参考答案和较为详细的解析。

本书可供参加公路工程造价人员资格考试的人员复习参考。

增值贴（学习体验卡）**用法**：登录注考网，http://www.zhukaowang.com.cn，注册后，激活增值贴即可免费试用公路工程造价工程师考试辅导相关课程，具体操作方法见注考网。

图书在版编目(CIP)数据

《公路工程造价基础理论及相关法规》模拟练习与题解 / 李治平主编. —2版. —北京：人民交通出版社股份有限公司，2015.1

ISBN 978-7-114-11992-7

Ⅰ. ①公… Ⅱ. ①李… Ⅲ. ①道路工程—工程造价—资格考试—题解②道路工程—建筑造价管理—法规—中国—资格考试—题解 Ⅳ. ①U415.13-44②D922.296-44

中国版本图书馆 CIP 数据核字(2015)第 018397 号

公路工程造价人员资格考试辅导用书

书　　名：《公路工程造价基础理论及相关法规》模拟练习与题解（第二版）
著 作 者：李治平
责任编辑：刘永超　卢俊丽
出版发行：人民交通出版社股份有限公司
地　　址：(100011)北京市朝阳区安定门外外馆斜街3号
网　　址：http://www.ccpress.com.cn
销售电话：(010)59757973
总 经 销：人民交通出版社股份有限公司发行部
经　　销：各地新华书店
印　　刷：北京盈盛恒通印刷有限公司
开　　本：787×1092　1/16
印　　张：13.75
字　　数：334千
版　　次：2014年1月　第1版
2015年1月　第2版
印　　次：2015年1月　第1次印刷　累计第2次印刷
书　　号：ISBN 978-7-114-11992-7
定　　价：40.00元

前　言

公路工程造价管理是公路建设不可或缺的一项重要工作，是确保公路建设资金科学、合理使用的重要手段。为提高公路工程造价人员的业务能力与水平，培育一支高素质的公路工程造价人员队伍，交通运输部组织实施了公路工程造价人员资格考试。

为满足广大考生复习备考的需要，我们依据交通运输部颁布的最新《公路工程造价人员资格考试大纲》（以下简称考试大纲）和《公路工程造价人员资格考试用书》（以下简称考试用书），参考近几年考试真题中各知识点的分值分布情况，结合教学及培训工作经验，编写了《〈公路工程造价基础理论及相关法规〉模拟练习与题解》这本考试辅导用书。本书紧扣考试大纲各考点，编制了有针对性的模拟练习题，通过各考点的专项习题训练，使考生能够对各考点相关内容加深记忆和理解，达到"以练促学"的目的。同时，本书针对每道题均编制了较为详细的试题解析，内容依据考试用书和公路工程造价相关的法规文件，力求涵盖全部考试内容，考生可结合试题解析对易错点和重点、难点内容进行更加有针对性的复习。

读者可以利用考试用书，对公路工程造价相关理论与技术进行系统复习，利用本书，对相关考点进行强化训练，二者结合，一定能起到事半功倍的效果，从而能够在较短时间内更好地掌握考试内容，顺利通过考试。

本书由长安大学李治平主编。由于编者水平有限，加之时间较为仓促，本书在编写过程中虽经数次推敲核证，但仍难免存在疏漏或不妥之处，恳请广大读者批评指正，以便我们修订再版时完善，使之成为公路工程造价考试人员的好帮手。

最后真诚祝愿使用本书的各位考生能顺利通过考试！

编　者

2014年12月

目　录

第一部分　模拟练习题

第二部分　答案及解析

第一部分　模拟练习题

一、公路工程造价管理及其基本制度

（一）公路工程造价的定义、构成及计价特点

Ⅰ.单项选择题

1. 所谓工程造价，从投资者的角度分析，就是指建设一项工程（　　）。

A. 预期投入或实际投入的全部资金

B. 预期投入或实际投入的全部固定资产投资费用

C. 预期投入或实际投入的全部固定资产和流动资产投资费用

D. 在工程承发包交易活动中所形成的建筑安装工程的价格和建设工程总价格

2. 建设工程最典型的价格形式是（　　）。

A. 业主方估算的全部固定资产投资

B. 承发包双方共同认可的承发包价格

C. 建设单位编制的工程竣工决算价格

D. 经政府主管部门审批的设计概算

3. 公路工程造价由（　　）组成。

A. 直接费、间接费、利润和税金

B. 直接工程费、其他工程费、企业管理费、利润和税金

C. 建筑安装工程费、设备及工器具购置费、建设期贷款利息、预备费

D. 建筑安装工程费、设备及工器具购置费、工程建设其他费用、预备费

4. 公路工程造价中需支付给施工企业的费用是指（　　）。

A. 直接工程费　　B. 企业管理费

C. 利润和税金　　D. 建筑安装工程费

5. 在公路工程造价的组成中，建筑安装工程费由（　　）构成。

A. 直接工程费、间接费、利润和税金

B. 直接费、间接费、利润和税金

C. 直接工程费、其他工程费、企业管理费、利润和税金

D. 直接费、其他工程费、间接费、利润和税金

6. 直接工程费是指施工过程中耗费的构成工程实体和有助于工程形成的各项费用，它包括（　　）。

A. 人工费、材料费、施工机械使用费

B. 材料费、施工机械使用费、临时设施费

C. 人工费、材料费、施工机械使用费、研究试验费

D. 人工费、材料费、施工机械使用费、设备及工器具购置费

7. 建筑安装工程费中的间接费是由（　　）组成。

A. 企业管理费、建设期贷款利息　　B. 规费、企业管理费

C. 工地转移费、生产人员培训费　　D. 企业管理费、利润和税金

8. 间接费中的企业管理费是由(　　)组成。

A. 管理人员工资及办公费、企业财产保险费、差旅交通费等

B. 管理人员工资、差旅交通费、固定资产使用费、职工教育经费等

C. 管理人员工资、工伤保险费、办公费及差旅交通费、财务费用等

D. 基本费用、主副食运费补贴、职工探亲路费、职工取暖补贴、财务费用

9. 建筑安装工程费中的利润是指施工企业完成所承包工程应取得的盈利。利润的计算公式为(　　)。

A. 利润 =(直接费 + 间接费)×7%

B. 利润 =(直接费 + 间接费 - 规费)×7%

C. 利润 =(直接工程费 + 间接费 - 规费)×7%

D. 利润 =(直接工程费 + 其他工程费 - 规费)×7%

10. 工程建设其他费用中的建设项目管理费由(　　)组成。

A. 办公和生活用家具购置费、工程招标费、竣工验收费、安全生产管理费

B. 建设单位管理费、工程监理费、设计文件审查费、竣(交)工验收试验检测费

C. 建设项目前期工作费、专项评价(估)费、生产人员培训费、建设单位管理费

D. 建设单位管理费、工程质量监督费、工程监理费、工程定额测定费、设计文件审查费、竣(交)工验收试验检测费

11. 属于公路交通部门投资的项目,在工程建设期限内凡需动用预备费时,由建设单位提出,按建设项目隶属关系,报国家有关(　　)核定批准。

A. 计划管理部门　　B. 交通主管部门

C. 建设主管部门　　D. 财政主管部门

12. 施工标准化与安全措施费是指工程施工期间为满足安全生产、施工标准化、规范化、精细化所发生的费用。按规定该项费用应计入(　　)中。

A. 直接工程费　　B. 其他工程费

C. 建设项目管理费　　D. 企业管理费

13. 建设工程在建设过程的不同阶段,影响造价的因素各不相同。为了能满足造价控制和管理的要求,必须在建设全过程进行(　　)。

A. 单独计价　　B. 多次计价　　C. 组合计价　　D. 多种方法计价

14. 在建设项目的工程可行性研究阶段需要编制(　　),作为工程可行性研究时经济评价的依据。

A. 投资估算　　B. 设计概算　　C. 修正概算　　D. 施工预算

15. 按两阶段设计的建设项目,在初步设计阶段需要编制(　　),该文件经批准后就成为确定建设项目投资的最高限额。

A. 设计概算　　B. 修正概算　　C. 投资估算　　D. 施工图预算

16. 在施工图设计阶段需要编制(　　),该文件经批准后就成为签订建筑安装工程承包合同、办理工程价款结算的依据。

A. 设计概算　　B. 施工预算　　C. 施工图预算　　D. 投资估算

17. 在施工准备阶段,施工单位需要编制(　　),以此作为施工成本控制与成本核算的依据。

A. 设计概算 B. 施工图预算 C. 施工预算 D. 工程支付计划

18. 在公路工程施工过程中,根据实际发生的工程量增减、工程变更及市场物价变动等情况确定( ),它才是工程项目各分部分项工程的实际造价。

A. 决算价 B. 结算价 C. 合同价 D. 工程控制价

19. 工程建设项目在不同的阶段的计价,各有不同的计价依据,每次计价的精度要求也各不相同,因而工程造价的计价方法具有( )的特点。

A. 单件性 B. 多样性 C. 复杂性 D. 组合性

20. 计算公路工程预算造价的基本方法是( )。

A. 单价法 B. 设备系数法

C. 实物量法 D. 生产能力指数估算法

21. 反映建设工程各分项分部工程实际造价的计价文件是( )。

A. 投资估算 B. 施工图预算

C. 合同价 D. 结算价

E. 竣工决算

22. 工程计价依据具有复杂性,其中人工单价、材料价格、材料运杂费、机械台班费等是计算( )的依据。

A. 设备单价 B. 工程单价

C. 设备和工程数量 D. 人工、材料、机械等实物消耗量

23. 建设项目的实际造价是指( )。

A. 承包合同价 B. 结算价

C. 竣工决算 D. 中标单位的投标报价

Ⅱ. 多项选择题

1. 工程造价通常是指工程的建造价格,其含义是从( )的角度分析的。

A. 投资者 B. 承包人 C. 政府 D. 社会

E. 市场交易

2. 公路工程属于建设工程,其造价由( )等组成。

A. 利润 B. 工程建设其他费用

C. 建筑安装工程费 D. 税金

E. 设备及工器具购置费

3. 建筑安装工程费构成中的直接费包括( )等费用。

A. 人工费和材料费 B. 利润和税金

C. 临时设施费 D. 施工机械使用费

E. 工地转移费

4. 公路工程造价中的企业管理费包括( )等费用。

A. 基本费用 B. 财务费用 C. 工地转移费 D. 职工探亲路费

E. 工伤保险费

5. 公路工程造价构成中的工程建设其他费用包括( )等费用。

A. 建设项目管理费 B. 研究试验费

C. 生产人员培训费 D. 施工企业管理费

E. 施工机构迁移费

6. 设备购置费系指为满足公路的营运、管理、养护需要,购置的( )的费用。

A. 第一套不构成固定资产的设备、仪器、仪表

B. 达到固定资产标准的设备、工器具和备品、备件

C. 第一套不构成固定资产的工卡模具、工作台以及其他专用工具

D. 办公和生活用家具、用具

E. 虽低于固定资产标准但属于设计明确列入设备清单的设备

7. 建筑安装工程费构成中的税金系指按国家税法规定应计入建筑安装工程造价内的( )。

A. 营业税　　B. 所得税

C. 城市维护建设税　　D. 教育费附加

E. 契税和土地使用税

8. 公路工程造价计价的特点包括( )。

A. 计价的单件性　　B. 计价的多次性

C. 计价的组合性　　D. 计价方法的多样性

E. 计价的动态性

9. 建设工程项目在设计阶段需要编制的计价文件可能包括( )。

A. 投资估算　　B. 设计概算　　C. 修正概算　　D. 施工图预算

E. 施工预算

10. 在建设项目施工图设计阶段编制的,并经批准的施工图预算,其主要作用包括( )等。

A. 确定建设项目投资的最高限额

B. 是签订建设项目总承包合同的依据

C. 是签订建筑安装工程承包合同的依据

D. 是办理工程价款结算的依据

E. 对于施工招标的工程,也是编制工程标底的依据

11. 公路工程建设项目在建设的不同阶段需要分别进行计价,所形成的计价文件包括( )。

A. 工程标底　　B. 费用支付申请单

C. 投标报价　　D. 承包合同价

E. 工程结算

12. 建设工程人工、材料、机械等实物消耗量的计算依据包括( )。

A. 人、料、机单价　　B. 概算定额

C. 预算定额　　D. 费用定额

E. 投资估算指标

Ⅲ. 判断题

1. 对于建设工程的投资者来说,面对市场经济条件下的工程造价就是项目投资,是购买项目所要付出的价格。( )

2. 建筑安装工程费就是在施工过程中由建设单位支付给施工企业的全部费用。( )

3. 间接费构成中的企业管理费是由基本费用、财务费用、管理人员工资、利润和税金等组成。 （　　）

4. 企业管理费是指施工企业为组织施工生产和经营管理所需的费用。 （　　）

5. 对于政府投资项目而言，作为拟建项目工程造价最高限额的是经批准的投资估算。 （　　）

6. 工程的多次计价各有不相同的计价依据，每次计价的精度要求也各不相同。因此，工程造价的计价方法具有多样性。 （　　）

7. 计算人工、材料、机械等实物消耗量的依据包括人工单价、材料价格、机械台班费等。 （　　）

（二）公路工程造价管理体制及基本内容

Ⅰ. 单项选择题

1. 建设工程（　　）管理是指为了实现投资的预期目标，在拟定规划、设计方案的条件下，预测、计算、确定和监控工程造价及其变动的系统活动。

A. 投资费用　　B. 价格　　C. 施工成本　　D. 招标投标

2. 按照优先性的原则，协调和平衡工期、质量、安全、环境保护与成本之间的对立统一关系，这反映了（　　）造价管理的思想。

A. 全寿命期　　B. 全要素　　C. 全过程　　D. 全方位

3. 我国工程造价管理体制改革的最终目标是，建立市场形成价格的机制，实现工程造价管理（　　）。

A. 一体化　　B. 国际化　　C. 市场化　　D. 社会化

4. 设计概算是指在建设工程的初步设计阶段，预先测算和确定的工程造价，它主要受（　　）控制。

A. 投资估算　　B. 承包合同价

C. 施工图预算　　D. 修正概算

5. 对以施工图预算为基础的招标投标工程，承包合同价是以经济合同形式确定的（　　）。

A. 概算造价　　B. 预算造价

C. 结算价　　D. 建筑安装工程造价

6. 为了实现工程造价的有效控制，需要在工程建设程序的各个阶段采取有效措施，将工程造价控制在（　　）之内。

A. 投资能力范围和确定的投资估算

B. 合理的范围和核定的造价限额

C. 可预见的变动范围和承包总价限额

D. 投资效益要求的范围和工程造价最高限额

7. 建设工程项目投资决策完成后，有效控制工程造价的关键在于（　　）。

A. 选择施工方案　　B. 编制工程量清单

C. 审核施工图预算　　D. 进行设计方案比选

8. 控制工程造价最有效的手段是（　　）。

A. 管理与经济相结合　　B. 技术与经济相结合

C. 管理与组织相结合　　D. 技术与组织相结合

9. 建设工程的全过程造价控制的重点阶段是(　　)。

A. 前期投资决策阶段　　B. 工程设计阶段

C. 招标投标阶段和施工阶段　　D. 前期投资决策阶段和设计阶段

Ⅱ. 多项选择题

1. 建设工程造价管理的含义包括(　　)。

A. 投资主体管理　　B. 投资费用管理

C. 投资目标管理　　D. 价格管理

E. 投资行为管理

2. 建设工程全面造价管理包括(　　)造价管理。

A. 全寿命期　　B. 全过程　　C. 全要素　　D. 全方位

E. 全员参与

3. 建设工程全要素造价管理是指要控制工程造价除控制工程本身的建造成本外,还应同时考虑对工程(　　)的控制。

A. 工期成本　　B. 质量成本　　C. 运营成本　　D. 安全成本

E. 环境成本

4. 工程造价管理体制的核心是在有利于建设工程发展的前提下,如何处理中央与地方、国家与部门、参与建设的各方之间的(　　)。

A. 出资比例　　B. 管理权限　　C. 经济责任　　D. 法律责任

E. 经济利益

5. 我国工程造价管理体制改革主要体现在(　　)等方面。

A. 进一步明确概预算工作的重要作用

B. 重视和加强项目决策阶段的投资估算工作

C. 用"动态"方法研究和管理工程造价

D. 进一步强化政府主管部门对工程造价的控制

E. 对不同阶段工程造价的计价实行一体化管理

6. 我国工程造价管理体制改革的最终目标是(　　)。

A. 建立市场形成价格的机制

B. 实现工程造价管理市场化

C. 实现工程造价管理与国际惯例接轨

D. 进一步加强和完善工程造价管理机构的建设

E. 形成社会化的工程造价咨询服务业

7. 工程造价管理的基本内容就是(　　)。

A. 合理确定工程造价　　B. 合理确定工程成本

C. 完善造价管理方法　　D. 有效控制工程造价

E. 规范市场主体价格行为

8. 工程造价的有效控制应体现的原则是(　　)。

A. 只实施主动控制　　B. 技术与经济相结合

C. 实施全过程动态控制　　D. 实施主动控制与被动控制相结合

E. 以设计阶段为重点的建设全过程造价控制

9. 为了有效地控制建设工程造价，造价工程师可采取的组织措施包括(　　)。

A. 明确项目组织结构　　B. 明确管理职能分工

C. 严格审查各项费用支出　　D. 重视设计多方案比选

E. 明确造价控制者及其任务

Ⅲ. 判断题

1. 国家对政府投资公共、公益性项目工程造价的管理，既承担宏观调控职能，同时也承担着微观主体的管理职能。(　　)

2. 工程造价管理就是对工程本身建造成本的管理。(　　)

3. 建设工程造价管理的基本内容，就是合理确定工程造价，尽量降低工程造价的发生。(　　)

4. 为了有效地控制工程造价，建设项目伊始就要设置一个科学的、不变的造价控制目标。(　　)

5. 设计阶段主要是确定工程造价，施工阶段才是控制工程造价的关键。(　　)

6. 从设计和施工技术上采取措施，研究节约投资的可能性是控制工程造价最有效的手段。(　　)

7. 要实施工程造价的有效控制，就要坚决地把控制重点转移到建设前期阶段上来，尤其是抓住设计这个关键阶段。(　　)

8. 编制概预算的目的是有效地控制工程造价，编制竣工决算的目的是合理确定工程造价。(　　)

(三)公路工程建设管理体制、公路建设项目的划分

Ⅰ. 单项选择题

1. 按照有关规定，(　　)被批准后，应由项目的投资方派代表组成项目法人筹备组，具体负责项目法人的筹备工作。

A. 项目建议书　　B. 可行性研究报告

C. 初步设计文件　　D. 施工图设计文件

2. 下列选项中，不属于项目法人职责的是(　　)等。

A. 项目策划与资金筹措　　B. 项目建议书的申报

C. 建设实施与运用管理　　D. 债务偿还与资产管理

3. 工程监理单位必须根据(　　)，建立现场监理机构，配备合格的人员和设备，确保对工程施工进行有效监控。

A. 监理合同　　B. 施工合同

C. 建设单位的指令　　D. 施工单位的要求

4. 我国工程建设领域深化改革工程建设管理体制的四项制度是(　　)。

A. 项目决策评估制、项目法人责任制、合同管理制、工程竣工验收制

B. 项目法人责任制、工程招标投标制、工程监理制、工程承包制

C. 项目法人责任制、工程招标投标制、工程监理制、合同管理制

D. 安全生产责任制、工程施工许可制、从业资质与资格许可制、工程质量保修制

5. 根据我国项目法人责任制的相关规定，项目法人责任制的核心内容是(　　)。

A. 明确由项目法人承担工程质量总责　　B. 明确由项目法人承担经营风险

C. 明确由项目法人承担投资风险　　D. 明确由项目法人承担决策风险

6. 下列有关项目法人责任制的表述中,正确的是(　　)。

A. 项目法人筹备组由投资方负责组建

B. 项目董事会由项目使用单位在项目建成后负责组建

C. 由原有企业负责建设的项目,设分厂时须重新设立项目法人

D. 由原有企业负责建设的项目,新设立子公司时原企业法人即为项目法人

7. 按照《公路工程技术标准》(JTG B01—2014)的规定,公路隧道长度 L 满足(　　)的为长隧道。

A. $3\,000m \geq L \geq 1\,000m$　　B. $3\,000m > L \geq 1\,000m$

C. $3\,000m \geq L > 1\,000m$　　D. $3\,000m > L > 1\,000m$

8. 按照《公路工程技术标准》(JTG B01—2014)的规定,特大桥指多孔跨径总长 L 为(　　)。

A. $L \geq 500m$　　B. $L > 500m$

C. $L \geq 1\,000m$　　D. $L > 1\,000m$

9. 在公路设计时,我国规定高速公路和具有干线功能的一级公路设计交通量按(　　)年预测。

A. 10　　B. 15　　C. 20　　D. 25

10. 公路建设项目按投资的再生产性质可划分为基本建设项目和(　　)。

A. 基础性建设项目　　B. 公益性建设项目

C. 生产性建设项目　　D. 更新改造项目

11. 为适应对公路工程建设项目分级管理的需要,公路更新改造项目可划分为(　　)。

A. 大型、中型、小型三类　　B. 大中型和小型两类

C. 限额以上、限额以下和小型三类　　D. 大型和中小型两类

Ⅱ. 多项选择题

1. 项目法人责任制就是由项目法人对建设项目的(　　)等全过程负责的责任制度。

A. 决策与资金筹措　　B. 建设实施与生产经营

C. 债务偿还　　D. 施工生产安全事故

E. 资产的保值增值

2. 国有控股或参股的有限责任公司、股份有限公司应设立(　　)。

A. 股东会　　B. 秘书处　　C. 董事会　　D. 监事会

E. 外联会

3. 建设项目的董事会具有的职权包括(　　)等。

A. 负责筹措建设资金,负责按时偿还债务

B. 审核、上报项目初步设计、概算文件及年度投资计划

C. 研究解决建设过程中出现的重大问题

D. 组织工程建设实施,负责控制工程投资、工期和质量

E. 聘任或解聘项目总经理,并根据总经理的提名聘任或解聘其他高级管理人员

4. 按照有关规定,属于招标范围内的各类工程建设项目,必须进行招标的规模标准包

括(　　)。

A. 施工单项合同估算价在200万元人民币以上的

B. 重要设备、材料的采购，单项合同估算价在100万元人民币以上的

C. 勘察、设计、监理的采购，单项合同估算价在50万元人民币以上的

D. 建设项目总投资额在3 000万元人民币以上的

E. 勘察、设计、监理的采购，单项合同估算价在150万元人民币以上的

5. 公路项目分标段招标的，招标人应合理划分标段。公路施工招标标段划分一般应满足的要求是(　　)。

A. 高速公路路基工程一般应不少于10km

B. 高速公路路面工程一般应不少于15km

C. 高速公路路基工程一般应不少于20km

D. 高速公路路面工程一般应不少于25km

E. 其他等级公路标段工作量一般应不少于5 000万

6.《公路工程标准施工招标文件》(2009年版)中的合同条款可分为(　　)。

A. 通用合同条款　　B. 技术性条款

C. 商务性条款　　D. 公路工程专用合同条款

E. 项目专用合同条款

7. 按照有关规定，担任项目总监理工程师或驻地监理工程师职务的监理人员应具备(　　)等条件。

A. 具有高级技术职称　　B. 取得监理工程师资格证书

C. 具有初级及以上技术职称　　D. 取得专业监理工程师资格证书

E. 经过监理业务培训并取得培训合格证

8. 公路基本建设项目按其性质不同，可划分为(　　)等。

A. 新建项目　　B. 扩建项目　　C. 改建项目　　D. 重建项目

E. 缓建项目

9. 公路按其经济性质可划分为(　　)。

A. 经营性公路　　B. 非经营性公路

C. 公益性公路　　D. 专用公路

E. 国防公路

Ⅲ. 判断题

1. 凡经国家批准建设的公路建设项目必须实行项目法人责任制。(　　)

2. 按照有关规定，工程建设项目一般是先确定项目法人，后上项目；先决策，后项目实施。(　　)

3. 按照工程监理制的要求，所有公路工程项目都必须实行工程监理制度。(　　)

4. 国家或地方政府投资修建的收费性的高等级公路属于非经营性公路。(　　)

(四)公路基本建设的制度、法规

Ⅰ. 单项选择题

1. 按照有关规定，投资总额在(　　)万元人民币以上的公路工程施工项目必须进行招标。

A. 500　　B. 1 000　　C. 2 000　　D. 3 000

2. 所谓经营性公路是指符合《收费公路管理条例》的规定,由(　　)投资建设,经批准依法收取车辆通行费的公路。

A. 政府　　B. 国有企业

C. 国外企业　　D. 国内外经济组织

3. 按照交通运输部的规定,公路工程设计变更可划分为(　　)。

A. 较大设计变更、一般设计变更

B. 重大设计变更、一般设计变更

C. 重大设计变更、较大设计变更和一般设计变更

D. 特别重大设计变更、重大设计变更、较大设计变更和一般设计变更

4. 按照交通运输部的规定,公路工程建设项目的竣工验收工作由(　　)负责。

A. 项目法人　　B. 交通主管部门

C. 工程监理单位　　D. 独立的第三方

5. 质量低劣或达不到合格标准,需加固补强,直接经济损失(包括修复费用)在 20 万元至 300 万元之间的质量事故,为(　　)。

A. 重大质量事故　　B. 一般质量事故

C. 较大质量事故　　D. 质量问题

6. 按照交通运输部的规定,一般质量事故由(　　)负责调查处理。

A. 交通运输部　　B. 省级交通主管部门

C. 项目法人　　D. 独立的第三方

7. 公路建设工程进行后评价的项目可划分为(　　)三个管理层次。

A. 地方、部、国家

B. 国家、省、市

C. 建设单位、施工单位、监理单位

D. 地方政府、国家交通主管部门、国家计划主管部门

8. 建设项目后评价报告的编制、审核、审查费用由项目法人或建设单位自行解决,可列入项目投资概算,在(　　)中列支。

A. 直接费　　B. 间接费

C. 专项评价(估)费　　D. 建设单位管理费

Ⅱ. 多项选择题

1. 以下各选项中,属于公路工程基本建设程序内容的是(　　)等。

A. 项目可行性研究　　B. 项目审查与批准

C. 项目建议书　　D. 项目后评价

E. 列入年度基本建设计划

2. 按照有关规定,政府对公路建设资金监督管理的主要内容包括(　　)等。

A. 资金来源是否符合国家有关规定,配套资金是否落实、及时到位

B. 是否严格执行概预算管理规定,有无将建设资金用于计划外工程

C. 是否严格执行建设资金专款专用、专户存储、不准侵占、挪用等规定

D. 是否按合同规定拨付进度款,有无高估冒算、虚报冒领情况

E. 是否按规定进行征地拆迁等施工前准备工作，并向交通主管部门申报施工许可

3. 公路工程施工招标的项目应当具备的条件有（　　）。

A. 初步设计文件已被批准　　B. 施工图设计已经完成

C. 建设资金已经落实　　D. 征地拆迁工作已经完成

E. 项目法人已经确定，并符合项目法人资格标准要求

4. 公路工程招标评标过程中，属于废标的情况有（　　）。

A. 投标文件字迹潦草、模糊，无法辨认

B. 投标人未按招标文件要求提交投标保证金

C. 投标人漏报了某个工程子目的单价

D. 投标人承诺的施工工期超过招标文件规定的期限

E. 投标文件未经法定代表人或者其授权代理人签字

5. 经营性公路建设项目招标人与项目法人应当在完成项目核准手续后签订项目特许权协议。特许权协议的内容应当包括（　　）等。

A. 特许权的内容及期限　　B. 项目建设要求

C. 项目运营管理要求　　D. 特许权益转让要求

E. 招标人的特殊权利和利益

6. 公路工程施工监理应当公开招标。符合下列（　　）之一的项目，经有审批权的部门批准后，可以进行邀请招标。

A. 技术复杂或者有特殊要求的　　B. 符合条件的潜在投标人数量有限的

C. 受自然地域环境限制的　　D. 属于交通运输部主管的项目

E. 公开招标的费用与工程监理费用相比，所占比例过大的

7. 交通主管部门及其委托的质监机构在履行工程质量监督检查职责时，有权采取的措施包括（　　）。

A. 进入被检查单位的施工现场进行检查

B. 要求被检查单位处分或开除违法违纪人员

C. 发现有影响工程质量的问题时，责令改正

D. 被检查单位有严重违约行为时，责令其终止合同

E. 要求被检查单位提供有关工程质量的文件和资料

8. 按照《公路工程竣（交）工验收办法》的规定，公路工程验收可分为（　　）两个阶段。

A. 交工验收　　B. 试运行验收

C. 中间验收　　D. 竣工预验收

E. 竣工验收

9. 按照交通运输部颁布的《交通基本建设项目竣工决算报告编制办法》的规定，竣工决算报告内容的组成包括（　　）。

A. 竣工决算报告的封面、目录　　B. 竣工工程平面示意图

C. 竣工决算报告说明书　　D. 竣工决算表格

E. 上级主管部门的审计、批复意见

10. 公路工程质量实行（　　）的质量管理体制。

A. 公众参与　　B. 政府监督

C. 项目法人全面负责　　　　D. 监理单位控制

E. 设计、施工单位保证

11. 按照交通运输部的规定,公路工程质量事故可划分为(　　)三类。

A. 质量缺陷　　　　B. 质量问题

C. 一般质量事故　　　　D. 重大质量事故

E. 特别重大质量事故

12. 按照交通运输部的规定,进行项目后评价的工程项目包括(　　)等。

A. 国家重点公路建设项目　　　　B. 40km 以上的国道主干线项目

C. 利用外资的公路项目　　　　D. 特大型独立公路桥隧项目

E. 50km 以上的国道及省道高等级公路项目

Ⅲ. 判断题

1. 所有建设工程项目都必须进行工程招标。(　　)

2. 未经审查批准的设计变更不得实施。经批准的设计变更一般不得再次变更。(　　)

3. 公路工程交工验收应具备的条件之一是竣工文件已按交通运输部规定的内容编制完成。(　　)

4. 所有公路建设项目都必须进行后评价工作。(　　)

(五)造价人员资格管理制度及工程造价咨询管理制度

Ⅰ. 单项选择题

1. 从事工程造价业务的专业人员,只有在取得造价工程师执业资格证和(　　)以后,才具有执业资格,才能以造价工程师名义从事工程造价业务,签署具有法律效力的工程造价文件。

A. 造价工程师职称证　　　　B. 造价工程师从业证

C. 造价工程师注册证　　　　D. 造价工程师

2. 根据有关规定,属于注册造价工程师业务范围的是(　　)。

A. 工程概算、预算的审批　　　　B. 工程索赔费用的计算

C. 工程款的支付　　　　D. 工程经济纠纷的裁决

3. 造价工程师所应具备的技术技能是指能使用由(　　)所得的知识、方法、技能及设备,来达到特定任务的能力。

A. 教育与培训　　　　B. 实际工作经验

C. 社会实践训练　　　　D. 经验、教育及训练

4. 造价工程师应是复合型的专业管理人才,应具备相应的技术技能、人文技能和(　　)。

A. 经营技能　　　　B. 公关技能

C. 观念技能　　　　D. 实践技能

5. 根据有关规定,工程造价咨询企业出资人中,注册造价工程师人数不应低于出资人总数的(　　)。

A. 50%　　B. 60%　　C. 70%　　D. 80%

6. 按照有关规定,乙级工程造价咨询企业中专职从事工程造价专业工作的人员不得少于(　　)人。

A. 8　　B. 10　　C. 12　　D. 16

7. 下列选项中，属于甲级工程造价咨询企业资质标准的是(　　)。

A. 企业注册资本不少于50万元

B. 人均办公建筑面积不少于$8m^2$

C. 专职专业人员中取得甲级造价工程师注册证书的人员不少于6人

D. 企业近3年工程造价咨询营业收入累计不低于人民币500万元

8. 根据有关规定，在工程造价咨询企业出资人中，注册造价工程师的出资额至少为企业注册资本总额的(　　)。

A. 40%　　B. 50%　　C. 60%　　D. 70%

9. 根据有关规定，甲级和乙级工程造价咨询企业专职从事工程造价专业工作的人员中，取得造价工程师注册证书的人员分别不得少于(　　)人。

A. 20和12　　B. 16和8　　C. 8和6　　D. 10和6

10. 根据有关规定，甲级和乙级工程造价咨询企业的技术负责人从事工程造价专业工作的年限分别为(　　)年以上。

A. 15和10　　B. 12和8　　C. 8和6　　D. 6和4

11. 根据有关规定，甲级工程造价咨询企业中专职从事工程造价专业工作的人员和已取得甲级造价工程师注册证书的人员分别不少于(　　)人。

A. 20和10　　B. 20和8　　C. 12和6　　D. 12和4

12. 工程造价咨询企业的名称、住所、组织形式、法定代表人、技术负责人、注册资本等事项发生变更的，应当自变更确立之日起(　　)日内，到资质许可机关办理资质证书变更手续。

A. 15　　B. 20　　C. 30　　D. 60

Ⅱ. 多项选择题

1. 下列有关我国造价工程师执业资格制度的说法中，正确的是(　　)。

A. 造价工程师执业资格制度是工程造价管理的一项基本制度

B. 造价工程师执业资格实行注册登记制度

C. 造价工程师执业资格是履行工程造价管理岗位职责与业务的准入资格

D. 参加造价工程师执业资格考试的人员必须具有工程造价专业大专及其以上学历

E. 从事工程造价业务的专业人员，只有在取得造价工程师执业资格证和造价工程师注册证以后，才具有造价工程师的执业资格

2. 下列选项中，属于注册造价工程师业务范围的有(　　)。

A. 建设项目可行性研究　　B. 建设项目经济评价

C. 工程标底的编制　　D. 工程索赔费用的计算

E. 工程保险理赔的核查

3. 根据造价工程师的专业特点和能力要求，其专业素质体现在(　　)。

A. 应具备相应的观念技能　　B. 应具备相应的人文技能

C. 应具备相应的技术技能　　D. 应具备相应的经济资本

E. 应是复合型的专业管理人才

4. 造价工程师的工作关系到国家和社会公众利益，要求其具有较高的素质。造价工程师应具备的素质包括(　　)等。

A. 专业素质　　B. 经济素质　　C. 社会素质　　D. 公关素质

E. 身体素质

5. 下列选项中,属于甲级工程造价咨询企业资质标准的有(　　)。

A. 已取得乙级工程造价咨询企业资质证书满 3 年

B. 技术负责人从事工程造价专业工作 10 年以上

C. 专职从事工程造价专业工作的人员不少于 16 人

D. 近 3 年工程造价咨询营业收入累计不低于人民币 500 万元

E. 人均办公建筑面积不少于 $10m^2$

6. 工程造价咨询企业从事工程造价咨询活动,应当遵循(　　)的原则,不得损害社会公共利益和他人的合法权益。

A. 独立　　B. 客观　　C. 自愿　　D. 公正

E. 诚实信用

Ⅲ. 判断题

1. 参加造价工程师执业资格考试合格,取得造价工程师执业资格证,就意味着已经具备注册条件。(　　)

2. 工程概、预算的编制和审批是造价工程师的业务之一。(　　)

3. 工程造价咨询企业应当在资质有效期届满后的 30 日内向资质许可机关提出资质延续申请。(　　)

4. 申请人隐瞒有关情况或者提供虚假材料申请工程造价咨询企业资质的,资质许可机关不予受理或者不予资质许可,并给予警告,申请人在 3 年内不得再次申请工程造价咨询企业资质。(　　)

二、工 程 经 济

(一)掌握资金的时间价值及其计算

Ⅰ.单项选择题

1.现金流量的三要素是指(　　)。

A.现金流入的大小、方向和时间点　　B.投入现金的额度、时间和回收点

C.现金流量的大小、方向和作用点　　D.现金流出的额度、方向和时间点

2.在工程经济分析中,通常采用(　　)计算资金的时间价值。

A.连续复利　　B.间断复利　　C.连续单利　　D.瞬时单利

3.项目的(　　)是项目在计算期内各期现金流量按时间序列构成的动态序量,反映项目在计算期内的资金运动状况。

A.现金流入量　　B.现金流出量

C.净现金流量　　D.现金流量

4.(　　)是资金时间价值的一种重要表现,是衡量资金时间价值的绝对尺度。

A.利率　　B.利润率　　C.利息　　D.费用

5.(　　)是资金时间价值的一种重要表现,是衡量资金时间价值的相对尺度。

A.投资　　B.利息　　C.盈利　　D.利率

6.从工程经济的角度分析,“时间就是金钱”这说的是(　　)。

A.时间本身可以创造价值　　B.资金具有时间价值

C.资金本身能够产生增值　　D.不同时间点的资金可以进行比较

7.利率是调整国民经济的杠杆之一,其高低首先取决于(　　)。

A.借贷资本的期限　　B.通货膨胀的波动影响

C.社会平均利润率　　D.金融市场借贷资本的供求状况

8.利息是资金(　　)的一种重要表现形式。

A.机会成本　　B.计息周期　　C.时间价值　　D.经营运作

9.下列有关利率的表述中,正确的是(　　)。

A.借贷资本的期限长,利率就高

B.通货膨胀对利率的波动没有直接影响

C.金融市场借贷资本供过于求,利率上升

D.社会平均投资利润率是利率的最高界限

10.下列有关利率和利息的说法中,正确的是(　　)。

A.利息作为衡量资金时间价值的相对尺度

B.利息常常被看作是资金的一种机会成本

C.社会平均利润率是利率的最低界限

D.资金升值往往会使利息无形中成为负值

11.下列关于资金时间价值的表述中,不正确的是(　　)。

A. 一般而言,资金时间价值采用复利方式计算

B. 利息是资金时间价值的一种重要表现形式

C. 资金投入生产经营才能产生增值,因此时间价值是在生产经营中产生的

D. 时间价值是资金随着时间的推移而产生的增值,因而它是由时间创造的

12. 下列各选项中,不构成现金流量的是(　　)。

A. 折旧　　B. 投资　　C. 经营成本　　D. 税金

13. 某公司一次性向银行贷款500万元,贷款期限为5年,年利率为10%,若采用复利计算,则该企业第5年年末应付银行的利息为(　　)万元。

A. 66.55　　B. 50　　C. 73.205　　D. 60.5

14. 某企业期初向银行贷款500万元,贷款利率为10%,5年后一次性还本付息。若按复利计算,则该企业第5年年末应付银行的本利和为(　　)万元。

A. 732.05　　B. 700　　C. 805.25　　D. 750

15. 某企业借款100万元,年利率为8%,借款期限为2年,单利计息,则借款期内计息两次和计息一次的利息差额为(　　)。

A. 0.00　　B. 0.32　　C. 0.64　　D. 1.28

16. 下列选项中不属于现金流量的是(　　)。

A. 新增流动资金　　B. 固定资产折旧

C. 回收的固定资产余值　　D. 销售税金及附加

17. 如果一个利率周期内多次计息,根据计息期有效利率,并考虑利息部分的时间价值,此时计算出的年利率称为(　　)。

A. 实际利率　　B. 名义利率

C. 利率周期利率　　D. 收益率

18. 当利率周期为年,且一年内计息一次时,名义利率和年实际利率的关系为(　　)。

A. 名义利率大于年实际利率　　B. 名义利率等于年实际利率

C. 名义利率小于年实际利率　　D. 说不清

19. 当年名义利率一定时,每年的计息期数越多,则年有效利率(　　)。

A. 与年名义利率的差值越大　　B. 与年名义利率的差值越小

C. 与计息期利率的差值越小　　D. 与计息期利率的差值趋于常数

20. 同一笔借款在利率、计息周期均相同的情况下,复利终值和单利终值的数量关系是(　　)。

A. 前者等于后者　　B. 前者大于后者

C. 前者小于后者　　D. 无法确定

21. 某工程项目向银行贷款,计息周期为半年,名义利率为10%,则年实际利率应是(　　)。

A. 10%　　B. 5%　　C. 10.25%　　D. 20%

22. 现在的100元和5年以后的248元两笔资金在第2年年末价值相等,若利率不变,则这两笔资金在第3年年末的价值(　　)。

A. 前者高于后者　　B. 前者低于后者

C. 两者相等　　D. 两者不可比较

23. 某单位在公路改建工程中向银行贷款 10 万元，年利率为 8%，5 年后一次性结算偿还，则该单位一次性偿还的本利和是(　　)万元。

A. 14.000　　B. 14.693　　C. 14.400　　D. 14.026

24. 某企业 5 年后需要资金 1000 万元作为扩大规模的投资，若已知年利率为 8%，则现在应一次性存入银行的资金为(　　)万元。

A. 735.00　　B. 630.20　　C. 680.60　　D. 961.54

25. 某公路工程，在 3 年内每年年末均等地投资 500 万元，按年利率 10% 计算，则 3 年后累计的总投资为(　　)万元。

A. 1 655.00　　B. 2 320.50　　C. 1 243.45　　D. 1 050.00

26. 某投资者年收入为 20 万元，银行要求所发放贷款年本息不得高于其年收入的 30%，贷款年利率为 10%，期限为 10 年，要求按年等额还本付息。该投资者可能申请到的最大贷款额为(　　)万元。

A. 6.00　　B. 60.00　　C. 36.87　　D. 40.50

27. 某收费公路 2010 年年底开始建设，2012 年年底完工交付使用，2013 年开始收益，连续使用至 2022 年。这 10 年内的年平均收费效益为 800 万元，年利率为 5%，将全部收益折算至 2010 年年末的现值为(　　)万元。

A. 6 177.36　　B. 7 090.60　　C. 5 602.87　　D. 5 432.45

28. 某项目一次性投资 20 万元，第 2 年年底完工交付使用，第 3 年开始收益，项目可连续使用至第 15 年年末。若从第 3 年到第 15 年每年的收益均相同，年利率 10%，则每年收益为(　　)万元。

A. 2.63　　B. 3.41　　C. 3.18　　D. 3.06

29. 某企业连续 3 年每年年初从银行借入资金 500 万元，年利率 8%，按年计息，第 3 年年末一次性还本付息，则第 3 年年末应还本付息(　　)万元。

A. 1 893.30　　B. 1 753.06　　C. 1 623.20　　D. 1 620.00

30. 某企业从银行借入 1 年期的短期借款 500 万元，年利率 12%，按季度计算并支付利息，则每季度需支付利息(　　)万元。

A. 15.00　　B. 15.15　　C. 15.69　　D. 20.00

31. 某工程项目建设期为 2 年，建设期内第 1 年年初和第 2 年年初分别贷款 600 万元和 400 万元，年利率为 8%，若运营期前 3 年每年年末等额偿还贷款本息，到第 3 年年末全部还清。则每年应偿还贷款本息(　　)万元。

A. 406.66　　B. 439.15　　C. 587.69　　D. 634.70

32. 某企业现在对外投资 200 万元，5 年后一次性收回本金和利息，若年利率(或年基准收益率)为 i，已知 $(P/F,i,5)=0.6\,806$，$(A/P,i,5)=5.8\,666$，$(F/A,i,5)=0.250\,5$，则总计可以回收(　　)万元。

A. 234.66　　B. 250.50　　C. 280.00　　D. 293.86

33. 某企业现在对外投资 1 000 万元，投资期 5 年，年利率 10%，采取等额还本、利息照付的方式，该企业第 3 年应得到收入(　　)万元。

A. 200　　B. 240　　C. 260　　D. 280

34. 每半年末存款 2 000 元，年利率 4%，每季计息一次。第 2 年年末存款本息和为

(　　)元。

A. 8 160.00　　B. 8 243.22　　C. 8 244.45　　D. 8 492.93

35. 已知年名义利率是8%,按季计息,则计息期有效利率和年有效利率分别为(　　)。

A. 2.00%和8.00%　　B. 2.00%和8.24%

C. 2.06%和8.00%　　D. 2.06%和8.24%

36. 某企业于年初向银行借款1 500万元,其年名义利率为10%,若按月复利计息,则该年第3季度末借款本利和为(　　)万元。

A. 1 611.1　　B. 1 612.5　　C. 1 616.3　　D. 1 727.13

37. 某企业向银行借贷一笔资金,按月计息,月利率为1.2%,则年名义利率和年实际利率分别为(　　)。

A. 13.53%和14.40%　　B. 13.53%和15.39%

C. 14.40%和15.39%　　D. 14.40%和15.62%

38. 下列关于名义利率和有效利率的说法中,不正确的是(　　)。

A. 当计息周期小于利率周期时,计息周期利率小于有效利率

B. 当计息周期小于利率周期时,名义利率大于计息周期利率

C. 当计息周期小于利率周期时,名义利率大于有效利率

D. 当计息周期等于利率周期时,计息周期利率等于有效利率

39. 某项目建设期为2年,建设期内每年年初贷款1 000万元,年利率为8%,若运营期为10年,在运营期后5年内每年等额偿还贷款本息,则每年年末偿还贷款本息(　　)万元。

A. 812.12　　B. 820.34　　C. 826.89　　D. 836.21

40. 某企业每半年存款100万元,银行存款的名义利率为8%,每季计息一次,第5年年末该企业存款本息和为(　　)万元。

A. 1 202.84　　B. 1 215.56　　C. 1 225.52　　D. 1 228.34

41. 有四个投资方案:甲方案年贷款利率6.11%;乙方案年贷款利率6%,每季度复利计息一次;丙方案年贷款利率6%,每月复利计息一次;丁方案年贷款利率6%,每半年复利计息一次。(　　)方案贷款利率最低。

A. 甲　　B. 丙　　C. 丁　　D. 乙

42. 某企业向银行贷款,有两种计息方式:一种为年利率10%,按季度计息,另一种为年利率10.5%,按半年计息,企业应选择的实际利率为(　　)。

A. 10%　　B. 10.5%　　C. 10.38%　　D. 10.78%

Ⅱ. 多项选择题

1. 衡量资金时间价值的尺度包括(　　)。

A. 利息　　B. 利率　　C. 纯收益　　D. 收益率

E. 使用资金的时间

2. 现金流量图可以全面、形象、直观地表示现金流量的三要素。现金流量的三要素是指(　　)。

A. 现金流量的大小　　B. 现金流量的速度

C. 现金流量的方向　　D. 现金流量的作用点

E. 现金的回收点

3. 下列各选项中,属于影响资金时间价值因素的有(　　)。

A. 资金的使用时间　　B. 资金数量的大小

C. 资金周转的速度　　D. 社会平均利润率

E. 资金投入和回收的特点

4. 下列关于利息的表述中,正确的有(　　)。

A. 利息是资金的一种机会成本

B. 利息是考虑通货膨胀所得的补偿

C. 利息是投资者的一种收益

D. 利息是资金所有者转让资金使用权而获得的报酬

E. 利息是资金使用者为取得他人资金使用权而付出的代价

5. 下列各选项中,属于影响利率高低的因素的有(　　)。

A. 通货膨胀和借贷风险　　B. 现金流量

C. 社会平均利润率　　D. 借出资本的期限长短

E. 借贷资本的供求情况

6. 以下有关利率的表述中,正确的有(　　)。

A. 利率与风险大小成正比　　B. 利率与借贷资本期限长短无关

C. 通货膨胀对利率的波动没有影响　　D. 利率的高低与社会平均利润率有关

E. 金融市场上借贷资本的供求状况对利率有明显影响

7. 下列关于利息和利率的说法中,正确的有(　　)。

A. 利息是占用资金所付出的代价　　B. 利息能够促进企业加强经济核算

C. 利率的高低取决于平均投资利润率　　D. 利息是衡量资金时间价值的绝对尺度

E. 利息和利率是以信用方式动员和筹集资金的动力

8. 在工程经济分析中,影响资金等值的因素包括(　　)。

A. 资金数额的多少　　B. 资金周转的速度

C. 利率的高低　　D. 资金的供求状况

E. 资金发生的时间

9. 某企业从银行借入一笔 1 年期的短期借款,年利率 12%,按月复利计息,则关于该项借款利率的说法,正确的有(　　)。

A. 利率为连续复利　　B. 年有效利率为 12%

C. 月有效利率为 1%　　D. 名义利率为 12%

E. 季有效利率大于 3%

10. 下列关于名义利率和有效利率的说法中,正确的有(　　)。

A. 名义利率是计息周期利率与一个利率周期内计息周期数的乘积

B. 有效利率包括计息周期有效利率和利率周期有效利率

C. 当计息周期与利率周期相同时,名义利率等于有效利率

D. 当计息周期小于利率周期时,名义利率大于有效利率

E. 当名义利率一定时,有效利率随计息周期变化而变化

11. 现在存入银行 10 000 元,年利率 10%,在第 7 年年末总共获得 19 187 元,则第 3 年年末的终值可表示为(　　)。

A. 19 187(P/F,10%,4)　　B. 19 187(F/P,10%,4)

C. 10 000(F/P,10%,4)　　D. 10 000(F/P,10%,3)

E. 10 000 + (19 187 - 10 000) × 3/7

12. 现在存款5 000元,年利率为8%,半年计息一次,则在第6年年末存款本利和的表达式可写为(　　)。

A. 5 000(F/P,8%,6)　　B. 5 000(F/P,8%/2,6)

C. 5 000(F/P,8%,6 × 2)　　D. 5 000(F/P,8%/2,2 × 6)

E. 5 000(F/P,8.16%,6)

13. 下列关于年实际利率的表述中,正确的有(　　)。

A. 当计息期数 $m=1$ 时,实际利率等于名义利率

B. 当计息期数 $m=1$ 时,实际利率小于名义利率

C. 当 m 越大,实际利率就越大

D. 当 m 越大,实际利率就越小

E. 当 m 越小,实际利率就越大

Ⅲ. 判断题

1. 资金是运动的价值,资金是随着时间变化而变化的,是时间的函数。(　　)

2. 等额的资金在不同的时间点上其价值是不相等的,它可能与未来的某个不等额的资金具有相同的价值。(　　)

3. 资金具有时间价值,这里所指的资金一定是指现金。(　　)

4. 在绘制现金流量图时,凡属收入、收益、借入的资金视为现金流入,凡属支出、损失、贷出的资金视为现金流出。(　　)

5. 由于单利的利息额仅由本金所产生,其新生利息,不再加入本金产生利息。因此,在一定计息周期内的每一个计息期所产生的利息额都相同。(　　)

6. 由于资金本身不会产生增值,因此在不同时点上发生的现金流量可以直接相加或相减。(　　)

7. 在具体运用复利计算公式进行计算时,利率周期应与计息周期可以一致,也可以不一致。(　　)

8. 名义利率和有效利率都真实地反映了资金的时间价值。(　　)

9. 有效利率和名义利率都是年利率。(　　)

10. 年实际利率与名义利率的关系实质上与复利和单利的关系相同。(　　)

(二)投资方案经济效果的评价指标和方法

Ⅰ. 单项选择题

1. 工程经济分析的核心内容是(　　)。

A. 盈利能力分析　　B. 清偿能力分析

C. 经济效果评价　　D. 抗风险能力分析

2. 经济效果评价指标是通过对投资方案所涉及的(　　)的量化和比较来确定的。

A. 投入和产出　　B. 费用和效益

C. 利润和亏损　　D. 投资期和盈利期

3. 下列经济效果评价指标中,属于动态评价指标的是(　　)。

A. 投资收益率　　B. 偿债备付率
C. 内部收益率　　D. 借款偿还期

4. 下列经济效果评价指标中，属于静态评价指标的是(　　)。
A. 净现值率　　B. 内部收益率
C. 投资收益率　　D. 效益费用比

5. 下列经济效果评价指标中，反映投资项目盈利能力的指标是(　　)。
A. 利息备付率　　B. 借款偿还期
C. 净现值　　D. 资产负债率

6. 下列指标中，属于投资项目盈利能力动态评价指标的是(　　)。
A. 投资利润率　　B. 内部收益率
C. 借款偿还期　　D. 利息备付率

7. 下列经济效果评价指标中，反映投资方案在计算期内获利能力的动态评价指标是(　　)。
A. 净现值　　B. 投资回收期
C. 利息备付率　　D. 偿债备付率

8. 在工程经济分析中，以投资收益率指标作为主要决策依据，其可靠性较差的原因在于(　　)。
A. 正常生产年份的选择比较困难　　B. 计算期的确定比较困难
C. 未考虑投资回收后的经济效果　　D. 需要事先确定基准收益率

9. 基准收益率作为投资决策者对项目资金时间价值的估价，是投资资金应当获得的(　　)盈利率水平。
A. 最低　　B. 最高　　C. 平均　　D. 机会

10. 在工程经济分析中，以投资回收期指标作为方案选择和项目排队的评价依据，其可靠性较差的原因在于(　　)。
A. 经济意义不明确，计算复杂　　B. 无法显示资本的周转速度
C. 需要事先确定基准投资回收期　　D. 计算期的确定比较困难
E. 无法准确衡量项目在整个计算期内的经济效果

11. 利息备付率是指投资方案在借款偿还期内各年的(　　)的比值。
A. 息税前利润与应付利息　　B. 应付利息与息税前利润
C. 净收益与应付利息　　D. 应付利息与净收益

12. 某投资方案的净现值经计算为 15.2 万元，这表明该投资方案实施后的盈利能力(　　)。
A. 超过其投资收益期望水平
B. 能达到所期望的最低盈利水平
C. 不能满足基准收益率要求的水平
D. 无法判断是否满足基准收益率要求的水平

13. 某项目现拟定一个技术方案，需投资 3 200 万元，项目可当年投产。投产后年收益为 600 万元，若使用期为 10 年，折现率为 15%，则该方案(　　)。
A. 不可行　　B. 可行

C. 增加投资后可行　　D. 无法判断是否可行

14. 某建设项目有两个独立的技术方案,其现金流量如下表所示。若基准收益率 i_0 为10%,用净现值法对这两个方案进行比较,其结果为(　　)。

甲、乙两方案的现金流量(万元)

方　案	1 年	2 年	3~9 年
方案甲	-1 000	-1 000	900
方案乙	-2 000	-2 000	1 400

A. 甲方案优于乙方案　　B. 乙方案优于甲方案

C. 甲乙两方案优劣相同　　D. 无法确定两方案的优劣

15. 企业或行业或投资者以动态的观点确定的、可接受的投资方案最低标准的收益水平称为(　　)。

A. 基准收益率　　B. 社会平均收益率

C. 内部收益率　　D. 社会折现率

16. 在项目经济效果评价中,若某一方案可行,则(　　)。

A. $P_t < P_c$, NPV > 0, IRR > i_0　　B. $P_t < P_c$, NPV < 0, IRR < i_0

C. $P_t > P_c$, NPV > 0, IRR < i_0　　D. $P_t > P_c$, NPV < 0, IRR < i_0

17. 某常规投资方案,NPV(i_1 = 14%) = 160,NPV(i_2 = 16%) = -90,则 IRR 的取值范围为(　　)。

A. <14%　　B. 14% ~15%　　C. 15% ~16%　　D. >16%

18. 净现值作为评价投资方案经济效果的指标,其优点是(　　)。

A. 全面考虑了项目在整个计算期内的经济状况

B. 能够直接说明项目在整个运营期内各年的经营成果

C. 能够明确反映项目投资中单位投资的使用效率

D. 不需要确定基准收益率而直接进行互斥方案的比选

19. 为了限制对风险大、盈利低的项目进行投资,在进行项目经济效果评价时,可以采取提高(　　)的方法。

A. 基准收益率　　B. 投资收益率

C. 投资报酬率　　D. 内部收益率

20. 某企业投资项目,总投资 3 000 万元,其中借贷资金占 40%,借贷资金的资金成本为12%,企业自有资金的投资机会成本为 15%,在不考虑其他影响因素的条件下,该项目的基准收益率至少应达到(　　)。

A. 12.0%　　B. 13.5%　　C. 13.8%　　D. 15.0%

21. 作为投资方案经济效果评价指标,净现值能够(　　)。

A. 直观反映项目单位投资的使用效率

B. 直接说明项目运营期各年的经营成果

C. 全面考虑项目在整个计算期内的经济状况

D. 全面反映项目投资过程的效益程度

22. 项目的内部收益率是项目到计算期末正好将未回收的资金全部收回来的折现率,是项目对(　　)的最大承担能力。

A. 贷款利率　　B. 投资风险　　C. 内部收益　　D. 生产水平

23. 内部收益率的经济含义就是使未回收投资余额及其利息恰好在项目计算期末完全收回的一种利率,也是项目为其所占有资金提供的(　　)。

A. 备付率　　B. 盈利率　　C. 利润率　　D. 报酬率

24. 一般而言,投资回收期作为方案选择和项目排队的评价准则是(　　)。

A. 不可靠的　　B. 动态性的　　C. 不可行的　　D. 客观性的

25. 下列各指标中,(　　)是评价项目盈利能力的绝对指标。

A. 收益率　　B. 净年值　　C. 净现值　　D. 净现值率

26. 某项目的净现值前5年为210万元,第6年为30万元,基准收益率i_0为10%,则前6年的净现值为(　　)万元。

A. 227　　B. 237　　C. 240　　D. 261

27. 某投资项目寿命5年,每年净现金流量如下表所示,折现率$i=10\%$,到第5年年末恰好投资全部收回,则该项目的内部收益率(　　)。

某投资项目现金流量

年　份	0	1	2	3	4	5
净现金流量(万元)	-11.84	2.4	2.8	3.2	3.6	4

A. <10%　　B. =10%　　C. >10%　　D. 无法确定

28. 利息备付率和偿债备付率是评价投资项目偿债能力的重要指标,对于正常经营的项目,利息备付率和偿债备付率应(　　)。

A. 均大于1　　B. 均大于2

C. 分别大于1和2　　D. 分别大于2和1

29. 某建设项目的现金流量为常规现金流量,当基准收益率为8%时,净现值为400万元。若基准收益率变为10%时,该项目的NPV(　　)。

A. 不确定　　B. 等于400万元

C. 小于400万元　　D. 大于400万元

30. 某贷款项目,银行贷款年利率为8%时,净现值为33.82万元;银行贷款年利率为10%时,净现值为-16.64万元,当银行贷款年利率为(　　)时,项目净现值恰好为零。

A. 8.06%　　B. 8.66%　　C. 9.34%　　D. 9.49%

31. 某建设项目的计算期为10年,基准收益率为10%,经计算静态投资回收期为7年,动态投资回收期为12年,则该项目的内部收益率(　　)。

A. IRR=0　　B. 0<IRR<10%　　C. IRR=10%　　D. IRR>10%

32. 下列有关内部收益率的表述中,正确的是(　　)。

A. 内部收益率是项目初期投资在整个计算期内的盈利率

B. 内部收益率完全取决于投资过程的现金流量,但不能反映投资过程的收益程度

C. 内部收益率是使投资方案在计算期内各年净现金流量累计为零时的折现率

D. 投资方案的折现率等于内部收益率时,项目现金流入现值和等于其现金流出的现值和

33. 在下列投资方案评价指标中,考虑资金时间价值的指标是(　　)。

A. 利息备付率和净年值　　B. 投资回收期和净现值率

C. 投资收益率和偿债备付率　　D. 净现值和内部收益率

34. 在投资方案经济效果评价指标体系中,属于动态比率性指标的是(　　)。

A. 净现值率　　B. 投资收益率

C. 内部收益率和投资收益率　　D. 资本金利润率和净年值率

35. 下列有关净现值指标的表述中,正确的是(　　)。

A. 能反映投资过程的收益程度

B. 未全面考虑项目在整个计算期内的经济状况

C. 能够直接说明在项目运营期各年的经营成果

D. 需要先确定基准收益率,然后才能进行方案的评价

36. 需要先确定基准收益率才能计算的经济效果评价指标是(　　)。

A. 净年值和内部收益率　　B. 投资收益率和借款偿还期

C. 净年值和动态投资回收期　　D. 投资收益率和动态投资回收期

37. 一般情况下,当动态投资回收期小于投资项目的计算期时,项目的内部收益率(IRR)、净现值(NPV)和基准收益率(i_0)之间有(　　)。

A. IRR $> i_0$;NPV <0　　B. IRR $< i_0$;NPV <0

C. IRR $> i_0$;NPV >0　　D. IRR $< i_0$;NPV >0

38. 下列有关投资方案经济效果评价方法中,可适用于单方案经济效果评价分析的是(　　)。

A. 增量现值法　　B. 内部收益率法

C. 方案重复法　　D. 研究期分析法

39. 多方案经济效果的评价采用何种方法主要取决于(　　)。

A. 各方案的投资规模　　B. 各方案的寿命期

C. 各方案之间的关系　　D. 各方案的投资风险

40. 在多方案经济效果评价中,独立方案的比选只取决于方案自身的(　　)。

A. 投资规模　　B. 寿命期　　C. 经济性　　D. 资金成本

41. 下列经济效果评价方法中,适用于独立方案经济效果评价的是(　　)。

A. 方案重复法　　B. 净现值法

C. 研究期分析法　　D. 增量内部收益率法

42. 互斥方案经济效果评价的特点是要进行方案比选,即对各备选方案进行优劣排序,这称之为(　　)。

A. 投资风险检验　　B. 可行性检验

C. 绝对经济效果检验　　D. 相对经济效果检验

43. 下列投资方案评价方法中,可用于对互斥方案进行绝对经济效果分析的是(　　)。

A. 增量净现值法　　B. 净年值法

C. 增量内部收益率法　　D. 增量投资回收期法

44. 互斥方案经济效果评价的特点是要进行方案比选。投资额不等的互斥方案比选的实质是判断(　　)。

A. 投资回收期的经济合理性　　　　B. 单位投资收益率的大小

C. 增量投资的经济合理性　　　　D. 借贷资金利率的合理性

45. 下列投资方案经济效果评价方法中,适用于寿命期相同的互斥方案的相对经济效果分析的是(　　)。

A. 内部收益率法　　　　B. 投资回收期法

C. 增量净现值法　　　　D. 投资收益率法

46. 现有两个寿命期相同的互斥方案 A、B,它们均已通过了绝对经济效果检验。若 A 方案比 B 方案投资大,当增量净现值$\triangle NPV_{A-B}>0$时,表明(　　)。

A. B 方案可行,A 方案不可行

B. A 方案可行,B 方案不可行

C. A、B 两个方案均可行,且方案 A 优于方案 B

D. A、B 两个方案均可行,且方案 B 优于方案 A

47. 某建设项目有两个技术方案 A、B,根据有关数据计算得知,A、B 两方案的净现值和内部收益率分别为:$NPV_A=1\ 885.4$ 万元、$IRR_A=33.6\%$,$NPV_B=2161.5$ 万元、$IRR_B=24.45\%$,则对 A、B 两方案进行经济效果评价的结论是(　　)。

A. A、B 两方案均不可行

B. 无法判别 AB 两方案的优劣

C. A、B 两方案均可行,且 A 方案优于 B 方案

D. A、B 两方案均可行,且 B 方案优于 A 方案

48. 下列评价方法中,只能用于绝对经济效果检验,而不能用于相对经济效果检验的评价方法是(　　)。

A. 净现值　　　　B. 净年值　　　　C. 内部收益率　　　　D. 增量净现值

49. 下列有关投资方案经济效果评价方法的表述中,正确的是(　　)。

A. 互斥方案只进行绝对经济效果检验,无需进行相对经济效果检验

B. 独立方案既要进行绝对经济效果检验,又要进行相对经济效果检验

C. 内部收益率只能用于投资方案的相对经济效果检验,而不能用于绝对经济效果检验

D. 净现值、净年值既可用于独立方案的经济效果评价,又可用于互斥方案的经济效果评价

50. 某投资方欲投资 20 000 万元,4 个可选投资项目所需投资分别为 5 000 万元、6 000 万元、8 000 万元、12 000 万元。投资方希望至少投资 2 个项目,则可供选择的组合方案共有(　　)个。

A. 5　　　　B. 6　　　　C. 7　　　　D. 8

51. 在下列投资方案经济效果评价方法中,属于互斥型投资方案经济效果动态评价方法的是(　　)。

A. 综合总费用法　　　　B. 年折算费用法

C. 增量投资回收期法　　　　D. 增量投资内部收益率法

52. 设备租赁与购置的经济比选也是一个互斥方案的优选问题,设备寿命期相同时,一般可以采用(　　)。

A. 年值法　　B. 收益率法　　C. 净现值法　　D. 附加率法

53. 现有资金总额为10 000万元,考虑独立方案A、B、C、D,它们所需的投资为:A方案为10 000万元,B方案为6 000万元,C方案为5 000万元,D方案为3 000万元,则可供选择的组合方案有(　　)个。

A. 5　　B. 6　　C. 7　　D. 8

54. 现有两互斥方案,已知A方案寿命期为4年,B方案寿命期为6年,A、B方案若按最小公倍数法评价或按研究期分析法评价时,其最小公倍数或分析研究期分别为(　　)年。

A. 4和4　　B. 6和6　　C. 12和4　　D. 12和6

55. 对寿命期不等的互斥方案进行比选时,最简便的方法是(　　)。

A. 净年值法　　B. 净现值法

C. 年折算费用法　　D. 增量内部收益率法

Ⅱ. 多项选择题

1. 根据评价的角度、范围、作用等,建设项目经济效果的评价可分为(　　)等层次。

A. 社会效益评价　　B. 环境效益评价

C. 财务评价　　D. 国民经济评价

E. 综合评价

2. 投资方案的经济效果评价分析主要包括的内容有(　　)。

A. 融资能力　　B. 盈利能力

C. 清偿能力　　D. 财务生存能力

E. 抗风险能力

3. 下列经济效果评价指标中,属于静态评价指标的有(　　)。

A. 投资收益率　　B. 净现值率

C. 资产负债率　　D. 偿债备付率

E. 内部收益率

4. 下列经济效果评价指标中,属于动态评价指标的有(　　)。

A. 净现值　　B. 利息备付率

C. 内部收益率　　D. 净年值

E. 效益费用比

5. 下列指标中,用于项目盈利能力分析的指标有(　　)。

A. 投资收益率　　B. 投资回收期

C. 资产负债率　　D. 净现值

E. 借款偿还期

6. 下列指标中,用于项目偿债能力分析的指标有(　　)。

A. 资产负债率　　B. 偿债备付率

C. 利息备付率　　D. 投资收益率

E. 投资回收期

7. 下列指标中,反映投资方案盈利能力的动态评价指标有(　　)。

A. 投资收益率　　B. 内部收益率

C. 净现值率　　D. 利息备付率

E. 偿债备付率

8. 在工程经济分析中，以投资收益率指标作为主要决策依据，其可靠性较差的原因在于(　　)。

A. 计算复杂，不能直观地衡量项目的经济成果，适用性差

B. 没有考虑投资收益的时间因素，忽视了资金时间价值的重要性

C. 正常生产年份的选择比较困难

D. 指标的计算主观随意性太强，带有一定的不确定性和人为因素

E. 计算期的确定比较困难，且未考虑投资回收后的经济效果

9. 对于独立的常规投资项目，下列表述中正确的有(　　)。

A. 净现值随折现率的增大而增大

B. 内部收益率是净现值等于零时的折现率

C. 内部收益率与净现值的评价结论是一致的

D. 在某些情况下存在多个内部收益率

E. 内部收益率考虑了项目在整个计算期的经济状况

10. 内部收益率作为评价投资方案经济效果的指标，其特点有(　　)。

A. 能够直接衡量项目未回收投资的收益率

B. 需要有大量与投资项目有关的数据

C. 需要事先确定一个基准收益率

D. 其大小不受外部参数的影响

E. 能够反映项目单位投资的盈利能力

11. 作为投资方案经济效果评价的主要指标，净现值和内部收益率的共同特点是(　　)。

A. 均考虑了资金的时间价值　　B. 均不受外部参数的影响

C. 均可对独立方案进行评价　　D. 均能反映未回收投资的收益率

E. 均有唯一的取值

12. 下列有关投资方案经济效果评价指标的说法中，正确的有(　　)。

A. 投资收益率指标计算的主观随意性强

B. 投资回收期必须从项目建设开始年算起

C. 投资回收期指标不能反映投资回收之后的情况

D. 利息备付率和偿债备付率均应分月计算

E. 净现值法与净年值法在方案评价中能得出相同结论

13. 下列有关内部收益率的表述中，正确的有(　　)。

A. 任何项目的内部收益率是唯一的

B. 内部收益率能够反映投资过程的收益程度

C. 内部收益率的计算简单且不受外部参数影响

D. 内部收益率是项目占用的尚未回收资金的获利能力

E. 内部收益率是项目初始投资在整个计算期内的盈利率

14. 建设工程项目的现金流量按当年价格预测时，确定基准收益率需要考虑的因素包括(　　)。

A. 投资周期　　B. 通货膨胀

C. 投资风险　　D. 经营规模
E. 机会成本

15. 采用内部收益率指标评价投资方案经济效果的优越性在于(　　)。
A. 不需要与投资方案相关的大量数据
B. 只需确定基准收益率的大致范围
C. 能够直接反映项目运营期各年的利润率
D. 能够直接衡量项目未回收投资的收益率
E. 能够反映项目整个计算期内的经济状况

16. 下列指标中,取值越大说明项目效益越好的是(　　)。
A. 静态投资回收期　　B. 投资收益率
C. 净现值　　D. 动态投资回收期
E. 内部收益率

17. 当 NPV = 0 时,下列说法正确的有(　　)。
A. 项目没有利润,正好盈亏平衡
B. 项目亏损,无法收回投资
C. 项目的收益正好是基准收益
D. 项目的内部收益率正好等于基准收益率
E. 项目的动态投资回收期正好等于项目的寿命期

18. 某投资方案,基准收益率为 12%,若该方案的内部收益率为 13%,则该方案(　　)。
A. 该方案可行　　B. 该方案不可行
C. 无法判定是否可行　　D. 净现值小于零
E. 净现值大于零

19. 下列有关净现值和内部收益率的表述中,正确的有(　　)。
A. 净现值计算简便,也能反映投资过程的收益程度
B. 内部收益率计算较为麻烦,但能反映投资过程的收益程度
C. 净现值和内部收益率均考虑了项目在整个计算期内的经济状况
D. 一般而言,内部收益率是净现值函数曲线与横坐标交点处对应的折现率
E. 净现值和内部收益率均可对单一方案或独立方案进行评价,且结论一致

20. 造成投资方案经济效果评价指标具有不确定性的因素有(　　)。
A. 技术进步　　B. 通货膨胀
C. 数据的计算误差　　D. 评价方法的局限性
E. 市场供求结构变化

21. 下列有关内部收益率指标的特点的表述中,正确的有(　　)。
A. 能反映投资过程的收益程度
B. 能够衡量项目初期投资的收益率
C. 能够直接反映项目运营期各年的利润率
D. 反映了项目在整个计算期内的经济状况
E. 内部收益率完全取决于投资过程的现金流量

22. 下列投资方案经济效果评价方法中,可适用于独立方案的有(　　)。

A. 净现值　　B. 净年值
C. 内部收益率　　D. 增量净现值
E. 增量内部收益率

23. 下列有关独立方案经济效果评价的表述中,正确的有(　　)。
A. 独立方案的采用与否,只取决于方案自身的经济性
B. 独立方案的评价只包含绝对经济效果检验
C. 独立方案的评价包含绝对经济效果检验和相对经济效果检验
D. 独立方案与单一方案的评价方法是相同的
E. 凡通过绝对效果检验的独立方案,就认为它在经济上是可以接受的

24. 互斥方案的经济效果评价包含了(　　)两部分内容。
A. 投资规模的比较　　B. 寿命期的比较
C. 资金成本的比较　　D. 绝对经济效果检验
E. 相对经济效果检验

25. 互斥方案经济效果评价的特点是要进行方案比选。参加比选的方案应具有可比性,主要包括(　　)。
A. 考察时间段及计算期的可比性
B. 收益与费用的性质及计算范围的可比性
C. 投资规模与资金成本的可比性
D. 方案风险水平的可比性
E. 评价所使用假设的合理性

26. 下列评价方法中,可用于互斥方案绝对经济效果检验的有(　　)。
A. 净现值　　B. 净年值
C. 内部收益率　　D. 增量净现值
E. 增量内部收益率

27. 下列投资方案评价方法中,可用于互斥方案绝对经济效果检验的动态评价方法的有(　　)。
A. 投资收益率　　B. 净现值
C. 净年值　　D. 净现值率
E. 内部收益率

28. 下列有关投资方案经济效果评价方法中,既可用于寿命期相同的互斥方案的评价,又可用于寿命期不同的互斥方案的评价的有(　　)。
A. 净现值法　　B. 增量净现值法
C. 内部收益率法　　D. 增量投资回收期法
E. 净年值法

29. 下列投资方案评价方法中,既可用于互斥方案的绝对经济效果检验,又可用于相对经济效果检验的有(　　)。
A. 净现值　　B. 净年值法
C. 内部收益率法　　D. 增量净现值法
E. 增量内部收益率法

30. 净现值用于计算期不同的互斥方案经济效果评价时的方法有(　　)。

A. 最小公倍数法　　B. 无限计算期法

C. 最大公约数法　　D. 错位相减法

E. 研究期分析法

Ⅲ. 判断题

1. 经济效果评价是通过计算投资方案的某一个指标来判断投资方案的优劣。(　　)

2. 由于正常生产年份的选择比较困难,因此,以投资收益率指标作为主要决策依据不太可靠。(　　)

3. 偿债备付率是从付息资金来源的充裕性角度反映投资方案偿付债务利息的保障程度。(　　)

4. 适度的资产负债率,表明企业经营安全、稳健,具有较强的筹资能力,也表明企业和债权人的风险较小。(　　)

5. 在经济评价时一般是以动态评价指标作为主要指标,以静态评价指标作为辅助指标。(　　)

6. 动态投资回收期就是累计现值等于零时的年份。(　　)

7. 对于同一个项目而言,其动态投资回收期一定大于其静态投资回收期。(　　)

8. 企业若长期负债,则表明该企业经营不安全,其经营风险较大。(　　)

9. 项目的净现值大于零,则表明项目实施后的投资收益水平不仅能达到基准收益率的水平,而且还会有盈余。(　　)

10. 净现值指标可以直接说明在项目运营期间各年的经营成果。(　　)

11. 对于单一投资方案而言,用净现值指数评价方案的经济效果时,其判别准则与净现值相同。(　　)

12. 净年值(NAV)与净现值(NPV)总是同为正或同为负。(　　)

13. 净年值与净现值在评价同一项目时的结论总是一致的。因此,就项目的评价结论而言,净年值与净现值是等效评价指标。(　　)

14. 所谓内部收益率是指使方案在寿命期内的净现金流量为零时的折现率。(　　)

15. 一个投资方案的净现值与折现率的大小有关,随着折现率的不断增大,净现值也不断增大。(　　)

16. 在多方案评价中,用净现值和内部收益率对方案做出评价选择,其结论总是一致的。(　　)

17. 与内部收益率相比较,净现值计算简便,但不能反映投资过程收益程度,且受外部参数的影响。(　　)

18. 任何投资项目都具有唯一的内部收益率。(　　)

19. 独立方案经济效果的评价方法与单一方案经济效果的评价方法是相同的。(　　)

20. 独立方案经济效果的评价就是对各个方案进行绝对经济效果检验。(　　)

21. 净现值、净年值和内部收益率均可用于独立方案的经济效果评价。(　　)

22. 互斥方案的采用与否只与方案自身的经济性有关,而与各个方案的优劣排序无关。(　　)

23. 互斥方案经济效果评价的特点是要进行方案比选。(　　)

24. 互斥方案绝对经济效果检验与单一方案经济效果评价方法不相同。 ( )

25. 两方案的增量净现值等于两方案的净现值之差。 ( )

26. 最小公倍数法评价计算期不同的互斥方案的基本假定就是每一方案在共同的计算期内重复实施。 ( )

27. 最小公倍数法实质上是以延长投资方案寿命期来达到时间上的可比性要求。 ( )

(三)熟悉方案优化方法——价值工程

Ⅰ.单项选择题

1. 价值工程的三个基本要素是指( )。

A. 生产成本、使用成本和维护成本　B. 必要功能、生产成本和使用价值

C. 价值、功能和寿命周期成本　D. 基本功能、辅助功能和必要功能

2. 价值工程的核心是对产品进行( )。

A. 成本分析　B. 功能分析　C. 价值分析　D. 功能改进

3. 产品的生产成本一般会随着功能水平的提高而有所提高;使用成本则会随着功能水平的提高而( )。

A. 增加　B. 下降　C. 不变　D. 无法判断

4. 为有效提高建设项目的经济效果,在项目建设过程中进行价值工程活动的重点应放在( )阶段。

A. 施工　B. 设计　C. 保修　D. 竣工验收

5. 价值工程的目标在于提高工程对象的价值,它追求的是( )。

A. 满足用户最大限度需求的功能　B. 投资费用最低时的功能

C. 寿命周期费用最低时的必要功能　D. 使用费用最低时的功能

6. 根据价值工程的原理,提高产品价值最理想的途径是( )。

A. 在产品成本不变的条件下,提高产品功能

B. 在保持产品功能不变的前提下,降低成本

C. 在提高产品功能的同时,降低产品成本

D. 产品功能有较大提高,产品成本有较少提高

7. 某产品的功能与成本关系如下图所示,功能水平 F_1、F_2、F_3、F_4 均能满足用户要求,从价值工程的角度来看,最适宜的功能水平应是( )。

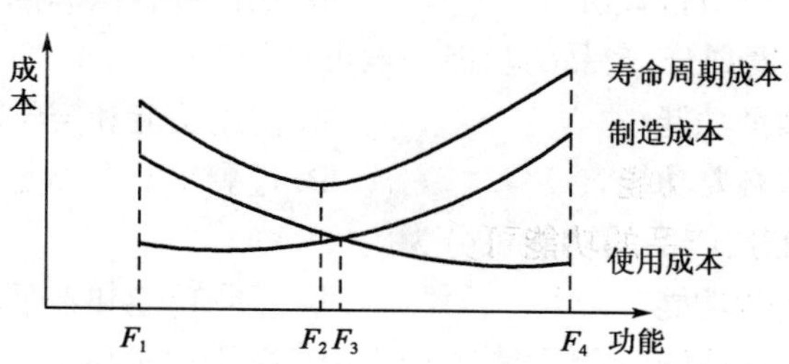

A. F_1　B. F_2　C. F_3　D. F_4

8. 在价值工程的产品功能与成本的关系图中,当功能水平逐步提高时,寿命周期成本呈( )变化。

A. 上升曲线　B. 下降曲线　C. 马鞍形　D. 波浪形曲线

9. 下列提高产品价值的途径中,最为理想的、往往要借助科学技术的突破才能实现的是(　　)。

A. 在产品成本不变的条件下,提高产品的功能

B. 在保持产品功能不变的前提下,降低产品的成本

C. 在提高产品功能的条件下,降低产品的成本

D. 在产品功能有较大提高的条件下,较少提高产品的成本

10. 价值工程是着重于产品(　　)的有组织的活动。

A. 价格分析　　B. 功能分析　　C. 成本分析　　D. 价值分析

11. 下列有关价值工程活动的工作中,不属于创新阶段工作的是(　　)。

A. 功能评价　　B. 方案创造　　C. 方案评价　　D. 提案编写

12. 在价值工程的工作程序中,确定产品的成本和价值是通过(　　)来解决的。

A. 功能定义和功能整理　　B. 功能整理和功能分析

C. 功能分析和功能评价　　D. 功能评价和功能定义

13. 在价值工程的工作程序中,功能评价的主要工作内容是(　　)。

A. 确定价值工程的研究对象　　B. 整理和定义研究对象的功能

C. 确定研究对象的成本和价值　　D. 分析实现研究对象功能的途径

14. 价值工程活动过程中,针对具体改进目标而寻求必要功能实现途径的关键工作是(　　)。

A. 功能分析　　B. 功能整理　　C. 方案创造　　D. 方案评价

15. 在价值工程活动中,决定价值工程成败的关键阶段是(　　)。

A. 收集资料　　B. 功能分析

C. 方案创造　　D. 功能评价

16. 在价值工程的工作程序中,功能评价和方案评价分别属于(　　)。

A. 分析阶段和创新阶段　　B. 分析阶段和实施阶段

C. 准备阶段和创新阶段　　D. 创新阶段和实施阶段

17. 价值工程活动的首要环节是进行对象选择,适用于价值工程对象的选择方法是(　　)。

A. 因果分析法和层次分析法　　B. 因素分析法和价值指数法

C. 因果分析法和价值指数法　　D. 层次分析法和因素分析法

18. 按功能的重要程度划分,产品的功能一般可划分为(　　)。

A. 基本功能和辅助功能　　B. 使用功能和美学功能

C. 必要功能和不必要功能　　D. 过剩功能和不足功能

19. 按用户的需求划分,产品的功能可分为(　　)。

A. 使用功能和美学功能　　B. 过剩功能和不足功能

C. 基本功能和辅助功能　　D. 必要功能和不必要功能

20. 在价值工程活动中,当采用功能指数法求得评价对象的价值指数小于1,此时,应以(　　)为改善方向。

A. 提高功能　　B. 降低功能

C. 降低成本　　D. 提高成本

21. 在价值工程活动中，通过分析求得某评价对象的价值系数 V 后，对该评价对象可采取的策略是(　　)。

A. $V<1$ 时，提高成本或删除过剩功能

B. $V<1$ 时，降低成本或提高功能水平

C. $V>1$ 时，降低成本或提高功能水平

D. $V>1$ 时，提高成本或删除不必要的功能

22. 在价值工程活动中，通过分析求得某研究对象的价值指数 V_I 后，对研究对象可采取的策略是(　　)。

A. $V_I<1$ 时，增加现实成本　　B. $V_I>1$ 时，提高功能水平

C. $V_I<1$ 时，降低现实成本　　D. $V_I>1$ 时，降低现实成本

23. 在价值工程活动中进行研究对象的功能评价时，功能现实成本的计算与一般的传统成本核算的异同是(　　)。

A. 计算对象不同，成本费用构成项目相同

B. 计算范围不同，成本费用计算内容相同

C. 成本费用构成项目不同，计算对象相同

D. 成本费用计算内容不同，计算范围相同

24. 在价值工程活动中的方案创造阶段，可用于方案创造的方法是(　　)。

A. 哥顿法和专家检查法　　B. 专家检查法和蒙特卡洛模拟法

C. 流程图法和哥顿法　　D. 蒙特卡洛模拟法和流程图法

25. 在价值工程活动中，无论是概略评价还是详细评价，一般可先做(　　)。

A. 经济评价　　B. 技术评价

C. 社会评价　　D. 风险评价

26. 在价值工程对象的选择时，当零部件很多，可以先用(　　)选出重点部件，再用强制确定法细选。

A. ABC 分析法、价值指数法　　B. 因素分析法、ABC 分析法

C. 因素分析法、价值指数法　　D. 因素分析法、百分比分析法

27. 对产品部件进行价值分析，就是使每个部件的价值系数尽可能(　　)。

A. 等于 1　　B. 大于 1　　C. 小于 1　　D. 不等于 1

28. 在价值工程活动中，方案评价包括概略评价和详细评价两个阶段。其评价内容和步骤都包括(　　)、经济评价、社会评价以及综合评价。

A. 市场评价　　B. 功能评价

C. 技术评价　　D. 服务评价

Ⅱ. 多项选择题

1. 产品寿命周期成本是指产品在寿命期内所花费的全部费用。这些费用可分为(　　)两部分。

A. 生产成本　　B. 设计成本

C. 销售成本　　D. 制造成本

E. 使用成本

2. 下列有关价值工程的说法中，正确的有(　　)。

A. 价值工程的核心是对产品进行功能分析

B. 降低产品成本是提高产品价值的唯一途径

C. 价值工程活动应侧重于产品的研究、设计阶段

D. 功能整理的核心任务是剔除不必要功能

E. 功能评价的主要任务是确定功能的目标成本

3. 根据价值工程原理,提高产品价值的途径有(　　)。

A. 采用先进的生产方式,提高产品使用功能

B. 通过改进产品质量,从而提高产品价格

C. 在保证产品使用功能的前提下设法降低成本

D. 在不增加成本的前提下设法提高产品功能

E. 通过消除或减少一些多余的功能从而大幅度降低产品的成本

4. 价值工程涉及价值、功能和寿命周期成本三个基本要素,其特点包括(　　)。

A. 价值工程的核心是对产品进行功能分析

B. 价值工程要求将功能定量化,即将功能转化为能够与成本直接相比的量化值

C. 价值工程的目标是以最低的生产成本使产品具备所必须具备的功能

D. 价值工程是以集体智慧开展的有计划、有组织的管理活动

E. 价值工程中的价值是指对象的使用价值,而不是交换价值

5. 价值工程的工作程序,按一般的决策过程可分为四个阶段,包括(　　)。

A. 准备阶段　　B. 分析阶段

C. 评价阶段　　D. 创新阶段

E. 实施阶段

6. 价值工程活动过程中,准备阶段的主要工作有(　　)。

A. 选择对象　　B. 收集整理资料

C. 制订工作计划　　D. 功能评价

E. 组成价值工程工作小组

7. 价值工程活动过程中,分析阶段的主要工作有(　　)。

A. 选择对象　　B. 功能定义

C. 功能评价　　D. 方案评价

E. 方案审批

8. 价值工程活动过程中,创新阶段的主要工作有(　　)。

A. 功能评价　　B. 方案创造

C. 方案评价　　D. 提案编写

E. 方案审批

9. 价值工程的核心是功能分析,功能分析的主要工作内容包括(　　)。

A. 功能定义　　B. 功能整理

C. 功能评价　　D. 功能计量

E. 功能分类

10. 开展价值工程活动,首先就是要确定研究对象。常见的选择价值工程对象的方法有(　　)。

A. 因素分析法
B. 强制确定法
C. 环比评分法
D. 百分比分析法
E. 价值指数法

11. 下列方法中,可在价值工程活动中用于方案创造的有(　　)。
A. 专家检查法
B. 专家意见法
C. 流程图法
D. 列表比较法
E. 方案清单法

12. 在下列价值工程的研究对象中,通过设计进行改进和完善的功能有(　　)。
A. 基本功能
B. 辅助功能
C. 使用功能
D. 不足功能
E. 过剩功能

13. 在价值工程活动中,属于必要功能的有(　　)。
A. 基本功能
B. 辅助功能
C. 过剩功能
D. 使用功能
E. 美学功能

14. 在价值工程活动中,方案评价可分为(　　)两个阶段。
A. 技术评价
B. 经济评价
C. 概略评价
D. 社会评价
E. 详细评价

15. 在价值工程活动中,方案评价应包括(　　)等方面的内容。
A. 技术评价
B. 经济评价
C. 社会评价
D. 综合评价
E. 生产与销售评价

16. 价值工程活动成果的评价和总结的内容包括(　　)等。
A. 经济效果评价
B. 技术成果评价
C. 社会效益评价
D. 价值工程活动总结
E. 综合成果评价

Ⅲ. 判断题

1. 在总成本不变的情况下,产品的价值与功能成反比,即功能越大,价值越小;反之,功能越小,价值就越大。(　　)

2. 价值工程的目标是以最低的寿命周期成本可靠地实现产品所必须具备的功能。(　　)

3. 从价值工程的角度来看,与寿命周期成本最低值相对应的产品的功能水平是最适宜的功能水平。(　　)

4. 价值工程侧重于设计阶段开展工作,以提高产品价值为中心。(　　)

5. 价值工程对降低成本的考虑,不仅要降低生产成本,而且要尽量降低使用成本。(　　)

6. 价值工程的目标是尽可能地降低产品的寿命周期成本。(　　)

7. 功能分析是价值工程的核心,是价值工程的重要手段。(　　)

8. 功能评价包括相互关联的价值评价和成本评价两个方面。(　　)

9. 价值工程是以功能分析为核心。因此,功能分析是价值工程活动的关键环节。(　　)

(四)不确定性分析方法

Ⅰ.单项选择题

1.通常情况下,在不确定性分析的各种方法中,(　　)只适用于建设项目的财务评价,而不适用于国民经济评价。

A.敏感性分析　　B.费用效益分析

C.盈亏平衡分析　　D.概率分析

2.盈亏平衡分析是通过(　　)分析项目的成本与收益的平衡关系的一种方法。

A.产量　　B.销售量

C.盈亏平衡点　　D.产品价格

3.盈亏平衡点反映了项目对市场变化的适应能力和抗风险能力。项目的盈亏平衡点(　　),其适应市场变化的能力就越大,抗风险能力也就越强。

A.越高　　B.越低　　C.大于1　　D.大于0

4.盈亏平衡分析分线性盈亏平衡分析和非线性盈亏平衡分析。其中,线性盈亏平衡分析的前提条件之一是(　　)。

A.只生产单一产品,且生产量等于销售量

B.单位可变成本随生产量的增加成比例降低

C.生产量与销售量之间成线性比例关系

D.销售收入是销售量的线性函数

5.在项目盈亏平衡点的多种表达形式中,应用最为广泛的是以(　　)表示的盈亏平衡点。

A.产量和单价　　B.产量和生产能力利用率

C.可变成本和固定成本　　D.单价和生产能力利用率

6.在建设项目财务评价和国民经济评价中均可以使用的不确定性分析方法的是(　　)。

A.敏感性分析　　B.投入产出分析

C.现金流量分析　　D.盈亏平衡分析

7.某项目设计年生产能力为10万台,年固定成本为1 500万元,单台产品销售价格为1 200元,单台产品可变成本为650元,单台产品营业税金及附加为150元。则该项目产量的盈亏平衡点是(　　)台。

A.12 500　　B.18 750　　C.27 272　　D.37 500

8.某建设项目年设计生产能力10万台,单位产品可变成本为单位产品销售价格的55%,单位产品销售税金及附加为单位产品销售价格的5%,经分析求得该项目产量盈亏平衡点为年生产量4.5万台。若企业要盈利,生产能力利用率至少应保持在(　　)以上。

A.45%　　B.50%　　C.55%　　D.60%

9.某生产性建设项目的预计产品市场需求量比盈亏平衡点产量越大,则该项目(　　)。

A.安全性越大　　B.抗风险能力越小

C.安全性越小　　D.发生亏损的机会越大

10.某建设项目的设计生产能力为10 000件,在两个可实施方案A和B中,A方案的盈亏平衡点产量为6 000件,B方案的盈亏平衡点产量为8 000件,则下述关于风险的说法中正确的是(　　)。

A. A 方案大于 B 方案　　B. A 方案小于 B 方案

C. A 方案与 B 方案相同　　D. 无法判断

11. 在投资方案的不确定性分析中，通过盈亏平衡分析，可以(　　)。

A. 度量项目风险的大小

B. 揭示产生项目风险的根源

C. 找出降低项目风险的具体途径

D. 确定风险因素的变动对项目的影响程度

12. 某投资方案设计生产能力为1 000 台/年，盈亏平衡点产量为500 台/年，方案投产后前4 年的达产率见下表。则该方案首次实现盈利的年份为投产后的第(　　)年。

投产年份	第1年	第2年	第3年	第4年
达产率	30%	50%	70%	90%

A. 1　　B. 2　　C. 3　　D. 4

13. 对建设工程项目进行概率分析时，一般需要计算(　　)。

A. 内部收益率的敏感度　　B. 经营成本的期望值

C. 净现值的敏感度　　D. 净现值的期望值

14. 在投资方案不确定性分析的敏感性分析中，可以通过计算(　　)来确定敏感因素。

A. 不确定因素变化率和敏感度系数　　B. 指标变化率和敏感度系数

C. 敏感度系数和临界点　　D. 指标变化率和临界点

15. 根据对项目不同方案的敏感性分析，投资者应选择(　　)的方案实施。

A. 项目盈亏平衡点高，抗风险能力适中　　B. 项目盈亏平衡点低，承受风险能力弱

C. 项目敏感程度大，抗风险能力强　　D. 项目敏感程度小，抗风险能力强

16. 建设项目不确定性分析方法中的敏感性分析，其目的在于寻求敏感因素，可以通过计算敏感度系数和(　　)来判断。

A. 敏感程度　　B. 敏感性质

C. 临界点　　D. 平衡点

17. 在敏感性分析中，下列因素中最敏感的是(　　)。

A. 产品价格下降 30%，使 NPV =0　　B. 经营成本上升 50%，使 NPV =0

C. 寿命缩短 80%，使 NPV =0　　D. 投资增加 120%，使 NPV =0

18. 对于不同的投资项目进行敏感性分析和概率分析的表述，下列说法中正确的是(　　)。

A. 应选择敏感程度大，净现值不小于零的累计概率越大的项目

B. 应选择敏感程度大，净现值不小于零的累计概率越小的项目

C. 应选择敏感程度小，净现值不小于零的累计概率越大的项目

D. 应选择敏感程度小，净现值不小于零的累计概率越小的项目

19. 某投资方案的净现值在各因素影响下的组合状态为：净现值 150 万元，其概率为0.40；净现值 200 万元，其概率为 0.30；净现值 250 万元，其概率为 0.20；净现值 300 万元，其概率为 0.10。该投资方案的净现值的期望值为(　　)万元。

A. 150　　B. 180　　C. 200　　D. 210

Ⅱ.多项选择题

1. 通常情况下,不确定性分析的方法包括(　　)。

A. 盈亏平衡分析　　B. 费用成本分析

C. 敏感性分析　　D. 概率分析

E. 费用效率分析

2. 线性盈亏平衡分析的方法一般可分为(　　)。

A. 图解法　　B. 因素分析法

C. 解析法　　D. 百分比分析法

E. 环比分析法

3. 下列有关盈亏平衡分析的表述中,正确的有(　　)。

A. 盈亏平衡分析只适用于项目的财务评价

B. 盈亏平衡点是项目盈利与亏损的分界点

C. 盈亏平衡点越高,表明项目适应市场变化的能力越强,抗风险能力越大

D. 盈亏平衡点通常用产量表示,也可以用生产能力利用率、销售收入,产品单价等来表示

E. 盈亏平衡分析是通过盈亏平衡点分析项目的成本与收益的平衡关系的一种方法

4. 以下有关盈亏平衡分析的叙述中正确的是(　　)。

A. 盈亏平衡分析又可进一步分为线性盈亏平衡分析和非线性盈亏平衡分析

B. 生产量等于销售量是线性盈亏平衡分析的前提条件

C. 盈亏平衡分析同时适用于财务评价和国民经济评价

D. 线性盈亏平衡分析假设销售收入是销售量的线性函数

E. 线性盈亏平衡分析假设总生产成本是生产量的线性函数

5. 项目盈亏平衡点的表达形式有多种,可以采取的形式主要有(　　)。

A. 单位产品售价　　B. 单位产品可变成本

C. 产销量　　D. 生产能力利用率

E. 年总固定成本

6. 线性盈亏平衡分析的前提条件包括(　　)。

A. 生产量等于销售量

B. 设计生产能力大于销售量

C. 生产量变化,单位可变成本不变,因此总生产成本是生产量的线性函数

D. 只生产单一产品;或者生产多种产品,但可以换算为单一产品计算

E. 生产量变化,销售单价不变,因此销售收入是销售量的线性函数

7. 下列关于投资项目不确定性分析的说法中,正确的有(　　)。

A. 盈亏平衡分析只适用于项目的财务评价

B. 敏感性分析只适用于项目的财务评价

C. 概率分析可同时用于项目的财务评价和国民经济评价

D. 盈亏平衡点反映了项目的抗风险能力

E. 敏感性分析指标应与确定性经济指标相一致

8. 在项目经济效果评价中,可同时用于项目的财务评价和国民经济评价的有(　　)。

A. 线性盈亏平衡分析　　B. 非线性盈亏平衡分析

C. 单因素敏感性分析　　D. 多因素敏感性分析

E. 风险分析

9. 线性盈亏平衡分析的前提条件包括(　　)。

A. 只生产单一产品,且生产量等于销售量

B. 单位可变成本随生产量的增加成比例降低

C. 生产量变化,销售单价不变

D. 生产量与销售量之间成线性比例关系

E. 销售收入是销售量的线性函数

10. 敏感性分析的目的在于寻求敏感性因素,而敏感因素可以通过计算(　　)来确定。

A. 期望值　　B. 临界点　　C. 灵敏度　　D. 敏感概率

E. 敏感度系数

11. 在进行投资项目不确定性分析的概率分析时,一般都要计算项目经济评价指标的(　　),据此对项目风险进行评价。

A. 均方差　　B. 期望值　　C. 算术平均值　　D. 偏差系数

E. 评价指标可行时的累计概率

Ⅲ. 判断题

1. 盈亏平衡分析是通过盈亏平衡点来分析项目的产量与销售量的平衡关系的一种不确定性分析方法。(　　)

2. 盈亏平衡分析的目的就是找出影响项目经济效果的主要因素,据此判断项目风险的大小及其对风险的承受能力,为投资决策提供科学依据。(　　)

3. 盈亏平衡点的高低反映了项目风险性的大小。(　　)

4. 在线性盈亏平衡分析中,生产成本分为可变成本与固定成本,其中固定成本与产量无关。(　　)

5. 敏感性分析指标应与确定性分析中的经济效果评价指标相一致。(　　)

6. 在敏感性分析中,可以通过计算盈亏平衡点来确定不确定性因素对经济评价指标的影响程度。(　　)

7. 如果进行敏感性分析的目的是对不同的投资方案进行选择,一般应选择敏感程度高、承受风险能力强、可靠性高的方案。(　　)

8. 盈亏平衡分析能说明方案实施的风险大小及投资项目承担风险的能力。(　　)

(五)工程寿命周期成本分析的内容和方法

Ⅰ. 单项选择题

1. 工程寿命周期成本分析法的局限性之一是假定工程对象有(　　)。

A. 固定的运行效率　　B. 确定的投资额

C. 确定的寿命周期　　D. 固定的功能水平

2. 在寿命周期成本分析过程中,进行维持费中各项费用之间的权衡分析时,可采取的手段是(　　)。

A. 进行节能设计,节省运营费用　　B. 采用整体式结构,减少安装费用

C. 采用计划预修,减少停机损失　　D. 改善原设计材质,降低维修频率

3. 下列方法中,可用于工程寿命周期成本评价的方法是(　　)。

A. 环比分析法　　B. 动态比率法

C. 强制评分法　　D. 权衡分析法

4. 估算寿命周期成本时,权衡分析是对性质完全相反的两个要素作适当的处理,其目的是为了提高总体的(　　)。

A. 使用性　　B. 功能性　　C. 价值性　　D. 经济性

5. 由于寿命周期成本是在长时期内发生的,因此在寿命周期成本分析中必须考虑资金的(　　)。

A. 使用效率　　B. 使用方法　　C. 影响要素　　D. 时间价值

6. 运用费用效率法进行寿命周期成本分析时,估算费用的方法是(　　)。

A. 权衡估算法　　B. 效率估算法

C. 参数估算法　　D. 经验估算法

7. 在工程寿命周期成本中,隐性成本是指(　　)。

A. 经济成本和环境成本　　B. 环境成本和社会成本

C. 经济成本和社会成本　　D. 环境成本和风险成本

8. 当拟建一个交通监控系统,可以在完成监控任务的前提下选取费用最低的方案,这是寿命周期成本评价方法中的(　　)。

A. 固定费用法　　B. 固定效率法

C. 权衡分析法　　D. 费用效率法

Ⅱ. 多项选择题

1. 常用的工程寿命周期成本分析的方法主要有(　　)。

A. 费用效率法　　B. 类比估算法

C. 固定效率法　　D. 固定费用法

E. 权衡分析法

2. 工程寿命周期成本分析方法的局限性在于(　　)。

A. 分析过程中涉及的参数、指标多

B. 分析时必须负担的成本高

C. 寿命周期的变化难以预见

D. 早期的分析评价难以保证评价结果的准确性

E. 设置费与维持费之间难以权衡

3. 运用费用效率法进行寿命周期成本分析时,估算费用的常用方法包括(　　)。

A. 效率估算法　　B. 参数估算法

C. 权衡估算法　　D. 类比估算法

E. 费用模型估算法

4. 寿命周期成本评价法与传统的投资计算法相比,具有(　　)显著的特点。

A. 进行费用设计

B. 研究系统的所有费用

C. 透彻地进行设置费和维持费的权衡

D. 系统运行时考虑寿命周期成本

E. 透彻地进行系统效率和寿命周期成本之间的权衡

5. 在工程寿命周期成本评价法中，权衡分析的对象包括（　　）。

A. 设置费与维持费的权衡　　B. 设置费中各项费用之间的权衡

C. 寿命周期成本的权衡分析　　D. 维持费中各项费用之间的权衡

E. 从投产到系统设置完成这段时间与维持费的权衡分析

6. 下列有关工程寿命周期成本的表述中，正确的有（　　）。

A. 工程寿命周期成本不仅包括经济成本，还包括环境成本、社会成本和风险成本

B. 工程寿命周期经济成本包括建设成本和使用成本

C. 在工程寿命周期成本中，环境成本、社会成本和风险成本都是隐性成本

D. 工程寿命周期经济成本是指研究开发费、制造安装费、运行维护费的费用总和

E. 工程寿命周期经济成本包括设置费和维持费

7. 在工程寿命周期成本中，属于隐性成本的有（　　）。

A. 经济成本　　B. 社会成本

C. 风险成本　　D. 环境成本

E. 使用成本

Ⅲ. 判断题

1. 工程寿命周期成本是指工程项目从构思到建成投入使用全过程所发生的费用，它包括建设成本和使用成本。（　　）

2. 在工程寿命周期成本中，环境成本和社会成本都是隐性成本。因此在项目评价时不考虑。（　　）

3. 工程寿命周期成本评价法重要特点之一就是进行有效的权衡分析。（　　）

4. 工程项目寿命周期的确定，只有通过假设方法来预测，其合理性和准确性将直接关系到寿命周期成本的准确性。（　　）

5. 由于工程寿命周期成本分析的成本比较低，因此该方法可适用于所有的项目。（　　）

三、工 程 财 务

(一)公路建设项目资本金制度、项目资金筹措的渠道与方式

Ⅰ.单项选择题

1. 按照有关规定,对于项目资本金的投资者(　　)。

A. 不可以转让其出资　　B. 不得以任何方式抽回

C. 不能依法享有所有者权益　　D. 应承担相应的利息

2. 实行资本金制度的投资项目,资本金的筹措情况应当在(　　)中作出详细说明。

A. 项目建议书　　B. 项目可行性研究报告

C. 初步设计文件　　D. 施工招标文件

3. 按照有关规定,交通运输项目资本金占总投资的最低比例为(　　)。

A. 40%　　B. 35%　　C. 25%　　D. 20%

4. 项目资本金可以用实物、工业产权、非专利技术、土地使用权、资源开采权作价出资,但除国家对采用高新技术成果有特别规定的外,其比例不得超过投资项目资本金总额的(　　)。

A. 50%　　B. 40%　　C. 30%　　D. 20%

5. 下列选项中,属于项目资本金的筹措渠道与方式的是(　　)。

A. 银行贷款　　B. 发行债券　　C. 发行股票　　D. 设备租赁

6. 通过政府投资筹集项目资本金的,国家根据资金来源、项目性质和调控需要,分别采用直接投资、资本金注入、投资补助、(　　)等方式,并按项目安排政府投资。

A. 银行贷款　　B. 转贷和贷款贴息

C. 发行债券　　D. 国外借款

7. 下列选项中,属于发行股票筹资的优点的是(　　)。

A. 支出固定　　B. 融资风险低

C. 少纳所得税　　D. 可以提高自有资金利润率

8. 下列选项中,属于建设项目负债筹资方式的是(　　)。

A. 政府投资　　B. 发行债券

C. 发行股票　　D. 股东直接投资

9. 下列有关债券筹资优缺点的表述中,不正确的是(　　)。

A. 它只需付给持券人固定的债券利息

B. 债券持有者有权参与企业管理

C. 发行债券会提高企业负债比率,降低企业的财务信誉

D. 合理的债券利息计入成本,使得企业少纳所得税

10. 一般来说,当企业预测未来市场销售情况良好、盈利稳定、预计未来物价上涨较快,企业负债比率不高时,可以考虑以(　　)的方式进行筹资。

A. 银行贷款　　B. 发行股票

C. 发行债券　　D. 政府投资

11. 对于承租人而言,与购买设备相比,租赁设备的优越性在于(　　)。

A. 可降低资金成本　　B. 可加快技术进步

C. 不形成长期负债　　D. 合同条件比较宽松

12. 下列选项中,不可以作价出资作为固定资产投资项目资本金的是(　　)。

A. 企业商誉　　B. 土地使用权

C. 非专利技术　　D. 工业产权

13. 在下列筹资方式中,不改变企业控制权,并能将资金使用代价计入成本的是(　　)。

A. 发行优先股　　B. 发行普通股

C. 发行债券　　D. 吸收国外资本直接投资

14. 我国发行的债券中,作为项目资金筹措渠道的主要是(　　)。

A. 国家债券　　B. 企业债券

C. 金融债券　　D. 地方政府债券

15. 项目的负债不包括(　　)。

A. 银行贷款　　B. 发行债券

C. 设备租赁　　D. 发行股票

16. 进行项目建设必须要有项目资本金,项目资本金的筹集包括(　　)。

A. 企业股票　　B. 发行债券

C. 银行贷款　　D. 融资租赁

17. 融资租赁的租金构成不包括(　　)。

A. 租赁资产的成本　　B. 租赁资产的折旧

C. 租赁资产的利息　　D. 租赁手续费

Ⅱ. 多项选择题

1. 按照有关规定,对于项目资本金,出资者可以(　　)。

A. 用货币出资　　B. 用实物作价出资

C. 转让出资　　D. 享有所有者权益

E. 以某种方式抽回

2. 筹措项目资金时应满足的基本要求包括(　　)。

A. 合理确定资金需要量,力求提高筹资效果

B. 认真选择资金来源,力求降低资金成本

C. 适时取得资金,保证资金投放需要

D. 适时维持自有资金比例,正确安排举债经营

E. 科学选择投资项目,确保资本金足额到位

3. 建设项目可通过(　　)等多种方式来筹集资本金。

A. 政府投资　　B. 股东直接投资

C. 发行股票　　D. 发行债券

E. 吸收国外资本直接投资

4. 通过政府投资筹集项目资本金的,国家根据资金来源、项目性质和调控需要,分别采取(　　)等方式,并按项目安排政府投资。

A. 直接投资　　B. 资本金注入
C. 投资补助　　D. 银行贷款
E. 贷款贴息

5. 项目资本金可以通过发行股票筹集。发行股票筹资的缺点包括(　　)。
A. 资金成本高　　B. 会提高企业负债比率
C. 降低原有股东的控制权　　D. 必须公开披露信息
E. 对企业的经营管理有较多的限制

6. 建设项目负债筹资的方式主要有(　　)等。
A. 银行贷款　　B. 发行债券
C. 发行股票　　D. 设备租赁
E. 借入国外资金

7. 下列选项中,属于债券筹资优点的有(　　)。
A. 支出固定　　B. 可降低公司负债比率
C. 少纳所得税　　D. 企业控制权不变
E. 可以提高自有资金利润率

8. 设备租赁是负债筹资的一种方式。设备租赁的方式可分为(　　)。
A. 融资租赁　　B. 经营租赁　　C. 服务出租　　D. 设备租赁
E. 技术租赁

9. 采取设备租赁方式筹资时,租赁期满后,可供承租人选择的处理方法有(　　)等。
A. 延长租期　　B. 作价购进所租设备
C. 要求出租人更新设备　　D. 将所租设备退还出租人
E. 另订租约

10. 融资租赁是设备租赁的重要形式,是一种融资与融物相结合的筹资方式,它将(　　)三者有机地结合在一起。
A. 贷款　　B. 贸易　　C. 出租　　D. 服务
E. 经营

Ⅲ. 判断题

1. 实行资本金制度的投资项目,在项目建议书中要就资本金筹措情况作出详细说明。(　　)

2. 计算项目资本金基数的总投资,是指投资项目的固定资产投资总额。(　　)

3. 项目资本金用实物、工业产权、非专利技术、土地使用权作价出资的,其比例不得超过投资项目资本金总额的25%。(　　)

4. 股票是借款单位为筹集资金而发行的一种信用凭证,它证明持有人有权按期取得固定利息并到期收回本金。(　　)

5. 股票的股息或红利不需要按期支付,当公司经营不佳或现金短缺时,董事会有权决定不发股息或红利。(　　)

6. 由于股票无到期日,因此其投资属永久性投资,公司不需为偿还资金而担心。(　　)

7. 发行股票会提高企业负债比率,增加企业风险,降低企业的财务信誉。(　　)

8. 债权可以作为项目资本金。(　　)

(二)公路建设项目资金成本、资本结构与融资方式

Ⅰ.单项选择题

1. 下列资金成本中,属于筹资阶段发生且具有一次性特征的是(　　)。

A. 债券发行手续费　　B. 债券利息

C. 股息和红利　　D. 银行贷款利息

2. 采用下列方式筹集的资金中,不列入企业资本结构管理范围的是(　　)。

A. 政府投资　　B. 发行股票

C. 发行长期债券　　D. 银行短期贷款

3. 下列融资成本中,属于资金使用成本的是(　　)。

A. 发行手续费　　B. 担保费

C. 资信评估费　　D. 债券利息

4. 某公司发行总面额400万元的5年期债券,发行价格为500万元,票面利率为8%,发行费费率为5%,公司所得税税率为25%,发行该债券的成本率为(　　)。

A. 5.05%　　B. 6.32%　　C. 6.40%　　D. 10.00%

5. 从资本结构管理的角度可将公司风险分为经营风险和财务风险,其中财务风险是指(　　)变化带来的风险。

A. 产品需求　　B. 产品售价

C. 固定成本比重　　D. 债务资本比率

6. 某企业发行普通股正常市价为20元,估计年增长率为10%,第一年预计发放股利1元,筹资费用率为股票市价的12%。则新发行普通股的资金成本率为(　　)。

A. 11.36%　　B. 13.33%　　C. 15.56%　　D. 15.68%

7. 某公司销售额为8 000万元,固定成本为1 000万元,变动成本为5 000万元,流通在外的普通股为10 000股,债务利息为600万元,公司所得税税率为25%,则每股收益为(　　)万元。

A. 0.035　　B. 0.105　　C. 0.150　　D. 0.187

8. 某企业账面反映的长期资金4 000万元,其中优先股1 200万元,应付长期债券2 800万元。发行优先股的筹资费费率3%,年股息率9%;发行长期债券的票面利率7%,筹资费费率5%,企业所得税税率25%,则该企业的加权平均资金成本率为(　　)。

A. 3.96%　　B. 6.11%　　C. 6.65%　　D. 8.15%

9. 在融资的每股收益分析中,根据每股收益的无差别点,可以分析判断(　　)。

A. 企业长期资金的加权平均资金成本　　B. 市场投资组合条件下股东的预期收益率

C. 不同销售水平下适用的资本结构　　D. 债务资金比率的变化所带来的风险

10. 项目融资的特点包括(　　)。

A. 项目投资者承担项目风险　　B. 用于支持贷款的信用结构固定

C. 项目融资成本较高　　D. 贷款人可以追索项目以外的任何资产

11. PFI项目融资方式的特点包括(　　)。

A. 有利于公共服务的产出大众化　　B. 项目控制权必须由公共部门掌握

C. 项目融资成本低、手续简单　　D. 政府无需对私营企业作出特许承诺

12. 某企业发行面额为5 000万元的5年期债券,票面利率为7%,发行费用率为5%;向银行贷款3 000万元,贷款期限为5年,年利率为8%,贷款手续费率为2%,企业所得税税率为

33%。则该企业此次筹资的资金成本率为(　　)。

A. 4.94%　　B. 5.14%　　C. 5.47%　　D. 7.67%

13. 企业的资本结构是否合理，通常需要通过分析(　　)来衡量。

A. 融资的每股收益　　B. 经营杠杆系数

C. 财务杠杆系数　　D. 总杠杆系数

14. 在下列项目融资方式中，需要组建一个特别用途公司(SPC)进行运作的是(　　)。

A. BOT 和 ABS　　B. PFI 和 TOT

C. ABS 和 TOT　　D. PFI 和 BOT

15. 在资金成本中，具有产品成本性质的部分应计入产品成本，另一部分应作为(　　)。

A. 产品净收益　　B. 利润的分配

C. 实收资本　　D. 未分配利润

16. 企业的资本结构是指(　　)各自所占的比例。

A. 长期债务资本和权益资本　　B. 自筹资本和股票筹集资本

C. 自筹资本和国家预算内资本　　D. 长期债务资本和短期债务资本

17. 从根本上讲，财务管理的目标在于(　　)。

A. 扩大公司的组织规模　　B. 降低公司运营成本

C. 提高公司管理水平　　D. 追求公司价值的最大化

18. 在影响企业经营风险的因素中，(　　)的影响非常重要。

A. 产品需求　　B. 产品售价

C. 固定成本比重　　D. 产品成本

19. 某公司发行优先股股票，票面额按正常市价计算为 100 万元，筹资费费率为 3%，股息年利率为 12%，则其资金成本率为(　　)。

A. 11.32%　　B. 11.56%　　C. 12.40%　　D. 12.78%

20. 某项目贷款筹资总额 18 万元，筹资费率为 10%，贷款年利率为 9%，则该项贷款的资金成本率为(　　)。

A. 11.10%　　B. 10.00%　　C. 9.00%　　D. 8.10%

21. 通过出售现有投产项目在一定期限内的现金流量，从而获得资金来建设新项目的一种新兴融资方式是(　　)。

A. BOT 方式　　B. TOT 方式　　C. ABS 方式　　D. PFI 方式

22. 适用于基础设施建设的融资方式是(　　)。

A. BOT、TOT 和 PFI　　B. BOT 和 PFI

C. TOT、ABS 和 PFI　　D. BOT 和 ABS

23. 采用 ABS 方式融资，应当组建 SPC，其作用是(　　)。

A. 由 SPC 运营项目　　B. 由 SPC 与商业银行签订贷款协议

C. SPC 作为项目的法人　　D. 由 SPC 直接在资本市场上发行债券

24. 下列有关项目融资特点的表述中，正确的是(　　)。

A. 融资结构复杂、融资成本较低

B. 项目融资属于资产负债表之外的融资

C. 借款人承担项目的风险而贷款人不分担项目的风险

D. 贷款人可以在贷款的任何阶段对项目借款人实行追索

25. 项目的资金结构分析应包括项目筹集资金中(　　)的形式、各种资金所占比例以及资金的来源。

A. 股本资金、债务资金　　B. 股本资金、准股本资金、债务资金

C. 股本资金、准股本资金　　D. 股本资金、可转换资金、债务资金

26. 在下列项目融资方式中,不需要组建一个特别用途公司 SPC 进行运作的是(　　)。

A. BOT 和 ABS　　B. PFI 和 TOT

C. PFI 和 BOT　　D. ABS 和 TOT

27. 某公司发行总面额为 900 万元的债券,票面利率为 14%,发行费用率为 4%,发行价格为 800 万元,公司所得税税率为 25%,则该债券的发行成本率为(　　)。

A. 12.30%　　B. 11.28%　　C. 9.72%　　D. 9.38%

28. 某公司发行总面额为 800 万元的债券,票面利率为 12%,发行费用率为 4%,发行价格为 900 万元,公司所得税税率为 33%,则该债券的发行成本率为(　　)。

A. 12.50%　　B. 11.11%　　C. 8.38%　　D. 7.44%

29. BOT、ABS、TOT、PPP 等均是项目融资的有效方式,政府对项目运营无控制权的是(　　)。

A. ABS 方式　　B. TOT 方式　　C. BOT 方式　　D. PPP 方式

30. 根据(　　),可以分析判断不同销售水平下适用的资本结构。

A. 融资的每股收益　　B. 负债融资的每股收益

C. 每股收益无差别点　　D. 权利融资的每股收益

31. 在项目融资过程中,对项目风险的分析和评价应在(　　)阶段完成。

A. 投资决策分析　　B. 融资结构分析

C. 融资决策分析　　D. 融资谈判

32. 某企业通过贷款新上一个项目,在和银行签订的贷款协议中约定,借款方以其企业全部收益作为贷款担保,这时我们称贷款方对借款方有(　　)。

A. 完全追索权　　B. 无追索权

C. 有限追索权　　D. 特定追索权

33. 在每股收益无差别点上,无论是采用负债融资,还是采用权益融资,每股收益(　　)。

A. 都相等　　B. 不相等

C. 不一定相等　　D. 无法确定是否相等

34. 如果企业的息前税前资金利润率越高,借入资金利息率越低,负债比率(　　),则企业自有资金利润率就越高。

A. 越大　　B. 越小　　C. 大于零　　D. 等于 1

35. 下列(　　)项目融资方式需由项目所在国政府或其所属机构为项目的建设和经营提供一种"特许权协议"。

A. ABS　　B. PFI　　C. BOT　　D. TOT

Ⅱ. 多项选择题

1. 下列资金成本中,属于资金筹集成本的有(　　)。

A. 股票发行手续费　　B. 银行贷款利息

C. 发行债券律师费　　D. 发行股票的广告费
E. 股票的股息

2. 关于公司资本结构的说法,正确的有(　　)。
A. 公司的筹资方案影响资本结构
B. 公司的短期资金不列入资本结构管理范围
C. 公司的资本结构应保持长期不变
D. 公司的资本结构由公司的资质类别及等级决定
E. 资本结构的合理性需要通过分析每股收益衡量

3. 下列费用中,属于资金使用成本的有(　　)。
A. 股票发行广告费　　B. 贷款利息
C. 股息和红利　　D. 债券印刷费
E. 资信评估费

4. 下列选项中,属于项目融资的特点的有(　　)。
A. 是以项目本身为主体安排的融资
B. 可实现项目投资者公司负债型融资的要求
C. 融资成本相对较低
D. 可以实现对项目投资者的有限追索
E. 以项目投资者自身的资信作为贷款的首要条件

5. 下列关于 BOT 融资方式的说法中,正确的有(　　)。
A. 可拓宽资金来源
B. 有利于降低政府风险
C. 提高项目投资者的谈判地位
D. 项目投资者融资成本降低,收益确定性大
E. 可以提高经营维护和管理效率,有利于引进先进的管理和技术

6. 在通常情况下,企业的资本结构由(　　)构成。
A. 短期资本　　B. 长期债务资本
C. 权益资本　　D. 流动资金
E. 固定资产

7. 投资者在决定项目投资结构时,需要考虑的因素主要包括(　　)。
A. 项目的产权形式　　B. 债务责任
C. 税务结构　　D. 项目融资的结构
E. 现金流量控制

8. 常见的项目融资方式包括(　　)。
A. BOT 方式　　B. ABS 方式　　C. TOT 方式　　D. PFI 方式
E. EPC 方式

9. 资金成本具有一般产品成本的基本属性。资金成本(　　)。
A. 全部计入产品成本　　B. 一部分计入产品成本
C. 全部作为利润分配　　D. 一部分作为利润分配
E. 属于借入资金的使用成本

10. 通常情况下,项目的资金结构是由项目的(　　)决定的。

A. 资金结构　B. 投资结构　C. 融资结构　D. 信用结构　E. 组织结构

Ⅲ. 判断题

1. 资金使用成本一般与所筹措资金的多少以及使用时间的长短有关,具有经常性、定期性的特征,是资金成本的主要内容。(　　)

2. 资金筹集成本是在筹措资金时一次性支付的,在使用资金过程中不再发生,因此可作为筹资金额的一项扣除。(　　)

3. 资金成本是在商品经济社会中由于资金所有权与资金使用权相分离而产生的。(　　)

4. 资金成本是资金使用者向资金所有者支付的占用费。(　　)

5. 资金成本具有一般产品成本的基本属性。因此,资金成本应全部计入产品成本。(　　)

6. 企业的资金结构一般由借入资金与自有资金组合而成。(　　)

7. 资金成本是企业从事生产经营活动必须挣得的最低收益率,否则说明企业经营欠佳。(　　)

8. 企业发行债券后,所支付的债券利息列入企业的费用开支,因而使企业少缴一部分所得税。(　　)

9. 最佳的筹资方案是指既使企业达到最佳资本结构,又使筹资成本最低。(　　)

10. 资本结构是否合理,通常需要分析每股收益的变化来衡量,能提高每股收益的资本结构是合理的;反之则不够合理。(　　)

11. 在进行筹资决策时,企业可通过合理安排资本结构,适度负债,使财务杠杆利益抵消风险增大带来的不利影响。(　　)

12. 项目融资就意味着由借贷双方共担项目风险。(　　)

13. ABS 融资方式是通过发行股票来筹集资金。(　　)

14. 所有基础设施建设领域都可以采用 BOT 方式。(　　)

(三)公路建设项目成本管理的内容和方法

Ⅰ. 单项选择题

1. 工程项目成本管理流程是(　　)。

A. 成本分析→成本计划→成本预测→成本控制→成本核算→成本考核

B. 成本预测→成本分析→成本计划→成本控制→成本核算→成本考核

C. 成本预测→成本计划→成本控制→成本核算→成本分析→成本考核

D. 成本分析→成本预测→成本控制→成本计划→成本考核→成本核算

2. (　　)应贯穿于项目建设的各个阶段,是项目成本管理的核心内容。

A. 成本分析　B. 成本控制　C. 成本核算　D. 成本考核

3. 下列方法中,可用于编制工程项目成本计划的是(　　)。

A. 挣值分析法　B. 目标利润法

C. 成本分表法　D. 工期—成本同步分析法

4. 项目成本控制的方法有多种,其中(　　)是对工程项目成本/进度进行综合控制的一种分析方法。

A. 项目成本分析表法　　B. 工期—成本同步分析法

C. 挣值分析法　　D. 价值工程方法

5. 在项目成本核算时,对项目施工各岗位成本的责任核算和控制多采用(　　)。

A. 表格核算法　　B. 会计核算法

C. 按实核算法　　D. 指标核算法

6. 某工程计划外购商品混凝土3 000m^3,计划单价420元/m^3;实际采购3 100m^3,实际单价450元/m^3,则由于采购量增加而使外购商品混凝土成本增加(　　)万元。

A. 4.2　　B. 4.5　　C. 9.0　　D. 9.3

7. 在工程项目施工成本管理中,项目管理层的地位是(　　)。

A. 项目总成本目标的决策中心　　B. 项目投标成本和报价的确定主体

C. 项目生产成本的控制中心　　D. 项目利润目标的制定主体

8. 在工程项目成本管理中,由进度偏差引起的累计成本偏差可以用(　　)的差值度量。

A. 已完工程预算成本与拟完工程预算成本

B. 已完工程预算成本与已完工程实际成本

C. 已完工程实际成本与拟完工程预算成本

D. 已完工程实际成本与已完工程预算成本

9. 下列成本分析方法中,主要用来确定目标成本、实际成本和降低成本的比例关系,从而为寻求降低成本的途径指明方向的是(　　)。

A. 构成比率法　　B. 相关比率法

C. 因素分析法　　D. 差额计算法

10. 下列方法中,可用于进行施工项目成本控制的是(　　)。

A. 回归分析法　　B. 技术进步法

C. 挣值分析法　　D. 差额计算法

11. 下列方法中,可用于施工成本定性预测和定量预测的方法分别是(　　)。

A. 目标利润法和加权平均法　　B. 函询调查法和回归分析法

C. 技术进步法和按实计算法　　D. 座谈会法和定率估算法

12. 下列方法中,属于施工项目成本分析基本方法的是(　　)。

A. 差额计算法　　B. 平均年限法

C. 三点估算法　　D. 指数平滑法

13. 企业管理层应是项目成本管理的(　　)中心。

A. 决策与计划　　B. 管理与生产

C. 控制与管理　　D. 计划与实施

14. 为了减少数据的传递,提高数据的及时性,承包企业应在项目上设(　　),进行项目成本核算,这将成为项目施工成本核算的发展趋势。

A. 成本会计　　B. 成本统计

C. 表格核算　　D. 会计核算

15. 施工承包企业实施项目成本控制和工程价款结算的基本依据是(　　)。

A. 合同价格　　B. 目标成本

C. 施工图预算成本　　D. 施工预算成本

16. 运用挣值分析法，通过比较已完工程预算成本（BCWP）与已完工程实际成本（ACWP）之间的差值，可以分析（　　）。

A. 由于实际价格的变化而引起的累计成本偏差

B. 由于实际价格的变化和进度偏差而引起的累计成本偏差

C. 由于进度偏差而引起的累计成本偏差

D. 由于实际价格的变化和进度偏差而引起的累计成本—进度偏差

17. 对工程项目进行事前成本控制的重要方法是（　　）。

A. 项目成本分析表法　　B. 价值工程法

C. 挣值分析法　　D. 工期—成本同步分析法

Ⅱ. 多项选择题

1. 施工项目成本包括（　　）。

A. 预算成本　　B. 计划成本　　C. 目标成本　　D. 实际成本

E. 决算成本

2. 工程项目成本管理体系包括（　　）。

A. 企业管理层的成本管理　　B. 企业职能部门的成本管理

C. 企业各机构的成本管理　　D. 企业决策层的成本管理

E. 项目管理层的成本管理

3. 工程项目成本管理方法与内容包括（　　）等。

A. 成本分析　　B. 成本预测　　C. 成本控制　　D. 成本核算

E. 成本计算

4. 下列方法中，属于工程项目成本预测方法的有（　　）。

A. 座谈会法　　B. 加权平均法

C. 会计核算法　　D. 函询调查法

E. 回归分析法

5. 项目成本控制的主要内容包括（　　）。

A. 项目决策成本控制　　B. 投标费用控制

C. 设计成本控制　　D. 施工成本控制

E. 工程保修成本控制

6. 项目成本控制的过程包括（　　）。

A. 项目成本的计划预控　　B. 项目成本运行过程控制

C. 项目成本核算控制　　D. 项目成本考核控制

E. 项目成本的纠偏控制

7. 分部分项工程成本分析中，"三算对比"主要是进行（　　）对比。

A. 实际成本与投资估算　　B. 实际成本与预算成本

C. 实际成本与竣工决算　　D. 实际成本与目标成本

E. 施工预算与设计概算

8. 施工合同签订后，工程项目施工成本计划的常用编制方法有（　　）。

A. 专家意见法　　B. 功能指数法

C. 目标利润法　　D. 技术进步法

E. 定率估算法

9. 作为施工项目成本核算的方法之一,表格核算法的特点有(　　)。

A. 便于操作　　B. 逻辑性强

C. 核算范围大　　D. 适时性好

E. 表格格式自由

10. 承包企业项目成本考核,包括企业对(　　)的考核。

A. 项目成本　　B. 目标成本

C. 实际成本　　D. 预算成本

E. 项目经理部可控责任成本

11. 项目成本分析的基本方法包括(　　)。

A. 比较法　　B. 比率法　　C. 因素分析法　　D. 按实计算法

E. 差额计算法

12. 下列方法中,属于项目成本核算方法的有(　　)。

A. 表格核算法　　B. 统计核算法

C. 会计核算法　　D. 随机核算法

E. 经济核算法

13. 承包企业项目成本控制的主要环节包括(　　)。

A. 投标费用控制　　B. 计划预控

C. 过程控制　　D. 施工成本控制

E. 纠偏控制

14. 项目成本控制的方法包括(　　)。

A. 因素分析法　　B. 价值工程法

C. 挣值分析法　　D. 指标对比分析法

E. 工期—成本同步分析法

15. 成本核算所提供的成本信息是(　　)的依据。

A. 成本预测　　B. 成本计划

C. 成本控制　　D. 成本分析

E. 成本考核

Ⅲ. 判断题

1. 企业成本管理的任务是将工程项目的成本控制在预定计划之内。(　　)

2. 企业管理层应是项目生产成本的控制中心。(　　)

3. 预算成本是承包企业实现项目成本控制和工程价款结算的基本依据。(　　)

4. 成本控制是项目成本管理的核心内容。(　　)

5. 项目成本核算应以项目经理责任成本目标为基本核算范围。(　　)

6. 项目成本核算的方法主要有差额核算法和会计核算法。(　　)

7. 在施工机械使用费中,占比重最大的往往是施工机械折旧费。(　　)

(四)公路建设项目资产评估的内容和方法

Ⅰ. 单项选择题

1. 资产评估是通过对资产(　　)的估算,从而确定其价值的经济活动。

A. 相对价值 B. 绝对价值
C. 价值 D. 某一时点价值

2. 按照有关规定,应当进行资产评估的各项特定的资产业务,都是( )的资产业务。

A. 涉及产权变动 B. 不涉及产权变动
C. 涉及特定用途 D. 固定资产

3. 按照国家有关规定应当进行资产评估情形的是( )。

A. 资产抵押 B. 资产拍卖、转让
C. 企业租赁 D. 资产质押

4. 资产占有单位认为需要的,可以进行资产评估的情形是( )。

A. 资产拍卖、转让 B. 企业兼并、出售
C. 企业租赁 D. 企业清算

5. 下列各项资产评估的资产业务中,不涉及产权变动的是( )。

A. 企业清算 B. 资产拍卖
C. 企业兼并 D. 企业租赁

6. 下列方法中,属于机器设备评估方法的是( )。

A. 收益法 B. 市场法
C. 假设开发法 D. 路线价评估法

7. 下列方法中,不属于土地使用权评估方法的是( )。

A. 市场比较法 B. 收益法
C. 残余估价法 D. 路线价评估法

Ⅱ. 多项选择题

1. 国有资产评估的程序包括( )等环节。

A. 申请立项 B. 资格审查
C. 资产清查 D. 评定估算
E. 验证确认

2. 下列方法中,属于机器设备评估方法的有( )。

A. 市场法 B. 收益法
C. 成本法 D. 更新重置法
E. 残余估算法

3. 机器设备的重置成本通常可分为( )。

A. 差额重置成本 B. 复原重置成本
C. 市场重置成本 D. 更新重置成本
E. 残余重置成本

4. 采用重置成本法计算被评估机器设备的价值时,应考虑的资产贬值包括( )。

A. 安全性贬值 B. 实体性贬值
C. 功能性贬值 D. 使用性贬值
E. 经济性贬值

5. 下列方法中,属于土地使用权评估方法的有( )。

A. 市场比较法 B. 收益还原法

C. 单位造价调整法　　D. 假设开发法

E. 路线价评估法

Ⅲ. 判断题

1. 所谓资产评估是指通过对资产现时价值的估算,从而确定其价值的经济活动。(　　)

2. 机器设备评估主要以单台、单件为评估对象。评估人员应该逐台(件)进行检测和评估。(　　)

3. 机器设备的经济性贬值是指由于新技术的发展导致资产功能陈旧而带来的原资产贬值。(　　)

4. 土地使用权是一种无形资产,因此土地使用权评估属于无形资产评估。(　　)

(五)与工程造价有关的税收及保险的内容

Ⅰ. 单项选择题

1. 建筑业企业适用营业税是因为其承包工程的行为属于(　　)。

A. 销售货物　　B. 消费工程材料

C. 转让无形资产　　D. 提供应税劳务

2. 计算企业所得税应纳税额时,可以列为免税收入的是(　　)。

A. 接受捐赠收入　　B. 国债利息收入

C. 租金收入　　D. 存款利息收入

3. 企业发生的年度亏损,在连续(　　)年内可用税前利润弥补。

A. 2　　B. 3　　C. 5　　D. 10

4. 企业计算应纳税所得额时,下列项目中,允许从收入中扣除的是(　　)。

A. 向投资者支付的股息　　B. 向银行支付的短期借款利息

C. 非公益性赞助支出　　D. 税收滞纳金

5. 营业税的计税依据为营业额,下列关于建筑业和销售不动产计税营业额的说法中,正确的是(　　)。

A. 总承包企业将工程分包的,应以全部承包额为计税营业额

B. 从事包工不包料装饰工程作业的,工程所用原材料的价款应计入计税营业额

C. 从事安装工程作业的,设备价款应计入计税营业额

D. 施工企业转让其购置的不动产的,应以其转让价格为计税营业额

6. 根据有关规定,从事建筑安装业务的企业附设的工厂生产的预制构件,用于本企业的建筑工程的,应在移送使用时征收(　　)。

A. 行为税　　B. 收益税　　C. 营业税　　D. 增值税

7. 营业税实行差别比例税率,对同一行业实行同一税率,对不同行业实行不同税率。建筑业的营业税税率为(　　)。

A. 3%　　B. 5%　　C. 7%　　D. 10%

8. 城市维护建设税根据纳税人所在地的不同,分别规定不同的税率。其中,纳税人所在地在市区或县城的,其税率分别为(　　)。

A. 3%和1%　　B. 5%和1%　　C. 5%和3%　　D. 7%和5%

9. 施工企业缴纳的城市维护建设税,应以实际缴纳的(　　)税额为计税依据。

A. 所得税　　B. 营业税　　C. 消费税　　D. 增值税

10. 下列有关所得税的应纳税所得额及其内容的表述中，正确的是（　　）。

A. 应纳税所得额等于收入总额减去不征税收入、免税收入和各项扣除

B. 赞助支出和公益性捐赠属于不得扣除的支出

C. 企业所得税按25%的税率征收，对重点扶持的高新技术企业按减除20%的税率征收

D. 企业应纳税额等于应纳税所得额乘以所得税税率，再减除规定的减免和抵免的税额

11. 某施工企业自建房屋对外销售，该企业应（　　）。

A. 按建筑业缴纳营业税

B. 按销售不动产缴纳营业税

C. 按建筑业缴纳营业税或按销售不动产缴纳营业税

D. 先按建筑业缴纳营业税，再按销售不动产缴纳营业税

12. 城市维护建设税与教育费附加的计税依据是（　　）。

A. 以实际缴纳的所得税、营业税之和

B. 以实际缴纳的增值税、营业税、所得税之和

C. 以实际缴纳的增值税、营业税之和

D. 以实际缴纳的增值税、营业税、消费税之和

13. 工程保险越来越得到广泛运用，这是因为其符合（　　）的基本原则。

A. 资源共享　　B. 风险分担

C. 损益对等　　D. 信息透明

14. 在计算所得税时，下列各项收入中，属于不征税收入的是（　　）。

A. 转让资产收入　　B. 政府性基金

C. 国债利息收入　　D. 特许权使用费收入

15. 按公路工程施工合同条款规定，下列各项保险中，保险费应由发包人承担的是（　　）。

A. 第三者责任险　　B. 施工人员工伤事故险

C. 施工人员人身意外伤害险　　D. 施工设备险

Ⅱ. 多项选择题

1. 按照有关规定，可作为营业税纳税义务人的有（　　）。

A. 法人　　B. 其他组织

C. 个体工商户　　D. 从事经营行为的个人

E. 所有自然人

2. 根据我国税收的现行规定，计算企业所得税时，不得扣除的支出有（　　）。

A. 税收滞纳金　　B. 企业所得税税款

C. 非公益性捐款　　D. 被没收财物的损失

E. 纳税人支付给职工的计税工资

3. 下列各项收入中，属于免税收入的有（　　）。

A. 政府性基金　　B. 财政拨款

C. 股息、红利等权益性投资收益　　D. 国债利息收入

E. 依法收取并纳入财政管理的行政事业性收费

4. 下列有关计税依据的说法中,正确的有(　　)。

A. 营业税的计税依据为计税营业额

B. 企业所得税的计税依据为应纳税所得额

C. 城市维护建设税的计税依据为实际缴纳的增值税、消费税和营业税之和

D. 教育费附加的计税依据为实际缴纳的消费税和营业税之和

E. 城镇土地使用税以纳税人实际占用的土地面积为计税依据

5. 下列有关税率的说法中,正确的有(　　)。

A. 教育费附加税率为3%

B. 城镇土地使用税采用定额税率

C. 城市维护建设税根据纳税人所在地的不同,实行浮动税率

D. 营业税实行差别比例税率,对同一行业实行同一税率,对不同行业实行不同税率

E. 企业所得税实行25%的比例税率。对于非居民企业取得的应税所得额,适用税率为20%

6. 公路施工合同条款中规定的建筑工程一切险的投保内容包括(　　)。

A. 永久工程　　B. 临时工程和设备

C. 施工人员　　D. 承包人的施工设备

E. 已运至工地用于永久工程的材料

7. 公路工程施工合同条款规定的合同当事人应办理的保险包括(　　)。

A. 建筑工程一切险　　B. 第三者责任险

C. 人身意外伤害险　　D. 施工设备险

E. 汽车运输险

Ⅲ. 判断题

1. 施工总承包企业将工程分包的,应以全部承包额作为计税营业额。(　　)

2. 按有关规定,企业收入总额中的财政拨款属于不征税收入。(　　)

3. 根据利润的分配顺序,企业发生的年度亏损,在连续5年内可以用税前利润进行弥补。(　　)

4. 施工企业在建筑现场制造的预制构件,凡直接用于本企业建筑工程的,征收增值税,不征收营业税。(　　)

5. 企业取得的国债利息收入、股息及红利等权益性投资收益等均为免税收入。(　　)

6. 建筑工程一切险是承包人以自己的名义为本合同工程投保的一种保险。(　　)

7. 施工人员人身意外伤害险是承包人根据有关法律和合同规定对其施工人员进行工伤事故保险,保险费由承包人自己负责。(　　)

(六)公路建设项目财务分析的内容和方法

Ⅰ. 单项选择题

1. 项目财务效益和费用估算应遵循(　　)的原则,正确识别和估算各种状态下的财务效益和费用。

A. 实事求是　　B. 优先选择

C. 有无对比　　D. 循序渐进

2. 项目营业收入估算的基础数据包括产品或服务的(   )。

A. 效益和费用　　B. 盈利和亏损

C. 数量和价格　　D. 成本和利润

3. 工程项目财务评价中,估算营业收入的一项重要假设是(   )。

A. 当期商品产量等于当期销售量　　B. 当期商品销售量等于上期产量

C. 当期商品销售量等于上期末库存量　　D. 当期商品销售量等于上期销售量

4. 下列方法中,属于项目总成本费用估算法的是(   )。

A. 定率估算法　　B. 差额估算法

C. 生产要素估算法　　D. 市场估算法

5. 按照有关规定,无形资产从开始之日起,在有效使用期限内(   )成本,不计残值。

A. 递减摊入　　B. 递增摊入

C. 平均摊入　　D. 一次性摊入

6. 采用生产成本加期间费用估算法估算项目总成本费用时,下列各项费用中,属于生产成本的是(   )。

A. 管理费用　　B. 营业费用

C. 制造费用　　D. 财务费用

7. 经营成本是指总成本费用扣除固定资产折旧费、摊销费和(   )后的成本费用。

A. 管理费用　　B. 财务费用

C. 营业费用　　D. 修理费用

8. 在进行项目收益计算时,营业税、消费税、土地增值税、资源税和城市维护建设税、教育费附加均可包含在(   )中。

A. 营业税金及附加　　B. 消费税金及附加

C. 教育费附加　　D. 所得税金及附加

9. 利润是工程项目收益的主要表现形式之一,其基本计算公式为(   )。

A. 利润总额 = 营业收入 - 经营成本

B. 利润总额 = 营业收入 - 经营成本 - 营业税金及附加

C. 利润总额 = 营业收入 - 总成本费用

D. 利润总额 = 营业收入 - 总成本费用 - 营业税金及附加

10. 企业实现的利润总额,按照国家规定做相应的调整后,依法缴纳所得税。企业缴纳所得税后形成的净利润,除国家另有规定外,其分配的顺序为(   )。

A. 提取法定公积金→提取任意公积金→向投资者分配利润→弥补以前年度亏损

B. 向投资者分配利润→弥补以前年度亏损→提取法定公积金→提取任意公积金

C. 弥补以前年度亏损→提取法定公积金→提取任意公积金→向投资者分配利润

D. 弥补以前年度亏损→向投资者分配利润→提取法定公积金→提取任意公积金

11. 企业缴纳所得税后形成的净利润应首先用于(   )。

A. 提取法定公积金　　B. 向投资者分配利润

C. 向经营者发放奖金　　D. 弥补企业以前年度亏损

12. 按照有关规定,法定公积金按照税后利润扣除弥补亏损后余额的(   )提取。

A. 30%　　B. 20%　　C. 15%　　D. 10%

13. 企业应在税后利润扣除弥补亏损后的余额中提取法定公积金。法定公积金达到注册资本的(　　)时可不再提取。

A. 30%　　B. 40%　　C. 50%　　D. 20%

14. 企业持有短期投资,一般是为了(　　)。

A. 资金运作　　B. 获利　　C. 结算债权　　D. 库存现金

15. 不属于生产经营主要设备的物品,但单位价值在(　　)元以上,并且使用年限超过2年的,也应当作固定资产。

A. 1 000　　B. 2 000　　C. 3 000　　D. 5 000

16. 下列建设投资中,形成无形资产的是(　　)。

A. 进口设备购置费　　B. 项目勘察设计费

C. 土地使用权购置费　　D. 支付给第三方的咨询费

17. 企业的负债按其流动性,可分为流动负债和(　　)。

A. 固定负债　　B. 长期负债

C. 短期负债　　D. 暂时负债

18. 下列各项负债中,属于长期负债的是(　　)。

A. 应付账款　　B. 应付工资

C. 应交税金　　D. 应付融资租赁款

19. 所有者权益是指所有者在企业资产中享有的经济利益,其金额为资产减去(　　)后的余额。

A. 利润　　B. 收入　　C. 负债　　D. 成本

20. 根据有关规定,流动资产包括(　　)。

A. 预提费用　　B. 委托加工物资

C. 资本溢价　　D. 土地使用权

21. 某工程项目建成投产后,正常生产年份的总成本费用为1 000万元,其中期间费用150万元,借款利息20万元,固定资产折旧80万元,无形资产摊销费50万元,则其经营成本为(　　)万元。

A. 700　　B. 850　　C. 870　　D. 900

22. 某项目在经营年度外购原材料、燃料和动力费为1 100万元。工资及福利费为500万元,修理费为50万元,其他费用为40万元,则该项目年度经营成本为(　　)万元。

A. 1 600　　B. 16 400　　C. 16 500　　D. 1 690

23. 下列各项内容中,分别属于流动资产和流动负债的是(　　)。

A. 预收账款和预付账款　　B. 待摊费用和预提费用

C. 应付账款和待摊费用　　D. 预提费用和预收账款

24. 下列各项资产中,不属于流动资产的是(　　)。

A. 现金及各种存款　　B. 存货

C. 短期投资　　D. 长期投资

25. 在建工程应属于(　　)。

A. 递延资产　　B. 存货　　C. 无形资产　　D. 固定资产

26. 企业的财务费用属于(　　)。

A. 生产成本　　B. 期间费用
C. 直接费用　　D. 间接费用

27. 一般情况下,资产负债率越小,表明企业长期偿债能力越强。保守的观点认为资产负债率不应高于50%,而国际上通常认为资产负债率为(　　)时较为适当。

A. 60%　　B. 65%　　C. 70%　　D. 75%

28. 从股东角度看,希望加大负债比例的前提是借款利率(　　)。

A. 低于全部资本利润率　　B. 高于全部资本利润率
C. 低于资本金收益率　　D. 高于资本金收益率

Ⅱ. 多项选择题

1. 工程项目所支出的财务费用主要包括(　　)等。

A. 投资　　B. 成本费用　　C. 流动资金　　D. 税金
E. 建设期贷款利息

2. 在工程项目财务费用的估算中,投资主要包括(　　)。

A. 建设投资　　B. 流动资金
C. 建设期贷款利息　　D. 经营成本
E. 购买国债

3. 固定资产修理费属于生产运营支出的费用,下列有关固定资产修理费的说法中,正确的有(　　)。

A. 修理费可以预提　　B. 修理费可以直接在成本中列支
C. 修理费可以摊销　　D. 生产运营各年修理费率必须一致
E. 修理费应计入总成本费用中的其他费用

4. 估算项目的经营成本时,应在总成本费用中扣除(　　)。

A. 工资及福利费　　B. 折旧费
C. 摊销费　　D. 财务费用
E. 燃料和动力费

5. 经营成本是指项目总成本费用扣除(　　)后的成本费用。

A. 固定资产折旧费　　B. 固定资产修理费
C. 财务费用　　D. 工资及福利费
E. 无形资产和其他资产摊销费

6. 企业缴纳所得税后形成的净利润,可用于(　　)等。

A. 偿还借款利息　　B. 向投资者分配利润
C. 提取法定公积金　　D. 提取任意公积金
E. 弥补企业以前年度亏损

7. 下列选项中,属于会计要素的有(　　)。

A. 资产、负债　　B. 所有者权益
C. 效益　　D. 收入
E. 费用、利润

8. 下列会计要素中,属于反映财务状况要素的有(　　)。

A. 资产　　B. 费用　　C. 负债　　D. 收入和利润

E. 所有者权益

9. 下列会计要素中,反映项目经营成果的要素有(　　)。

A. 收入　　B. 资产和负债

C. 费用　　D. 利润

E. 所有者权益

10. 下列资源中,属于流动资产的有(　　)。

A. 货币资金　　B. 长期投资

C. 短期投资　　D. 应收及预付款项

E. 待摊费用

11. 施工企业的下列资产中,属于流动资产的有(　　)。

A. 专利权　　B. 已完施工　　C. 短期投资　　D. 原材料

E. 土地使用权

12. 根据现行财务制度,企业资产中的待摊费用包括(　　)。

A. 预付保险费　　B. 低值易耗品摊销

C. 在产品和产成品　　D. 一次性购买印花税票

E. 一次性支付固定资产中小修理费

13. 下列各项资源中,属于无形资产的有(　　)。

A. 专利权　　B. 商标权

C. 非专利技术　　D. 股息和红利

E. 土地使用权

14. 下列各选项中,属于所有者权益的有(　　)。

A. 投入资本　　B. 货币资金

C. 盈余公积　　D. 短期投资

E. 未分配利润

15. 下列各种资源中,属于流动资产的有(　　)。

A. 货币资金　　B. 在建工程

C. 施工机械　　D. 短期投资

E. 应收利息

16. 下列各项费用中,能直接计入生产经营成本的是(　　)。

A. 直接人工费　　B. 直接材料费

C. 其他直接费　　D. 财务费用

E. 固定资产修理费

17. 财务报表是反映企业财务状况和经营成果的总结性书面文件,它主要包括(　　)。

A. 企业财务计划　　B. 资产负债表

C. 损益表　　D. 现金流量表

E. 有关附表及财务情况说明书

18. 资产负债表是反映企业在某一特定日期的(　　)的余额及其分布,是一种静态报表。

A. 资产　　B. 收入　　C. 负债　　D. 利润

E. 所有者权益

Ⅲ.判断题

1. 流动资金是指项目运营期内长期占用并周转使用的营运资金，包括运营中需要的临时性营运资金。 (　　)

2. 固定资产修理费允许直接在成本中列支，如果当期发生的修理费用数额较大，可实行预提或摊销的办法。 (　　)

3. 在项目成本费用估算时，当会计制度与税收制度的相关规定有矛盾时，应按从会计原则处理。 (　　)

4. 企业缴纳所得税后形成的净利润，除国家另有规定外，应首先提取法定公积金。 (　　)

5. 企业发生的年度亏损，在连续5年内未能用税前利润弥补的，应用税后利润弥补。 (　　)

6. 所有者权益是指所有者在企业资产中享有的经济利益，其金额为资产减去成本后的余额。 (　　)

（七）与工程财务有关的基本知识和相关内容

Ⅰ.单项选择题

1. 列作待摊费用的各项支出，摊销期限均应在一年以内。摊销期限超过一年的待摊费用，应作为(　　)。

A. 固定资产　　B. 流动资产
C. 无形资产　　D. 递延资产

2. 建立坏账准备金的企业可以在年度终了按照年末应收账款余额的(　　)提取坏账准备金，计入管理费用。

A. 5%　　B. 3%　　C. 2%　　D. 1%

3. 施工机械及运输设备等与生产经营有关的主要设备只要满足(　　)一个条件，即可作为固定资产。

A. 单位价值　　B. 使用范围　　C. 使用期限　　D. 净差值

4. 固定资产折旧，从固定资产投入使用月份的次月起，按(　　)计提。

A. 年　　B. 半年　　C. 季　　D. 月

5. 采用平均年限法计算的固定资产折旧额在各个使用年或月份都是(　　)。

A. 相等的　　B. 不相等的　　C. 递增的　　D. 递减的

6. 承包企业计提固定资产折旧一般采用(　　)。

A. 平均年限法和年数总和法　　B. 平均年限法和工作量法
C. 双倍余额递减法和年数总和法　　D. 年数总和法和工作量法

7. 在施工企业中，对于技术进步较快或其使用寿命受工作环境影响较大的施工机械和运输设备，经国家财政主管部门批准，可采用(　　)计提折旧。

A. 年数总和法　　B. 工作量法
C. 平均年限法　　D. 双倍年数总和法

8. 下列固定资产折旧方法中，属于分摊固定资产折旧额的方法是(　　)。

A. 工作量法和年数总和法　　B. 年数总和法和双倍余额递减法
C. 平均年限法和工作量法　　D. 双倍余额递减法和使用年限法

9. 下列各种固定资产折旧方法中,(　　)的折旧率固定的。

A. 平均年限法和年数总和法　　B. 工作量法和年数总和法

C. 平均年限法和双倍余额递减法　　D. 年数总和法和双倍余额递减法

10. 下列各种固定资产折旧方法中,(　　)在计算折旧率时不考虑固定资产净残值。

A. 平均年限法　　B. 工作量法

C. 双倍余额递减法　　D. 年数总和法

11. 某大型设备原值50万元,折旧年限规定为10年,预计月平均工作240小时,预计净残值率为5%,该设备某月实际工作300小时,则用工作量法计算的该月折旧额为(　　)元。

A. 4 947.92　　B. 4 526.67　　C. 4 481.33　　D. 4 056.34

12. 固定资产折旧计算方法中,(　　)是指按照固定资产账面净值和固定的折旧率计算折旧的方法,它属于一种加速折旧的方法。

A. 工作量法　　B. 平均年限法

C. 年数总和法　　D. 双倍余额递减法

13. 某固定资产原值为6万元,预计净残值为0.3万元,使用年限为5年。若采用双倍余额递减法计提折旧,则第2年应计提折旧额为(　　)。

A. 13 680　　B. 14 400　　C. 16 000　　D. 15 200

14. 某固定资产原值为10万元,预计净残值为1万元,使用年限为6年,按年数总和法计提折旧,则第3年应计提折旧额为(　　)元。

A. 19 420　　B. 21 456　　C. 16 423　　D. 17 143

15. 各年折旧基数不变但折旧率逐年递减的固定资产折旧方法是(　　)。

A. 平均年限法　　B. 工作量法

C. 年数总和法　　D. 双倍余额递减法

16. 各年折旧基数逐年递减但折旧率是固定的固定资产折旧方法是(　　)。

A. 平均年限法　　B. 工作量法

C. 年数总和法　　D. 双倍余额递减法

17. 对于不同年份使用程度差别大的专业机械、设备,宜采用(　　)计提折旧。

A. 平均年限法　　B. 工作量法

C. 年数总和法　　D. 双倍余额递减法

18. 下列施工机械折旧方法中,年折旧率为固定值的是(　　)。

A. 平均年限法和年数总和法　　B. 工作量法和加速折旧法

C. 平均年限法和双倍余额递减法　　D. 工作量法和年数总和法

19. 某项固定资产原价20 000元,预计净残值800元,预计使用年限为5年。采用双倍余额递减法计算第2年的折旧额为(　　)。

A. 8 000　　B. 4 800　　C. 2 880　　D. 1 728

20. 某固定资产原值为10 000元,预计净残值为400元,使用年限为5年。若采用年数总和法计算折旧,则第4年的折旧额为(　　)元。

A. 1 430　　B. 1 260　　C. 1 280　　D. 1 340

21. 采用工作量法计算固定资产折旧时,固定资产的折旧率与(　　)无关。

A. 预计净残值　　B. 预计总工作量

C. 预计使用年限　　D. 固定资产原值

22. 工程设计图纸应属于(　　)。

A. 专利权　　B. 著作权　　C. 商标权　　D. 非专利技术

23. 下列各项资产中,属于企业无形资产的是(　　)。

A. 股权　　B. 债权　　C. 经营权　　D. 商标权

24. 按照现行有关规定,递延资产按(　　)平均计算每期摊销额。

A. 工作量法　　B. 直线法

C. 年数总和法　　D. 双倍余额递减法

Ⅱ. 多项选择题

1. 按照有关规定,下列固定资产中,应计提折旧的有(　　)。

A. 房屋及建筑物　　B. 以经营租赁方式租入的固定资产

C. 在用固定资产　　D. 以融资租赁方式租入的固定资产

E. 以经营租赁方式租出的固定资产

2. 下列固定资产中,不计提折旧的有(　　)。

A. 破产、关停企业的固定资产　　B. 以经营租赁方式租入的固定资产

C. 提前报废的固定资产　　D. 以经营租赁方式租出的固定资产

E. 已提足折旧但继续使用的固定资产

3. 下列方法中,属于固定资产折旧方法的有(　　)。

A. 平均年限法　　B. 差额计算法

C. 工作量法　　D. 双倍余额递减法

E. 年数总和法

4. 技术进步较快或使用寿命受工作环境影响较大的施工机械和运输设备,经财政部批准,可采用(　　)计提折旧。

A. 工作量法　　B. 会计核算法

C. 平均年限法　　D. 年数总和法

E. 双倍余额递减法

5. 下列方法中,在计算固定资产折旧时应考虑固定资产净残值的有(　　)。

A. 工作量台班法　　B. 双倍余额递减法

C. 平均年限法　　D. 年数总和法

E. 工作量里程法

6. 下列方法中,属于固定资产加速折旧方法的有(　　)。

A. 平均年限法　　B. 年数总和法

C. 工作量法　　D. 表格核算法

E. 双倍余额递减法

7. 在施工企业的下列资产中,属于固定资产的有(　　)。

A. 长期投资　　B. 短期投资

C. 施工用的压路机　　D. 以融资租赁方式租入的摊铺机

E. 出租给外单位的压路机

8. 下列固定资产中,属于生产用固定资产的有(　　)。

A. 施工机械　　B. 运输设备
C. 幼儿园　　D. 试验仪器设备
E. 以融资租赁方式租入的压路机

9. 固定资产修理费发生不均匀、数额较大的,可以采取(　　)的办法,并报财政主管机关备案。

A. 分期摊销　　B. 预提
C. 期末一次性计入　　D. 计入折旧额
E. 按年计入

10. 固定资产大修理费用的处理方式包括(　　)。

A. 预提大修理费用　　B. 待摊大修理费用
C. 直接计入当期成本或有关费用　　D. 期末一次性计入成本
E. 与折旧一起提取

11. 下列资产中,属于递延资产的有(　　)。

A. 库存的机械设备　　B. 超过 1 年的待摊费用
C. 租入机械设备的改装费用　　D. 购入某项无形资产的费用
E. 项目筹建期间不计入资产价值的利息支出

Ⅲ. 判断题

1. 流动资产是指可以在 2 年或者超过 2 年的一个营业周期内变现或者耗用的资产。(　　)
2. 短期投资是指能够随时变现、持有时间不超过 2 年的有价证券以及不超过 2 年的其他投资。(　　)
3. 列作待摊费用的支出,摊销期限超过 1 年的应作为递延资产。(　　)
4. 无形资产按取得时的实际成本计价。(　　)
5. 无形资产从开始受益之日起,在有效使用期限内平均摊入管理费用。(　　)
6. 摊销期限超过一年的待摊费用,应作为无形资产。(　　)
7. 不使用的厂房不应计提折旧。(　　)
8. 施工企业计提折旧一般采用平均年限法和工作量法。(　　)
9. 待摊费用属于递延资产。(　　)

四、工程项目管理

(一)工程项目的计划体系、目标控制的措施和方法

Ⅰ.单项选择题

1. 下列各项内容中,不属于工程项目进度计划内容的是(　　)。
   A. 项目结构各单元的持续时间的确定
   B. 各单元工作时差的分析
   C. 项目“时间—计划成本”曲线
   D. 各单元工程活动开始和结束时间的安排
2. 下列各项内容中,不属于工程项目成本计划内容的是(　　)。
   A. 项目现金流量
   B. 项目结构各单元的计划成本
   C. 项目资金筹措计划
   D. 具有规定的生产能力产品的经济性
3. 下列各项计划中,不属于建设单位的计划体系的是(　　)。
   A. 工程项目前期工作计划　　B. 工程项目建设总进度计划
   C. 工程项目管理计划　　D. 工程项目年度计划
4. 下列工程项目计划中,应由施工单位编制的是(　　)。
   A. 项目前期工作计划　　B. 项目管理规划大纲
   C. 项目建设总进度计划　　D. 项目年度计划
5. 下列表格中,属于工程项目建设总进度计划内容的是(　　)。
   A. 投资计划年度分配表　　B. 年度计划项目表
   C. 年度设备平衡表　　D. 年度竣工投产交付使用计划表
6. 下列表格中,属于工程项目年度计划内容的是(　　)。
   A. 年度建设资金平衡表　　B. 项目总进度计划
   C. 项目进度平衡表　　D. 投资计划年度分配表
7. 下列计划进度表中,用来确定年度施工项目的投资额和年末形象进度,并阐明建设条件落实情况的是(　　)。
   A. 年度建设资金平衡表　　B. 年度计划项目表
   C. 工程项目进度平衡表　　D. 投资计划年度分配表
8. 在建设单位的计划体系中,投资计划年度分配表是根据(　　)安排各个年度的投资。
   A. 工程项目建设总进度计划　　B. 工程项目总进度计划
   C. 工程项目进度平衡表　　D. 年度建设资金平衡表
9. 作为施工单位计划体系的重要内容,项目管理规划大纲应由(　　)编制。
   A. 项目经理部在投标之前　　B. 企业管理层在中标之后
   C. 项目经理部在中标之后　　D. 企业管理层在投标之前

10. 项目管理实施规划应在开工之前由(   )主持编制。

A. 施工单位技术负责人　　B. 施工项目经理部技术负责人

C. 施工单位法定代表人　　D. 施工项目经理

11. 作为施工单位计划体系的重要内容,项目管理规划大纲应由施工企业管理层在(   )编制。

A. 投标之前　　B. 签订合同之后　　C. 开工之前　　D. 开工之后

12. 作为施工单位计划体系的重要内容,项目管理实施规划应在项目(   )由施工项目经理主持编制。

A. 投标之前　　B. 合同签订之前　　C. 开工之前　　D. 竣工之前

13. 施工承包单位的计划体系包括投标之前编制的项目管理规划大纲和签订合同之后编制的(   )。

A. 项目管理目标　　B. 项目质量目标和施工方案

C. 项目管理实施规划　　D. 项目成本目标及管理措施

14. 在施工单位的计划体系中,项目管理实施规划的内容不包括(   )。

A. 施工进度计划　　B. 项目风险管理

C. 资源供应计划　　D. 项目实施条件分析

15. 项目目标控制过程中,反复循环过程的控制状态称为(   )。

A. 静态控制　　B. 主动控制　　C. 动态控制　　D. 被动控制

16. 根据控制的基本原理可知,要实施有效的控制首先必须(   )。

A. 制订计划　　B. 确立合理目标

C. 进行组织和人员配备　　D. 实施有效的领导

17. 下列有关目标控制类型的表述中,正确的是(   )。

A. 主动控制是一种前馈控制,也是一种事前控制、事中控制

B. 主动控制不能解决传统控制过程中存在的时滞影响

C. 被动控制是一种反馈控制,也是一种消极控制

D. 有效控制是将主动控制与被动控制结合起来,并增大主动控制的比例

18. 下列控制措施中,属于主动控制措施的是(   )。

A. 建立有效的信息反馈系统

B. 依据合同合理确定工程索赔费用

C. 用科学的方法制订计划

D. 应用现代化管理手段检查工程实施情况

19. 在建设工程项目目标控制措施中,最重要的是(   )。

A. 组织措施　　B. 技术措施　　C. 经济措施　　D. 合同措施

20. 在控制工程项目目标的措施中,审核工程概预算、编制资金使用计划属于(   )。

A. 组织措施　　B. 技术措施　　C. 合同措施　　D. 经济措施

21. 在控制工程项目目标的措施中,审查施工组织设计属于(   )。

A. 组织措施　　B. 技术措施　　C. 合同措施　　D. 经济措施

22. 下列方法中,可同时用来控制工程造价和工程进度的是(   )。

A. S 曲线法和直方图法　　B. 直方图法和控制图法

C. 控制图法和香蕉曲线法　　D. 香蕉曲线法和 S 曲线法

23. 下列工程项目目标控制方法中,可用来判断工程造价偏差的是(　　)。

A. 控制图法　　B. 直方图法

C. S 曲线法　　D. 网络计划法

24. 下列方法组中,可用来综合控制工程进度和工程造价的是(　　)。

A. 网络计划法和控制图法　　B. 香蕉曲线法和 S 曲线法

C. 价值工程法和直方图法　　D. 因果分析图法和排列图法

25. 下列措施中,属于主动控制措施的是(　　)。

A. 采用科学手段定期检查工程实施过程

B. 依据合同合理确定工程索赔费用

C. 应用科学方法定量分析工程风险

D. 根据工程实施情况及时纠正偏差

26. 在下列控制工程项目目标的措施中,做好防止和处理索赔的工作属于(　　)。

A. 组织措施　　B. 技术措施　　C. 合同措施　　D. 经济措施

27. 在常见的直方图图形中,由于少量材料不合格,或短时间内工人操作不熟练造成的是(　　)。

A. 锯齿形　　B. 陡壁形　　C. 孤岛形　　D. 双峰形

28. 下列建设工程项目目标控制方法中,有助于资源的优化配置的方法是(　　)。

A. S 曲线法　　B. 香蕉曲线法

C. 网络计划法　　D. 排列图法

29. 某施工项目进行成本管理,采取了多项措施,其中包括实行项目经理责任制、编制工作流程图等措施,这属于施工成本管理的(　　)。

A. 组织措施　　B. 技术措施　　C. 经济措施　　D. 合同措施

30. 为保证实现项目的三大目标,在项目实施过程中要采取(　　)。

A. 系统控制　　B. 动态控制　　C. 静态控制　　D. 反馈控制

31. 在建设项目实施过程中,纠正偏离目标的行为称为(　　)。

A. 组织　　B. 计划　　C. 控制　　D. 指挥

Ⅱ. 多项选择题

1. 按照工程项目目标分类,工程项目计划可分为(　　)。

A. 合同管理计划　　B. 进度计划

C. 组织计划　　D. 成本计划

E. 质量计划

2. 下列工程项目计划中,属于建设单位计划体系的有(　　)。

A. 工程项目前期工作计划　　B. 工程项目建设总进度计划

C. 工程项目总投资计划　　D. 工程项目年度计划

E. 工程项目管理实施计划

3. 工程项目建设总进度计划的主要内容包括文字和表格两部分。其中,表格部分包括(　　)。

A. 工程项目一览表　　B. 工程项目总进度计划

C. 工程项目进度平衡表　　D. 年度设备平衡表

E. 投资计划年度分配表

4. 建设单位编制的工程项目年度计划包括(　　)。

A. 年度计划项目表

B. 年度劳动生产率计划表

C. 年度风险损失估算表

D. 年度建设资金平衡表

E. 年度竣工投产交付使用计划表

5. 施工单位的计划体系是工程项目计划体系的重要组成部分。施工单位的计划体系主要包括(　　)。

A. 项目管理规划大纲　　B. 项目前期工作计划

C. 项目管理实施规划　　D. 项目建设总进度计划

E. 项目年度计划

6. 项目管理规划大纲作为施工单位的计划体系之一,其内容包括(　　)。

A. 项目管理组织机构及其职责

B. 项目管理目标

C. 项目投标活动及签订施工合同的策略

D. 项目质量目标和施工方案

E. 技术组织措施计划

7. 项目管理实施规划作为施工单位计划体系的重要组成部分,其内容包括(　　)。

A. 项目管理目标　　B. 施工方案

C. 施工进度计划　　D. 资源供应计划

E. 技术经济指标分析

8. 根据《建设工程项目管理规范》要求,项目管理规划大纲应包括的内容有(　　)。

A. 施工平面图　　B. 项目实施条件分析

C. 施工方案　　D. 项目管理目标

E. 项目管理目标责任书

9. 工程项目建设各阶段的成本计划包括(　　)。

A. 投资估算　　B. 预算成本

C. 合同价　　D. 已支付成本

E. 申请支付成本

10. 通常一个完整的项目成本计划其内容包括(　　)。

A. 各个成本对象的计划成本值　　B. 各个成本对象的进度计划

C. 成本—时间关系曲线　　D. 成本—时间累计曲线

E. 相关的其他计划

11. 工程项目目标控制的措施主要包括(　　)。

A. 组织措施　　B. 技术措施

C. 经济措施　　D. 合同措施

E. 协调措施

12. 下列措施中，属于主动控制措施的有(　　)。

A. 进行风险识别，在计划实施过程中做好风险管理工作

B. 分析外界环境条件，找出其对项目目标实现不利的因素，并制订项目计划

C. 根据项目管理组织中出现的问题，积极采取处理措施

D. 针对可能出现的偏离，制订备用方案

E. 根据近期发生的不可预见事件对进度的影响，对计划进行调整

13. 下列方法中，属于工程项目目标控制主要方法的有(　　)。

A. 单一因素法　　B. S 曲线法

C. 直方图法　　D. 网络计划法

E. 香蕉曲线法

14. 下列方法中，可用于工程进度控制的方法有(　　)。

A. 直方图法　　B. 香蕉曲线法

C. S 曲线法　　D. 网络计划法

E. 控制图法

15. 在下列建设工程项目目标控制方法中，可用来综合控制工程进度和工程造价的方法有(　　)。

A. 网络计划法　　B. 直方图法

C. S 曲线法　　D. 控制图法

E. 香蕉曲线法

16. 下列方法中，属于工程项目目标控制方法的有(　　)。

A. 责任图法　　B. 价值工程法

C. 流程图法　　D. PDCA 循环法

E. 66 管理法

17. 下列控制方法中，能够进行质量控制的是(　　)。

A. 直方图法　　B. 香蕉曲线法

C. 网络计划法　　D. 控制图法

E. S 曲线法

Ⅲ. 判断题

1. 建设单位的计划体系包括工程项目前期工作计划、工程项目施工进度计划和工程项目年度计划。(　　)

2. 工程项目前期工作计划是由施工单位在工程项目施工之前编制的。(　　)

3. 工程项目年度计划是依据工程项目建设总进度计划和批准的设计文件由建设单位编制的。(　　)

4. 作为施工承包单位计划体系的重要内容，项目管理规划大纲应由施工项目经理部在中标之后编制的。(　　)

5. 作为施工承包单位计划体系的重要内容，项目管理实施规划应在投标之前由施工项目经理主持编制。(　　)

6. 主动控制是一种面向未来的控制，又是一种事前和事中控制。(　　)

7. 项目目标控制应采用动态控制。(　　)

8. 建设项目目标控制的重点是投资。 ( )

(二)流水施工组织方法、网络计划技术

Ⅰ. 单项选择题

1. 流水施工的科学性和技术经济效果的实质是( )。

A. 实现了机械化生产　B. 合理利用了工作面
C. 合理利用了工期　D. 实现了连续均衡施工

2. 流水施工参数不包括( )。

A. 工艺参数　B. 空间参数　C. 时间参数　D. 技术参数

3. 工程项目流水施工中,两个相邻的施工队先后进入流水作业的最小时间间隔称为( )。

A. 流水步距　B. 流水节拍　C. 流水强度　D. 流水节奏

4. 公路工程的流水施工的速度和节奏是由( )决定的。

A. 流水节拍　B. 流水步距　C. 工艺间歇　D. 组织间歇

5. 下列流水施工参数中,属于空间参数的是( )。

A. 流水节奏　B. 施工过程数　C. 流水步距　D. 施工段数

6. 下列流水施工参数中,属于时间参数的是( )。

A. 流水节拍　B. 流水步距　C. 施工段数　D. 施工过程数

7. 全等节拍流水、分别流水和无节拍流水施工的共同特点是( )。

A. 相邻施工过程的流水步距相等
B. 施工段之间没有空闲时间
C. 专业工作队数等于施工过程数
D. 各施工过程在各施工段的流水节拍相等

8. 某分部工程由 3 个施工过程组成,分为 3 个施工段进行流水施工,流水节拍分别为 3d、4d、2d,4d、3d、2d 和 2d、4d、3d,则流水施工工期为( )。

A. 14　B. 15　C. 16　D. 17

9. 某工程划分为 A、B、C、D4 个施工过程,3 个施工段,流水节拍均为 3d,其中 A 与 B 之间间歇 1d,B 与 C 之间搭接 1d,C 与 D 之间间歇 2d,则该工程计划工期应为( )d。

A. 19　B. 20　C. 21　D. 23

10. 下列流水参数中,属于时间参数的是( )。

A. 流水节拍和流水强度　B. 流水施工工期和施工段
C. 流水步距和施工过程　D. 流水节拍和流水步距

11. 对确定流水步距的大小和数目没有影响的是( )。

A. 工艺间歇　B. 流水节拍
C. 施工过程数　D. 流水施工组织方式

12. 某工程划分为 4 个施工段,4 个施工过程分别为 A、B、C、D,其中,A 施工过程的流水节拍为 6d,B 施工过程的流水节拍为 12d,C 施工过程的流水节拍为 12d,D 施工过程的流水节拍为 6d。每一个施工过程组织一个专业工作队组织流水施工,则施工工期为( )d。

A. 60　B. 66　C. 72　D. 78

13. 在工程网络计划中,关键工作是指( )的工作。

A. 时间间隔为零　　B. 自由时差最小

C. 总时差最小　　D. 流水步距为零

14. 工程网络计划工期优化的目的是使(　　)。

A. 计划工期满足合同工期　　B. 计算工期满足计划工期

C. 要求工期满足合同工期　　D. 计算工期满足要求工期

15. 在工程网络计划中,关键路线是指(　　)的线路。

A. 双代号时标网络计划中无波形线

B. 单代号网络计划中由关键工作组成

C. 双代号网络计划中由关键节点组成

D. 双代号网络计划中无虚箭线

16. 工程网络计划费用优化的目的是为了寻求(　　)。

A. 资源均衡使用条件下最低成本的计划安排

B. 资源有限条件下最低成本的计划安排

C. 工程总成本条件下的最优工期安排

D. 工程总成本最低时的最优工期安排

17. 在不影响其紧后工作最早开始时间的前提下,本工作可以利用的机动时间为(　　)。

A. 总时差　　B. 自由时差

C. 最迟开始时间　　D. 最迟完成时间

18. 双代号网络计划中,关键线路的判定依据是(　　)。

A. 总工期最短　　B. 总时差最小

C. 自由时差最小　　D. 自始至终无虚箭线

19. 双代号网络计划中的虚箭线表示(　　)。

A. 时间消耗　　B. 资源消耗

C. 时间间隔　　D. 工作逻辑关系

20. 在双代号网络计划中,工作 C 有两项紧前工作 A、B,其持续时间分别是 $t_A=3$、$t_B=4$,其最早开始时间分别是 $ES_A=5$、$ES_B=6$,则工作 C 的最早开始时间是(　　)。

A. 10　　B. 8　　C. 6　　D. 5

21. 某网络计划中,已知甲、乙、丙工作结束后丁工作开始,四项工作的持续时间分别为 5d、7d、6d、9d,甲、乙、丙工作最早开始时间分别为 12d、11d、13d,丁工作最迟完成时间为 30d,则甲工作的自由时差应为(　　)d。

A. 0　　B. 1　　C. 2　　D. 3

22. 某网络计划中,A 工作的紧后工作为 B、C、D,A、B、C、D 工作持续时间分别为 6d、5d、5d、6d,A 工作最早开始时间为 8d,B、C、D 工作最迟完成时间分别为 25d、22d、20d,则 A 工作的总时差应为(　　)d。

A. 0　　B. 3　　C. 6　　D. 9

23. 网络计划中,某工作的总时差为 5d,自由时差为 3d,由于业主原因,使该工作的实际完成时间比最早完工时间延迟了 9d,则承包人可索赔工期最多是(　　)d。

A. 2　　B. 3　　C. 4　　D. 5

24. 下列有关网络计划的表述中,正确的是(　　)。

A. 相邻两项工作之间的时间间隔是指其紧后工作的最迟开始时间与本工作最早完成时间的差值

B. 双代号网络图中,在关键线路上没有虚工作

C. 在单代号网络图中,将关键工作相连构成的线路是关键线路

D. 在单代号网络图中,总时差最小的工作为关键工作

25. 某工程网络计划中,D 工作的紧后工作为 E、F、G,其持续时间分别为 6d、3d、2d、4d,D 工作最早开始时间在第 10d,E、F、G 工作均最迟必须在第 22d 完成,则 G 工作的总时差为(　　)d。

A. 0　　B. 1　　C. 2　　D. 3

26. 某工程双代号网络计划如下图所示,则该网络计划中的关键线路有(　　)条。

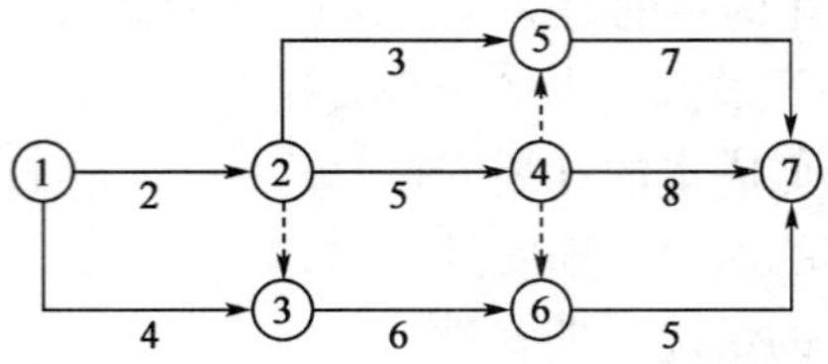

A. 1　　B. 2　　C. 3　　D. 4

27. 某工程双代号时标网络计划如下图所示,则该计划中工作 A 的总时差为(　　)周。

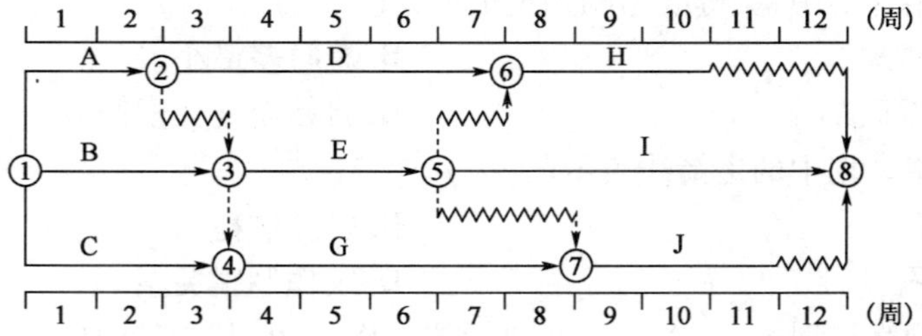

A. 1　　B. 2　　C. 3　　D. 4

Ⅱ. 多项选择题

1. 下列有关流水施工作业方式特点的表述中,正确的有(　　)。

A. 尽可能地利用工作面进行施工,工期比较短

B. 为施工现场的文明施工和科学管理创造了有利条件

C. 各工作队既能连续施工,又实现了专业化施工

D. 单位时间内投入的劳动力、施工机具、材料等施工资源量较为均衡

E. 单位时间内投入的劳动力、施工机具、材料等施工资源量较少

2. 下列有关各种施工作业方式特点的表述中,正确的有(　　)。

A. 依次施工方式没有充分地利用工作面,因此工期长

B. 流水施工方式尽可能地利用工作面,因此工期比较短

C. 依次施工方式单位时间内投入的各种施工资源量较少,有利于资源供应的组织

D. 平行施工方式单位时间内投入的各种施工资源量较为均衡,有利于资源供应的组织

E. 流水施工方式单位时间内投入的各种施工资源量成倍地增加，不利于资源供应的组织

3. 流水施工参数是指在组织流水施工时，用以表达流水施工在工艺流程、空间布置和时间排列等方面开展状态的参数，它包括（　　）。

A. 组织参数　　B. 工艺参数

C. 时间参数　　D. 分段参数

E. 空间参数

4. 下列有关流水施工参数的说法中，不正确的有（　　）。

A. 流水能力属于工艺参数

B. 流水步距决定了施工速度和施工的节奏性

C. 施工过程数属于时间参数

D. 流水节拍属于时间参数

E. 基础开挖后的验槽时间为工艺间歇时间

5. 网络计划中各项工作之间的逻辑关系包括（　　）。

A. 技术关系　　B. 工艺关系

C. 经济关系　　D. 组织关系

E. 依存关系

6. 网络计划的时间参数可分为（　　）。

A. 工作时间参数　　B. 节点时间参数

C. 线路时间参数　　D. 工作的时差

E. 工艺时间参数

7. 根据优化目标的不同，网络计划的优化可分为（　　）。

A. 工期优化　　B. 组织优化

C. 费用优化　　D. 资源优化

E. 技术优化

8. 下列有关网络计划关键线路的说法中，正确的有（　　）。

A. 关键线路在网络计划中只有一条

B. 关键线路上各工作的总时差均为零

C. 只有全部由关键工作组成的线路才能成为关键线路

D. 非关键工作如果将总时差全部用完，就会转化为关键工作

E. 在网络计划中，总持续时间最长的线路为关键线路

Ⅲ. 判断题

1. 流水施工是指同一个专业工作队或工作班组，完成一个施工对象之后，再去完成另一个同样的施工对象。（　　）

2. 流水步距的大小决定着施工的速度和施工的节奏性。（　　）

3. 无节奏流水施工方式是公路工程流水施工最普遍的方式。（　　）

4. 在工程网络计划中，工作的总时差为零，而其自由时差不一定为零。（　　）

5. 在工程网络计划中，总时差为零的各项工作组成的线路不一定是关键线路。（　　）

6. 在双代号网络图和单代号网络图中，都可能存在虚箭线。（　　）

7. 在网络计划中,关键线路可能不止一条。关键线路通常是固定不变的。( )

8. 在工程网络计划中,非关键线路上的工作称为非关键工作。( )

9. 在网络计划图中不允许出现闭合回路,并禁止箭线交叉。( )

10. 在网络图的任何一条线路中,只要有一项非关键工作,则这条线路就是非关键线路。( )

11. 单代号网络图中不存在虚箭线,但可能存在虚工作。( )

12. 双代号网络图和单代号网络图都可以绘制成时标网络图。( )

13. 单代号网络计划中,由关键工作组成的线路就是关键线路。( )

14. 在时标网络计划中,凡自始至终不出现波形线的线路就是关键线路。( )

(三)工程项目的组成和分类、项目建设程序及不同阶段投资控制措施

Ⅰ. 单项选择题

1. 工程项目管理具有( )等特点。

A. 一次性　B. 可重复性　C. 时间性　D. 长期性

2. 工程项目具有专门的组织。工程项目参加单位之间主要靠( )作为纽带建立组织。

A. 行政关系　B. 经济关系　C. 技术关系　D. 合同关系

3. 工程项目系统是由目标系统、技术系统、组织系统和( )构成的一个完整的复杂的系统。

A. 资源系统　B. 信息系统　C. 行为系统　D. 环境系统

4. 分项工程是指在分部工程中,按不同的施工方法、材料、工序及( )等划分的若干个工程。

A. 结构部位　B. 施工任务　C. 路段长度　D. 施工特点

5. 下列工程项目中,不属于基本建设项目的是( )。

A. 新建项目　B. 扩建项目　C. 更新改造项目　D. 恢复项目

6. 下列工程项目中,不属于生产性建设项目的是( )。

A. 工业建设项目　B. 农业建设项目

C. 基础设施项目　D. 公共建筑项目

7. 下列项目中,不属于非生产性建设项目的是( )。

A. 办公用房　B. 居住建筑

C. 公共建筑　D. 国防工程

8. 为适应工程建设项目分级管理的需要,国家规定更新改造项目可划分为( )。

A. 大型、小型两类　B. 大中型、小型两类

C. 大型、中型、小型三类　D. 限额以上、限额以下两类

9. 按照有关规定,经营性政府投资项目应实行( )。

A. 项目法人责任制　B. 代建制

C. 非招标制　D. 分包制

10. 根据现行有关规定,不同类别的建设工程项目应采用不同的组织实施方式。下列组合中正确的是( )。

A. 竞争性项目——代建制

B. 公益性项目——项目法人责任制

C. 基础性项目——代建制

D. 非经营性政府投资项目——代建制

11. 按照我国现行规定，公路基本建设项目一般采用(　　)设计。

A. 一阶段　B. 两阶段　C. 三阶段　D. 技术设计

12. 按照有关规定，在公路建设项目的初步设计阶段应编制(　　)。

A. 投资估算　B. 设计概算　C. 修正概算　D. 施工图预算

13. 按照有关规定，如果初步设计概算超过可行性研究投资估算的(　　)以上或其他主要指标需要变更时，应说明原因和计算依据，并重新向原审批单位报批可行性研究报告。

A. 5%　B. 10%　C. 15%　D. 20%

14. 公路工程施工许可证应当由(　　)申请领取。

A. 施工单位　B. 设计单位　C. 监理单位　D. 建设单位

15. 项目后评价是工程项目(　　)管理的延伸。

A. 决策阶段　B. 设计阶段　C. 实施阶段　D. 验收阶段

16. 公路工程项目基本建设程序的最后一个阶段是(　　)。

A. 建设实施　B. 竣工验收　C. 项目后评价　D. 交工验收

17. 下列施工阶段投资控制措施中，属于经济措施的是(　　)。

A. 进行索赔管理　B. 进行工程计量复核

C. 落实投资控制人员　D. 对设计变更进行技术经济比较

Ⅱ. 多项选择题

1. 工程项目系统的构成包括(　　)。

A. 目标系统　B. 技术系统

C. 行为系统　D. 组织系统

E. 信息系统

2. 工程项目的目标系统是由(　　)等说明。

A. 项目任务书　B. 技术规范

C. 合同文件　D. 施工图纸

E. 施工流程

3. 分部工程一般是按单位工程中的(　　)划分的。

A. 施工任务　B. 所用材料

C. 路段长度　D. 施工特点

E. 结构部位

4. 根据工程建设项目的经济效益、社会效益和市场需求等基本特征，可将工程项目划分为(　　)。

A. 竞争性项目　B. 基础性项目

C. 公益性项目　D. 生产性建设项目

E. 非生产性建设项目

5. 下列项目中，属于基本建设项目的有(　　)。

A. 新建项目　B. 扩建项目

C. 改建项目　D. 恢复项目

E. 节能工程项目

6. 公路建设项目可行性研究是对项目(　　)进行综合性研究论证的工作。

A. 建设必要性　　B. 技术可行性

C. 经济合理性　　D. 实施可能性

E. 项目建议书

7. 公路建设项目在不同的设计阶段都应编制相应的工程造价文件。在工程设计阶段编制的工程造价文件包括(　　)。

A. 设计概算　　B. 修正概算

C. 施工图预算　　D. 投资估算

E. 修正估算

8. 公路工程项目投资控制措施包括(　　)。

A. 经济措施　　B. 技术措施

C. 组织措施　　D. 协调措施

E. 合同措施

9. 下列设计阶段投资控制措施中,属于组织措施的有(　　)。

A. 概、预算审核

B. 设计费复核

C. 投资控制报表数据处理

D. 对设计的进展进行投资跟踪

E. 进行技术经济比较

10. 下列施工阶段投资控制措施中,属于经济措施的有(　　)。

A. 审核工程付款账单

B. 复核工程计量结果

C. 进行索赔管理

D. 编制施工阶段的费用支出计划,并控制其执行

E. 对设计变更进行技术经济比较,寻求通过设计挖潜节约投资的可能

Ⅲ. 判断题

1. 工程项目可依次划分为单位工程和分项工程。(　　)

2. 金融、保险业建设项目属于非生产性建设项目。(　　)

3. 可行性研究报告经过批准后,即可开始编制项目建议书。(　　)

4. 初步设计概算不能超过可行性研究投资估算的 15%,否则应重新报批可行性研究报告。(　　)

(四)工程项目管理的组织

Ⅰ. 单项选择题

1. 工程项目组织中的项目管理层是由(　　)构成。

A. 业主　　B. 项目管理公司　　C. 项目投资者　　D. 施工单位

2. 下列工程项目管理组织结构形式中,结构简单、隶属关系明确、易于统一指挥、决策迅速的是(　　)。

A. 直线式　　B. 矩阵式　　C. 职能式　　D. 直线职能式

3. 下列工程项目管理组织结构形式中，容易形成多头领导的是(　　)。

A. 直线式和直线职能式　　B. 直线式和职能式

C. 职能式和矩阵式　　D. 矩阵式和直线职能式

4. 下列工程项目管理组织结构形式中，具有较大的机动性和灵活性，能够实现集权与分权的最优结合，但因有双重领导，容易产生扯皮现象的是(　　)。

A. 矩阵式　　B. 直线职能式　　C. 直线式　　D. 职能式

5. 下列项目管理组织结构形式中，职能部门与指挥部门之间容易产生矛盾的是(　　)。

A. 职能式　　B. 直线式　　C. 矩阵式　　D. 直线职能式

6. 在矩阵式组织结构形式中，矩阵中的每一个成员都要受(　　)的领导。

A. 项目总经理和项目经理　　B. 项目经理和指挥部门经理

C. 指挥部门经理和职能部门经理　　D. 项目经理和职能部门经理

7. 下列项目管理组织结构形式中，命令源最多的是(　　)。

A. 直线式　　B. 职能式　　C. 矩阵式　　D. 直线职能式

8. 下列工程项目承发包的组织模式中，组织协调工作量最大的是(　　)。

A. 平行承发包模式　　B. 设计总承包模式

C. 施工总承包模式　　D. 工程总承包模式

9. 下列工程项目承发包的组织模式中，对工程质量控制最有利的是(　　)。

A. 工程总承包　　B. 施工总承包　　C. 平行承发包　　D. 设计总承包

10. 建设工程项目实施 CM 承包模式时，代理型合同由(　　)的计价方式签订。

A. 业主与分包人以简单的成本加酬金

B. 业主与分包人以保证最大工程费用加酬金

C. CM 单位与分包人以简单的成本加酬金

D. CM 单位与分包人以保证最大工程费用加酬金

11. 公路工程项目实施 CM 承包模式时，代理型合同和非代理型合同(　　)。

A. 均由业主与分包人直接签订

B. 均由 CM 单位与分包人直接签订

C. 分别由 CM 单位和业主与分包人签订

D. 分别由业主和 CM 单位与分包人签订

12. 采用 CM 承包模式时，施工任务要进行多次分包，每次分包都通过招标展开竞争，每个分包合同价格都通过谈判进行详细讨论，从而使各个分包合同价格汇总后形成的合同总价更具(　　)。

A. 科学性　　B. 准确性　　C. 合理性　　D. 说服性

13. CM 承包模式特别适用于那些实施周期长、(　　)的大型复杂建设工程。

A. 承担风险大　　B. 技术要求高

C. 管理责任重　　D. 工期要求紧迫

14. 特别适用于那些实施周期长、工期要求紧迫的大型复杂建设工程的项目组织管理模式是(　　)。

A. EPC 承包模式　　B. CM 承包模式

C. 设计与施工总承包模式　　D. 采购与施工总承包模式

15. 对业主而言,下列项目承发包模式中,合同数量最多的是(　　)。

A. 设计总承包模式　　B. 施工总承包模式

C. 设计施工总承包模式　　D. 平行承发包模式

Ⅱ. 多项选择题

1. 工程项目组织的构成通常包括(　　)等。

A. 建设单位　　B. 设计单位

C. 施工单位　　D. 监理单位

E. 政府质量监督机构

2. 工程项目组织的管理层次可分为(　　)。

A. 战略决策层　　B. 战略管理层

C. 项目管理层　　D. 项目协调层

E. 项目实施层

3. 工程项目管理组织结构形式主要有(　　)。

A. 直线式　　B. 职能式

C. 直线职能式　　D. 矩阵式

E. 网络式

4. 下列选项中,符合“统一指挥”原则的组织结构形式的有(　　)。

A. 直线式　　B. 职能式

C. 矩阵式　　D. 直线职能式

E. 强矩阵式

5. 交钥匙承包模式与 EPC 承包模式相比主要不同点在于(　　)。

A. 承包范围更大　　B. 工期更稳定

C. 合同总价更固定　　D. 承包人风险更小

E. 合同价相对较高

6. 下列选项中,属于工程总承包模式的有(　　)。

A. EPC 模式　　B. 交钥匙模式

C. DB 模式　　D. PC 模式

E. CM 模式

Ⅲ. 判断题

1. 工程项目实施层的项目管理通常是指设计单位、施工单位、材料设备供应单位,为完成各自的项目任务,分别开展相应的项目管理工作。(　　)

2. 业主采用平行承发包模式时,其组织管理和协调工作量少,但合同管理难度大。(　　)

3. 采用 EPC 承包模式时,业主的组织协调工作量大,但合同管理难度小。(　　)

4. 采用 CM 承包模式时,施工任务要进行多次分包。(　　)

(五)工程项目管理的类型和任务、工程项目管理相关制度

Ⅰ. 单项选择题

1. 工程项目管理的核心任务是(　　)。

A. 节约投资　　B. 成本控制　　C. 质量控制　　D. 控制项目目标

2. 工程项目管理的最终目的是(　　)。

A. 获得最大利益　　B. 优化资源配置

C. 实施动态控制　　D. 实现项目目标

3. 项目管理目标系统中,质量、进度和费用是相互联系、相互影响的,因此项目管理应追求(　　)。

A. 它们三者同时达到最优　　B. 它们三者之间的优化和平衡

C. 最优地实现质量目标　　D. 最优地实现投资目标

4. 项目管理目标系统中的质量、进度、成本三大目标,任何一个目标的变化必然会引起另两个目标的变化,因此项目管理必须保证三者结构关系的(　　)。

A. 科学性和均衡性　　B. 全面性和经济性

C. 均衡性和合理性　　D. 有效性和合理性

5. 微观项目管理的主体是(　　)。

A. 政府主管部门　　B. 项目的主要参与方

C. 项目的投资方　　D. 项目管理公司

6. 建设项目法人责任制的核心是明确由项目法人承担(　　)。

A. 经济责任　　B. 法律责任　　C. 质量责任　　D. 投资风险

7. 下列各项职权中,属于项目董事会职权的是(　　)。

A. 组织编制项目初步设计文件

B. 组织项目设计、施工、监理的招标工作

C. 研究解决建设过程中出现的重大问题

D. 编制并组织实施归还贷款和其他债务计划

8. 下列各项职权中,属于项目总经理职权的是(　　)。

A. 提出项目开工报告

B. 研究解决建设过程中出现的重大问题

C. 负责提出项目竣工验收申请报告

D. 编制并组织实施归还贷款和其他债务计划

9. 下列项目管理的类型中,属于业主方的项目管理的是(　　)。

A. 工程总承包方的项目管理　　B. 监理方的工程监理

C. 设计方的项目管理　　D. 供货方的项目管理

10. 按有关规定,公路工程施工单项合同估算价在(　　)万元人民币以上的,必须进行招标。

A. 50　　B. 100　　C. 200　　D. 1000

11. 下列实施招标的工程项目中,应当采用公开招标方式的是(　　)。

A. 受自然地域环境限制的项目

B. 国有资金投资占控股或者主导地位的项目

C. 项目技术复杂,只有少量几家潜在投标人可供选择的

D. 拟公开招标的费用与项目的价值相比所占比例过大的项目

12. 下列实施招标的项目,可以采用邀请招标方式的是(　　)。

A. 国家重点建设项目

B. 地方重点建设项目

C. 受自然地域环境限制的项目

D. 全部使用国有资金投资的项目

Ⅱ. 多项选择题

1. 构成工程项目管理目标体系的包括(　　)。

A. 组织　　B. 成本

C. 信息　　D. 质量

E. 进度

2. 完整的项目管理工作过程包括(　　)。

A. 预测与决策　　B. 计划与组织

C. 指挥与协调　　D. 控制与反馈

E. 检查与验收

3. 工程项目管理的任务包括(　　)。

A. 风险管理　　B. 信息管理

C. 工程维护　　D. 合同管理

E. 质量、进度和成本管理

4. 工程项目管理系统的三维结构构成包括(　　)。

A. 项目管理过程　　B. 项目管理对象

C. 项目管理任务　　D. 项目管理程序

E. 项目管理计划

5. 施工方项目管理的任务包括(　　)。

A. 施工安全管理　　B. 施工合同管理

C. 施工信息管理　　D. 施工技术管理

E. 施工成本、进度和质量控制

6. 我国工程建设项目管理的基本制度包括(　　)。

A. 项目法人责任制　　B. 建设工程监理制

C. 工程招标投标制　　D. 合同管理制

E. 工程质量监督制

Ⅲ. 判断题

1. 在工程项目管理中,业主方的项目管理是核心。(　　)

2. 全过程项目管理的主体是业主。(　　)

3. 所有建设工程项目都必须实行工程监理。(　　)

4. 必须实施招标的项目,采用何种招标方式应由建设单位自行决定。(　　)

(六)工程项目风险管理

Ⅰ. 单项选择题

1. 在风险管理过程中,风险识别的最主要成果是(　　)。

A. 风险流程　　B. 风险发生的概率

C. 风险清单　　D. 风险等级

2. 下列方法中，属于风险识别方法的是（　　）。

A. 层次分析法　B. 模糊数学法　C. 敏感性分析法　D. 流程图法

3. 下列方法中，属于风险评价方法的是（　　）。

A. 回归分析法　B. 横道图法

C. 计划评审技术法　D. 流程图法

4. 风险管理中首要步骤是（　　）。

A. 风险分析与评价　B. 风险对策实施的检查与监控

C. 风险识别　D. 风险对策的决策

5. 下列情形中，应考虑采用风险回避的是（　　）。

A. 风险事件发生概率小、后果损失小的

B. 风险事件发生概率大、后果损失大的

C. 风险事件发生概率很小、后果损失是灾难性的

D. 风险事件发生概率很大、后果损失小的

6. 下列有关风险转移的叙述中，正确的是（　　）。

A. 保险转移能转移工程项目的所有风险

B. 承包人进行项目分包和第三方担保属于合同转移

C. 设计变更引起的投资增加可通过工程保险进行风险转移

D. 风险转移就是通过某种方式将某些风险的后果连同风险责任转移给他人

7. 建设工程项目风险损失控制计划一般由（　　）组成。

A. 预防计划、灾难计划和应急计划

B. 回避计划、自留计划和转移计划

C. 非保险转移和保险转移

D. 损失控制计划和合同转移计划

8. 在工程项目风险损失控制计划系统中，具体措施最多、内容最广泛的是（　　）。

A. 预防计划　B. 替代计划　C. 应急计划　D. 灾难计划

9. 以下损失支付方式中，专门用于自留风险所造成的损失的是（　　）。

A. 建立非基金储备　B. 自我保险

C. 母公司保险　D. 从现金净收入中支出

10. 如果市场投资前景很好，则保险费的机会成本就很大，此时风险对策可考虑采用（　　）。

A. 风险回避　B. 损失控制　C. 风险自留　D. 风险转移

11. 根据风险管理理论，工程项目中的风险分担的基本原则是（　　）。

A. 工程建设中的风险应由业主和承包人平均分担

B. 工程建设中的风险大部分应由业主承担

C. 工程建设中的风险应由承包人承担

D. 业主和承包人谁最有能力承担该风险谁就承担该风险

12. 承包人将其承包工程中专业技术要求很强而自己缺乏相应技术的工程内容分包给专业分包人。从工程风险管理这一角度说，这一行为属于（　　）。

A. 风险回避　B. 风险自留　C. 损失控制　D. 风险转移

13. 下列风险转移方法中,不属于合同转移的是(　　)。

A. 第三方担保

B. 承包人进行工程分包

C. 工程保险

D. 业主将合同责任和风险转移给对方当事人

14. 工程风险转移可分为非保险转移和保险转移两种形式。非保险转移的媒介是(　　)。

A. 技术　　B. 组织　　C. 合同　　D. 担保

15. 下列有关风险对策的表述中,不正确的是(　　)。

A. 风险回避是一种必要的、积极的风险对策

B. 风险自留绝不可能单独运用,而应与其他风险对策结合使用

C. 采用损失控制对策时,所制订的损失控制措施应当形成一个完整的损失控制计划系统

D. 对于工程项目风险,应将工程保险与风险回避、损失控制和风险自留结合起来运用

Ⅱ. 多项选择题

1. 风险识别的主要内容是(　　)。

A. 识别引起风险的主要因素　　B. 识别风险的性质

C. 识别风险可能引起的后果　　D. 识别风险发生的概率

E. 识别风险后果的等级

2. 风险评价的结果主要在于确定(　　)。

A. 各种风险事件发生的概率

B. 引起各种风险的主要因素

C. 各种风险事件的性质

D. 各种风险事件的最佳对策组合

E. 各种风险事件对工程目标影响的严重程度

3. 一般而言,工程项目风险应对策略包括(　　)。

A. 损失控制　　B. 风险规划

C. 风险自留　　D. 风险转移

E. 风险计划实施

4. 损失控制是一种主动、积极的风险对策。损失控制可分为(　　)两方面工作。

A. 预防损失　　B. 管理损失

C. 减少损失　　D. 自留损失

E. 转移损失

5. 计划性风险自留应预先制订损失支付计划,常见的损失支付方式主要有(　　)。

A. 自我保险　　B. 母公司保险

C. 建立非基金储备　　D. 从净利润中支付

E. 从现金净收入中支付

6. 工程项目选择计划性风险自留作为应对策略,应符合的条件包括(　　)。

A. 别无选择　　B. 期望损失不严重

C. 损失可准确预测　　　　　　　　D. 投资机会很好

E. 项目资金充足

Ⅲ. 判断题

1. 风险识别的最主要成果就是建立风险清单。　（　　）

2. 工程项目中的所有风险都可以采用风险回避对策来处置。　（　　）

3. 风险自留是指将风险保留在风险管理主体内部，通过采取内部控制措施等来化解风险。风险自留可以单独运用。　（　　）

4. 对于工程项目风险管理而言，在任何情况下都可以采用计划性风险自留对策来处置风险。　（　　）

5. 建设工程的风险应由参与建设的各方分担。　（　　）

6. 通过工程保险的方式可以转移工程项目中的所有风险。　（　　）

五、法律法规

(一)合同法的有关内容

Ⅰ.单项选择题

1.法律规定,建设工程合同的形式应当采用(　　)。

A.口头形式　B.书面形式　C.默示形式　D.推定形式

2.下列有关要约的说法中,不正确的是(　　)。

A.要约是一方当事人的意思表示

B.要约到达受要约人时生效

C.要约是双方当事人共同的意思表示

D.要约应具备合同的主要条款

3.在要约生效之前要约人对发出的要约进行了修改,其效果等于原要约(　　),而产生新要约。

A.撤销　B.撤回　C.失效　D.转让

4.在要约生效后、承诺生效前,要约人对要约进行的修改,其效果等于原要约(　　),而产生新要约。

A.撤回　B.撤销　C.变更　D.失效

5.下列有关承诺的表述中,不正确的是(　　)。

A.承诺的内容应当与要约的内容一致

B.承诺到达要约人时生效

C.承诺可以撤回,也可以撤销

D.受要约人超过承诺期限发出承诺的,除要约人及时通知受要约人该承诺有效的以外,为新要约

6.无效合同的确认权归属(　　),除此之外,任何组织或个人都无权确认合同无效。

A.人民法院　B.仲裁机构　C.合同当事人　D.法院或仲裁机构

7.合同法规定,具有撤销权的当事人自知道或者应当知道撤销事由之日起(　　)年内没有行使撤销权的,则合同撤销权消灭。

A.1　B.2　C.3　D.4

8.下列合同条款的效力,不受合同无效或被撤销影响的是(　　)。

A.质量和数量　B.违约责任

C.履行期限　D.解决争议的方法

9.按照有关法律规定,无效合同从(　　)起就没有法律效力。

A.订立之时　B.被确认为无效合同之时

C.返还财产之时　D.追缴财产

10.一方当事人在紧迫情况下订立了明显对自己有重大不利的合同,情况好转后,该当事人向对方当事人提出变更合同未果,于是向人民法院提出了撤销合同的请求,该合同被法院裁

定予以撤销。则该合同的效力自(　　)起归于消灭。

A. 合同变更请求之日　　B. 合同成立时

C. 合同撤销请求之日　　D. 合同撤销裁定之日

11. 某合同约定了违约金,当事人一方迟延履行合同的,根据合同法的有关规定,违约方应支付违约金并(　　)。

A. 终止合同履行　　B. 赔偿损失

C. 继续履行债务　　D. 中止合同履行

12. 根据合同法的规定,可撤销合同是指(　　)的合同。

A. 因重大误解订立

B. 当事人恶意串通损害第三方利益所订立

C. 违反行政法规的强制性规定而独立

D. 当事人未能履行保密义务而订立

13. 在双务合同中,应当先履行债务的当事人,有确切证据证明对方(　　),可以中止履行合同。

A. 债务累积过多

B. 内部发生劳资纠纷

C. 经营状况严重恶化

D. 与第三方发生严重债务纠纷

14. 根据合同法的规定,下列关于格式条款合同的说法中,正确的是(　　)。

A. 格式条款合同类似于合同示范文本,应由政府主管部门拟定

B. 格式条款有两种以上解释的,应当遵循提供格式条款一方的解释

C. 格式条款和非格式条款不一致的,应采用格式条款

D. 对格式条款的理解发生争议的,应按通常理解予以解释

15. 根据合同法的规定,执行政府指导价的合同,当事人一方逾期交付标的物的,则(　　)。

A. 无论价格升降,均按新价格执行

B. 遇价格上涨时,按照新价格执行

C. 无论价格升降,均按原价格执行

D. 遇价格上涨时,按照原价格执行

16. 不属于合同争议调解方式的是(　　)。

A. 民间调解　　B. 经济调解

C. 法庭调解　　D. 仲裁机构调解

17. 当事人在订立合同过程中,一方故意隐瞒与订立合同有关的重要事实,给对方造成损失的,应承担(　　)责任。

A. 违约赔偿　　B. 风险损害赔偿

C. 缔约过失　　D. 双倍返还定金

18. 由于当事人疏忽,合同的部分履行费用负担约定不明确,事后又未能达成补充协议,则该部分费用应由(　　)。

A. 权利人承担　　B. 履行义务人承担

C. 双方平均分担　　D. 双方按比例分担

19. 合同可变更、撤销的前提是(　　)。

A. 损害国家利益　　B. 违反法规

C. 当事人提出请求　　D. 当事人一方违约

20. 依据我国《合同法》,合同当事人一方违约时,其承担违约责任的首选方式是(　　)。

A. 继续履行　　B. 赔偿损失

C. 支付违约金　　D. 采取补救措施

21. 合同的撤销权应由(　　)行使。

A. 人民法院　　B. 仲裁机构

C. 合同当事人　　D. 人民法院或者仲裁机构

22. 某材料供应商因施工承包商拖欠货款,诉至人民法院。法院开庭审理后,在法官主持下,承包商向材料供应商提出了还款计划,材料供应商表示接受,人民法院制作了调解书,则本次欠款纠纷解决方式是(　　)。

A. 和解　　B. 调解　　C. 诉讼　　D. 调解与诉讼相结合

23. 依据《合同法》的规定,合同权利义务终止,影响合同中(　　)的效力。

A. 结算条款　　B. 清理条款　　C. 担保条款　　D. 解决争议条款

24. 合同当事人承担违约责任的方式不包括(　　)。

A. 采取补救措施　　B. 赔偿损失

C. 支付违约金　　D. 行政拘留

25. 甲、乙双方签订了钢材买卖合同,合同约定甲方先付款,乙方后发货。当合同的履行期限届至,甲方因担心收不到货而未付款,于是乙方在发货期限届至时也未发货。此时,乙方行使的权利是(　　)。

A. 同时履行抗辩权　　B. 先履行抗辩权

C. 不安抗辩权　　D. 代位权

26. 工程施工过程中由于(　　)原因导致工程未按期交工,承包人应该承担违约责任。

A. 承包人的设备故障　　B. 不可抗力

C. 业主要求的设计变更　　D. 业主未及时支付工程款

27. 某合同在履行过程中发生了合同争议,按照约定甲方向仲裁机构提出了仲裁申请。仲裁机构做出裁决后,乙方不履行仲裁裁决,这时甲方可(　　)。

A. 向仲裁机构申请强制执行　　B. 再向仲裁机构申请仲裁

C. 向人民法院申请强制执行　　D. 向人民法院提起诉讼

28. 某合同在履行过程中发生了合同争议,在双方未达成仲裁协议的情况下,一方向仲裁机构申请仲裁,另一方向人民法院起诉,则该争议案件应由(　　)受理。

A. 人民法院

B. 先收到诉请文件的仲裁机构或人民法院

C. 仲裁机构

D. 当事人协商选择仲裁机构或人民法院

29. 承包人在竣工验收时提交的工程产品质量不合格,则该承包人违背了合同履行中的(　　)原则。

A. 诚实信用　　B. 公平合理
C. 不得擅自变更合同　　D. 协作履行
E. 全面适当履行

Ⅱ. 多项选择题

1. 下列各项原则中，属于合同法基本原则的有（　　）。
A. 平等原则　　B. 自愿原则
C. 协作原则　　D. 公平原则
E. 诚实信用原则

2. 下列合同中，属于建设工程合同的有（　　）。
A. 工程造价咨询合同　　B. 工程勘察合同
C. 工程设计合同　　D. 工程项目管理合同
E. 工程施工合同

3. 合同法规定的合同一般应当包含的基本条款包括（　　）等。
A. 标的　　B. 价款或者报酬
C. 数量与质量　　D. 解决争议的方法
E. 当事人的经济状况

4. 合同法规定，当事人承担缔约过失责任的情形包括（　　）。
A. 假借订立合同，恶意进行磋商
B. 不按合同约定履行义务
C. 在规定的时间内不予对方签订合同
D. 故意隐瞒与订立合同有关的重要事实或提供虚假情况
E. 有其他违背诚实信用原则的行为

5. 下列合同中，属于无效合同的有（　　）。
A. 损害社会公共利益的合同
B. 因重大误解而订立的合同
C. 以合法的形式掩盖非法目的的合同
D. 在订立合同时显失公平的合同
E. 恶意串通，损害第三人利益的合同

6. 合同履行的原则主要包括（　　）。
A. 自愿履行原则　　B. 公平履行原则
C. 全面履行原则　　D. 诚实信用原则
E. 平等履行原则

7. 合同生效后，当事人就质量、价款或者报酬、履行地点等内容没有约定或者约定不明的，可能的处理方法包括（　　）。
A. 协议补充　　B. 按合同法的有关规定履行
C. 调解　　D. 向法院起诉
E. 按照合同有关条款或者交易习惯确定

8. 按照有关法律规定，承担违约责任的方式包括（　　）。
A. 继续履行　　B. 赔偿损失

C. 支付违约金　　D. 采取补救措施

E. 解除合同

9. 按照合同法规定,合同争议的解决方式包括(　　)。

A. 和解　　B. 调解

C. 协调　　D. 仲裁

E. 诉讼

10. 根据合同法规定,生效的要约可因一定事由的发生而失效,这些事由包括(　　)。

A. 要约人依法撤回要约

B. 要约人依法撤销要约

C. 拒绝要约的通知到达要约人

D. 受要约人对要约内容作出变更

E. 承诺期限届满,受要约人未作出承诺

11. 下列合同解除的条件中,属于法定解除条件的有(　　)。

A. 因不可抗力致使不能实现合同目的

B. 当事人协商一致解除合同

C. 当事人一方迟延履行主要债务,经催告后在合理期限内仍未履行

D. 在履行期限届满之前,当事人明确表示不履行主要债务

E. 在履行期限届满之前,当事人以自己行为表明不履行主要债务

12. 下列解决争议的方式中,必须双方自愿的有(　　)。

A. 和解　　B. 调解

C. 仲裁　　D. 诉讼

E. 行政复议

Ⅲ. 判断题

1. 合同中所确立的权利义务,必须是当事人依法可以享有的权利和能够承担的义务,这是合同产生法律效力的前提。(　　)

2. 合同的成立必须经过要约邀请、要约和承诺三个阶段。(　　)

3. 受要约人对要约的内容作出变更的,则要约失效,同时产生新要约。(　　)

4. 受要约人超出承诺期限发出的承诺都是无效的。(　　)

5. 格式条款是指当事人为了重复使用而预先拟订,并在订立合同时与对方协商的合同条款。(　　)

6. 一方以欺诈、胁迫的手段订立的合同属于无效合同。(　　)

7. 损害社会公共利益的合同属于可变更或可撤销的合同。(　　)

8. 施工合同通过招标投标方式订立时,招标投标是要约,定标是承诺。(　　)

9. 只要合同当事人一方不履行合同或不适当履行合同,他就应当承担违约责任。(　　)

10. 当事人在合同中可同时约定违约金和赔偿金。(　　)

11. 仲裁不是解决合同纠纷的必要程序,只有双方自愿并达成书面协议,才能申请仲裁,否则,仲裁机构不予受理。(　　)

12 合同必须进行鉴证或公证,否则不具有法律效力。(　　)

13. 合同双方当事人如果未约定仲裁协议，则只能以诉讼作为解决合同争议的最终方式。( )

(二)公路法、招标投标法、政府采购法、土地管理法、价格法、物权法、国有土地上房屋征收与补偿条例等法律法规中与工程造价有关的内容

Ⅰ. 单项选择题

1. 下列有关公路法规定的表述中，不正确的是( )。
   A. 公路按技术等级可分为高速公路、一级公路、二级公路、三级公路和四级公路
   B. 公路建设用地规划应符合土地利用总体规划，当年建设用地应纳入年度建设用地计划
   C. 公路建设资金应全部由政府财政拨款
   D. 承担公路建设的设计单位、施工单位和监理单位，必须持有国家规定的资质证书

2. 邀请招标是指招标人以投标邀请书的方式邀请( )特定的投标人投标。
   A. 2 个以上　B. 3 个以上　C. 4 个以上　D. 5 个以上

3. 以联合体的名义投标时，由同一专业的单位组成的联合体，按照( )确定联合体的资质等级。
   A. 资质等级较高的单位　B. 资质等级较低的单位
   C. 任一成员单位的资质　D. 评标委员会的决定

4. 评标委员会的成员中，技术、经济等方面的专家不得少于( )。
   A. 3 人　B. 5 人
   C. 成员总数的 2/3　D. 成员总数的 1/3

5. 根据招标投标法的规定，自招标文件开始发售之日起至投标人提交投标文件截止之日止的期限不得短于( )日。
   A. 60　B. 30　C. 20　D. 10

6. 招标人和中标人应当自中标通知书发出之日起( )日内，按照招标文件和中标人的投标文件订立书面合同。
   A. 15　B. 20　C. 28　D. 30

7. 根据招标投标法，下列有关招标投标的说法中，正确的是( )。
   A. 评标委员会成员人数为 7 人以上单数
   B. 联合体中标的，由联合体牵头单位与招标人签订合同
   C. 评标委员会中技术、经济等方面的专家不得少于成员总数的 2/3
   D. 投标人应在递交投标文件的同时提交履约保函

8. 根据《政府采购法》的规定，政府采购的主要方式应是( )。
   A. 邀请招标　B. 公开招标　C. 竞争性谈判　D. 询价

9. 政府采购合同履行中，在不改变合同其他条款的前提下，采购人可以与供应商协商签订补充合同，但所有补充合同的采购金额不得超过原合同采购金额的( )。
   A. 3%　B. 5%　C. 8%　D. 10%

10. 根据《政府采购法》的规定，下列关于政府采购的表述中正确的是( )。
    A. 政府采购的对象为货物和工程
    B. 政府采购的买方是指各级国家机关

C. 政府采购实行集中采购的方式

D. 政府采购所使用的资金是财政性资金

11. 政府采用单一来源采购,必须保证原有采购项目一致性或服务配套性的要求,需要继续从原供应商处添购,且添购资金总额不得超过原合同采购金额的(　　)。

A. 5%　　B. 7%　　C. 8%　　D. 10%

12. 根据《土地管理法》,征收耕地时。每一个需要安置的农业人口的安置补助费标准,为该耕地被征收(　　)。

A. 前5年平均年产值的6~10倍　　B. 前3年平均年产值的6~10倍

C. 前5年平均年产值的4~6倍　　D. 前3年平均年产值的4~6倍

13. 根据《土地管理法》的规定,每公顷被征收耕地的安置补助费,最高不得超过被征收前3年平均年产值的(　　)倍。

A. 4　　B. 6　　C. 10　　D. 15

14.《土地管理法》规定,各省、自治权、直辖市划定的基本农田应当占本行政区域内耕地的(　　)以上。

A. 50%　　B. 60%　　C. 70%　　D. 80%

15. 根据《价格法》的规定,政府在必要时可以实行政府指导价或政府定价的商品或服务部不包括(　　)。

A. 自然垄断经营的商品

B. 国家级贫困地区的各类农用商品

C. 资源稀缺的少数商品

D. 与人民生活关系重大的极少数商品

16.《价格法》规定,在制定关系群众切身利益的公用事业价格、公益性服务价格、自然垄断经营的商品价格时,应当建立(　　)制度。

A. 公示　　B. 听证会　　C. 专家审议　　D. 人民代表评议

17. 国有土地上房屋征收补偿标准(　　)。

A. 由市、县级人民政府直接确定

B. 由市、县级人民政府确定的房屋征收部门确定

C. 由建设单位与房屋所有人协商确定

D. 由具有相应资质的房地产价格评估机构按照房屋征收评估办法评估确定

Ⅱ. 多项选择题

1. 下列有关收费公路管理的表述中,正确的有(　　)。

A. 收费公路的收费期限,按照收费偿还贷款、集资款的原则,由省级人民政府依照交通运输部的规定确定

B. 收费经营期限按照收回投资并有合理回报的原则,由投资者确定并按照国家有关规定办理审批手续

C. 收费站的设立应当报经省级人民政府审查批准

D. 跨省的收费公路设置车辆通行费的收费站,由相关省人民政府协商确定

E. 收费公路车辆通行费的收费标准,由公路收费单位提出方案,报省级交通主管部门会同同级物价主管部门审批

2. 无论采用何种招标方式，招标人都应对申请参加投标的潜在投标人进行(　　)等多方面的情况进行资格审查。

A. 资质条件　　B. 信誉与业绩

C. 技术能力　　D. 社会关系

E. 资金状况

3. 依据招标投标法规定，中标人的投标应当符合的条件之一是(　　)。

A. 能够最大限度地满足招标文件中规定的各项评价标准

B. 能够最大限度地满足招标文件中规定的各项综合评价标准

C. 能够满足招标文件的实质性要求，经评审的投标价格最合理

D. 能够满足招标文件的非实质性要求，经评审的投标价格最低，且不低于成本价格

E. 能够满足招标文件的实质性要求，经评审的投标价格最低，且不低于成本价格

4. 根据《政府采购法》，可采用竞争性谈判方式进行货物或服务采购的情形有(　　)。

A. 只能从唯一供应商处采购

B. 不能事先计算出价格总额

C. 货源充足且价格变化幅度小

D. 不能事先确定详细规格或具体要求

E. 采用招标所需时间无法满足用户紧急需要

5. 根据《政府采购法》，下列有关政府采购的说法中，正确的有(　　)。

A. 政府采购的主要方式是竞争性谈判和询价

B. 政府采购实行集中采购和分散采购相结合

C. 集中采购目录由省级以上人民政府公布

D. 政府采购成本不得高于采购项目总价值的 10%

E. 政府采购代理机构应是非营利事业单位

6. 根据《土地管理法》，下列说法中正确的有(　　)。

A. 基本农田转为建设用地，须由国务院批准

B. 征用耕地的土地补偿费为该耕地被征用前 3 年平均年产值的 6 ~ 10 倍

C. 征用耕地的安置补助费为该耕地被征用前 3 年平均年产值的 4 ~ 6 倍

D. 征用耕地的安置补助费不得超过被征用前 3 年平均年产值的 10 倍

E. 为公共利益需要使用土地的，可以报经人民政府批准收回国有土地使用权

7. 根据《价格法》的规定，必要时可以实行政府指导价或政府定价的商品或服务包括(　　)。

A. 自然垄断经营的商品　　B. 国家级贫困地区的各类农用商品

C. 资源稀缺的少数商品　　D. 国家投资开发的高新技术类服务

E. 重要的公益性服务

8. 根据《价格法》的规定，在制定关系群众切身利益的(　　)时，政府应当建立听证会制度。

A. 公用事业价格　　B. 公益性服务价格

C. 自然垄断经营的商品价格　　D. 价格波动过大的农产品价格

E. 政府集中采购的商品价格

9. 根据《价格法》的规定,当重要商品和服务价格显著上涨或者有可能显著上涨,国家可以对部分价格采取的干预措施有(　　)。

A. 规定限价　　B. 限定差价率

C. 提价申报制度　　D. 听证会制度

E. 调价备案制度

10. 物权是民事主体依法对特定的物进行管领支配,享有利益并排除他人干涉的权利,包括(　　)。

A. 所有权　　B. 用益物权

C. 担保物权　　D. 抗辩权

E. 代位权

11. 房屋征收与补偿的原则包括(　　)。

A. 公平补偿原则

B. 执法严格原则

C. 先补偿、后搬迁原则

D. 保证改善居住生活水平不降原则

E. 决策民主、程序正当、结果公开原则

Ⅲ. 判断题

1. 建设工程的招标方式分为公开招标、邀请招标和议标三种。(　　)

2. 投标人的投标是一种自愿的行为。因此,投标人可以随时撤回或修改已提交的投标文件。(　　)

3. 竞争性谈判应作为政府采购的主要方式。(　　)

4. 建造公路、铁路等建设项目需要占用基本农田的,由国务院批准。(　　)

(三)建筑、标准化、保险、税收、水土保持、环境保护、文物、矿产资源、森林等相关领域法律法规中与工程造价有关的内容

Ⅰ. 单项选择题

1. 根据《建筑法》的规定,建设单位应当自领取施工许可证之日起(　　)个月内开工。

A. 1　　B. 2　　C. 3　　D. 6

2. 依据《建筑法》的规定,建筑工程的发包方式是(　　)。

A. 公开招标和邀请招标　　B. 招标发包和直接发包

C. 招标发包　　D. 公开招标、邀请招标和议标

3. 环境保护的"三同时"制度是指(　　)。

A. 建设项目中的施工人员既是质量员、又是安全员、环保员

B. 建设项目中要同时建立质量、安全、环境管理保证体系

C. 建设项目中防治污染的措施,必须与主体工程同时设计、同时施工、同时投产使用

D. 建设项目中应同时制定质量、安全、环保责任制度

4.《环保法》规定,对建设项目实施后可能造成重大环境影响的,应当编制(　　),对产生的环境影响进行全面评价。

A. 专项环保措施方案　　B. 环境影响报告书

C. 环境影响报告表　　D. 环境保证体系

5.《文物保护法》规定，凡因进行基本建设和生产建设需要的考古调查、勘探、发掘，所需费用（ ）。

A. 由文物主管部门承担
B. 由建设单位列入工程预算
C. 由当地人民政府承担
D. 由施工单位列入施工预算

6. 公路施工需要临时占用林地的，应当经县级以上人民政府林业主管部门批准。临时占用林地的期限不得超过（ ）年；占用期满后，用地单位必须恢复林业生产条件。

A. 2　B. 3　C. 4　D. 5

Ⅱ. 多项选择题

1. 依据《建筑法》，下列行为中，属于禁止行为的有（ ）。

A. 建筑施工企业超越本企业资质等级许可的业务范围承揽工程
B. 施工企业允许其他单位使用本企业的营业执照，以本企业的名义承揽工程
C. 建设单位将建筑工程肢解成若干部分发包给几个承包单位
D. 承包单位将其承包的部分建筑工程转包给他人
E. 分包单位将其承包的工程再分包

2. 依据《建筑法》规定，建筑施工企业必须按照（ ）对建筑材料、构配件和设备进行检验，不合格的不得使用。

A. 工程设计要求
B. 设计技术标准
C. 施工技术标准
D. 设备检验标准
E. 合同的约定

3. 建筑工程一切险承保的内容包括（ ）。

A. 工程本身
B. 临时工程
C. 施工设备
D. 场地清理费
E. 全部存放于工地，为施工所必需的材料

Ⅲ. 判断题

1. 公路工程开工前，施工单位应当按照国家有关规定向有关行业行政主管部门申请领取施工许可证。（ ）

2. 取得开工报告的建筑工程，因故不能按期开工超过 3 个月的，应当重新办理开工报告的批准手续。（ ）

3. 保险合同中的投保人和被保险人、受益人是同一人。（ ）

4. 建设项目实施后可能造成重大环境影响的，应当编制环境影响报告表，对产生的环境影响进行分析或者专项评价。（ ）

第二部分　答案及解析

一、公路工程造价管理及其基本制度

（一）公路工程造价的定义、构成及计价特点

Ⅰ.单项选择题

1. B

解析：工程造价不包含流动资产投资费用。在工程承发包交易活动中形成的工程承发包价格是从市场交易的角度分析工程造价含义的。

2. B

解析：从市场的角度出发，工程造价是以工程这种特定的商品形式作为交易对象，通过招标投标，由需求主体（投资者）和供给主体（建筑商）共同认可的价格。

3. D

解析：公路工程属于建设工程，其造价同样是由建筑安装工程费、设备及工器具购置费、工程建设其他费用及预备费组成。

4. D

解析：建筑安装工程费是直接用于形成工程实体所发生的费用，也就是支付给施工企业的全部费用。

5. B

解析：建筑安装工程费由直接费、间接费、利润和税金组成。其中，直接费包括直接工程费和其他工程费；间接费包括规费和企业管理费。

6. A

解析：直接工程费由人工费、材料费、施工机械使用费构成。

7. B

解析：间接费由规费和企业管理费组成。

8. D

解析：企业管理费由基本费用、主副食运费补贴、职工探亲路费、职工取暖补贴和财务费用五项组成。

9. B

解析：按交通运输部的有关规定，利润可按直接费与间接费之和扣除规费的7%计算，即利润=（直接费+间接费-规费）×7%。

10. B

解析：建设项目管理费包括建设单位管理费、工程监理费、设计文件审查费、竣（交）工验收试验检测费。

11. B

解析：预备费由价差预备费和基本预备费两部分组成。在公路工程建设期限内，凡需动用预备费时，属于公路交通部门投资的项目，需由建设单位提出，按建设项目隶属关系，报交通基建主管部门核定批准；属于其他部门投资的建设项目，按其隶属关系报有关部门核定批准。

12. B

解析:施工标准化与安全措施费属于其他工程费的组成之一,应计入其他工程费中。

13. B

解析:建设工程在其建设的不同阶段影响造价的因素各不相同,需要在每一个阶段都进行工程造价的计价控制,这样才能满足造价控制和管理的要求。因此,必须在建设全过程进行多次计价。

14. A

解析:在建设项目的工程可行性研究阶段需要编制可行性研究报告投资估算,作为工程可行性研究时经济评价的依据。

15. A

解析:按两阶段设计的建设项目,在初步设计阶段需要编制设计概算,经批准后的设计概算就成为确定建设项目投资的最高限额,也是签订建设项目总承包合同的依据。

16. C

解析:在施工图设计阶段需要编制施工图预算,该文件经批准后就成为签订建筑安装工程承包合同、办理工程价款结算的依据,也是实行建筑安装工程造价包干的依据。

17. C

解析:施工预算是施工单位在施工准备阶段,根据施工图预算、分项工程量、施工定额、施工组织设计、设计文件,通过工料分析所编制的造价文件。施工预算所反映的是完成工程项目的计划成本,是成本控制的主要目标。

18. B

解析:在公路工程施工过程中根据实际发生的工程量增减、工程变更及市场物价变动等情况确定结算价,它才是工程项目各分部分项工程的实际造价。结算价一般由施工单位编制,由发包单位审查,也可委托具有相应资质的工程监理单位或工程造价咨询单位进行审查。

19. B

解析:工程建设项目在不同的阶段的计价各有不同的计价依据,每次计价的精度要求也各不相同,这就意味着不同阶段的计价应采用不同的计价方法。

20. C

解析:采用实物量法计算预算造价时,首先从定额中查出完成相应分项工程所需的人工、材料和机械台班的实物消耗量,然后计算人工工日单价、材料预算价格和机械台班单价,根据分项工程量计算出分项工程的直接工程费,接下来计算工程项目的直接工程费、其他工程费,再计算工程项目的直接费、间接费、利润和税金,建筑安装工程费等,最后就可以计算出工程预算造价。

21. D

解析:投资估算、施工图预算及合同价都是在施工以前确定的工程预期造价。结算价是在施工过程中以合同单价为基础,根据工程变更、实际发生的工程量增减、市场物价变动等情况确定的,反映分项分部工程的实际造价。

22. B

解析:设备单价的计算依据包括设备原价、设备运杂费、进口设备关税等;工程单价的计算依据包括人工单价、材料价格、材料运杂费、机械台班费等;设备和工程量的计算依据包括项目建议书、工程可行性研究报告、设计文件等;人工、材料、机械等实物消耗量的计算依据包括估算指标、概算定额、预算定额等。

23. C

解析:承包合同价与中标单位的投标报价都是工程项目在不同阶段确定的工程项目的预期造价。结算价是工程项目各分项分部工程的实际造价。竣工决算则是工程竣工并通过验收合格后,建设单位根据各分项分部工程的结算价编制的工程造价文件,它才是整个工程项目的实际造价。

Ⅱ. 多项选择题

1. AE

解析:工程造价通常是指工程的建造价格,该含义可从投资者的角度和市场交易的角度分析。

2. BCE

解析:公路工程属于建设工程,其造价同样由建筑安装工程费、设备及工器具购置费、工程建设其他费用及预备费组成。

3. ACDE

解析:直接费由直接工程费和其他工程费组成。直接工程费由人工费、材料费、施工机械使用费组成。其他工程费由冬季施工增加费、雨季施工增加费、夜间施工增加费、特殊地区施工增加费、行车干扰工程施工增加费、施工标准化与安全措施费、临时设施费、施工辅助费、工地转移费9项费用组成。

4. ABD

解析:企业管理费由5项费用组成:基本费用、主副食运费补贴、职工探亲路费、职工取暖补贴、财务费用。工地转移费属于其他工程费的组成部分。工伤保险费属于间接费中的规费。

5. ABCE

解析:工程建设其他费用包括土地征用及拆迁补偿费、建设项目管理费、研究试验费、前期工作费、专项评价(估)费、施工机构迁移费、供电补贴费、联合试运转费、生产人员培训费、固定资产投资方向调节税、建设期贷款利息等。

6. BE

解析:设备购置费系指为满足公路的营运、管理、养护需要,购置的达到固定资产标准的设备(包括工器具和备品、备件)和虽低于固定资产标准但属于设计明确列入设备清单的设备的费用。

7. ACD

解析:建筑安装工程费构成中的税金系指按国家税法规定应计入建筑安装工程造价内的营业税、城市维护建设税及教育费附加。

8. ABCD

解析:工程造价计价的特点包括计价的单件性、计价的多次性、计价的组合性、计价方法的多样性和计价依据的复杂性。

9. BCD

解析:按两阶段设计的建设项目,在设计阶段要编制初步设计概算和施工图预算。按三阶段设计的项目,在设计阶段要编制初步设计概算、修正设计概算和施工图预算。

10. CDE

解析:施工图预算的主要作用包括:它是考核施工图设计经济合理性的依据,是签订建筑安装工程承包合同的依据,是实行建筑安装工程造价包干的依据,是办理工程价款结算的依据。对于施工招标的工程,施工图预算也是编制工程标底的依据;同时,它也是施工单位加强经营管理,搞好经济核算的基础。

11. ACDE

解析:公路工程建设项目在建设的不同阶段需要分别进行计价,所形成的计价文件包括投资估算、设计概算、修正设计概算、施工图预算、工程标底、投标报价、承包合同价、施工预算、工程结算、竣工决算等。

12. BCE

解析:人工、材料、机械等实物消耗量的计算是通过查阅各种定额,首先确定出定额单位人工、材料、机械等消耗量,再根据工程量即可计算得到。因此,计算人工、材料、机械等实物消耗量的主要依据是投资估算指标(也称估算定额)、概算定额、预算定额等。

Ⅲ. 判断题

1. √

解析:从市场交易的角度来分析,工程造价就是在建筑交易市场通过招标投标,由投资者和承包商共同认可的工程承发包价格,也就是投资者购买项目所要付出的价格。

2. √

解析:建筑安装工程费是施工企业通过土建工程施工生产和设备安装生产活动来实现的。该部分费用在施工过程中,通过计量支付过程由建设单位支付给施工企业的各项费用,它包括人工费、材料费、施工机械使用费。

3. ×

解析:企业管理费由基本费用、主副食运费补贴、职工探亲路费、职工取暖补贴、财务费用五项组成。其中,企业管理费中的基本费用系指施工企业为组织施工生产和经营管理所需的费用。

4. ×

解析:企业管理费中的基本费用系指施工企业为组织施工生产和经营管理所需的费用。

5. ×

解析:在项目可行性研究阶段,按照有关规定编制的投资估算,经有关部门批准,作为该项目的控制造价。在初步设计阶段,按照有关规定编制的设计概算,经有关部门批准,即作为拟建项目工程造价的最高限额。在施工图设计阶段,按规定编制的施工图预算,用以核实施工图阶段预算造价是否超过批准的初步设计概算。对以施工图预算为基础实施招标的工程,承包合同价是以合同的形式确定的建筑安装工程造价。

6. √

解析:建设项目必须在建设的不同阶段多次计价,而每次计价也各有不相同的计价依据,计价的精度要求也各不相同,由此决定了工程造价计价方法具有多样性的特点。

7. ×

解析:计算人工、材料、机械等实物消耗量的依据主要是各种实物消耗定额,包括估算指标、概算定额、预算定额等。人工单价、材料价格、机械台班费则是计算工程单价的依据。

(二)公路工程造价管理体制及基本内容

Ⅰ.单项选择题

1. A

解析:工程造价管理有两种含义:一是建设工程投资费用管理;二是建设工程价格管理。其中,建设工程投资费用管理是指为了实现投资的预期目标,在拟定规划、设计方案的条件下,预测、计算、确定和监控工程造价及其变动的系统活动,属于投资管理的范畴,它既涵盖了微观层次的项目投资费用管理,也涵盖了宏观层次的投资费用管理。

2. B

解析:控制工程造价不仅仅是控制工程本身的建造成本,还应同时考虑工期成本、质量成本、安全与环境成本的控制,从而实现工程成本、工期、质量、安全、环境的集成管理,这就是全要素造价管理的思想。因此,全要素造价管理的核心是按照优先性的原则,协调和平衡工期、质量、安全、环境保护与成本之间的对立统一关系。

3. C

解析:我国工程造价管理体制改革的最终目标是:建立市场形成价格的机制,实现工程造价管理市场化,实现工程造价管理与国际惯例接轨,形成社会化的工程造价咨询服务业。

4. A

解析:在建设工程项目建设的各个阶段计算和确定的工程造价是相互衔接、由粗到细、由浅到深、由预期到实际的发展过程。前者是后者的依据,后者受前者的控制,是对前者的修正和补充。它们之间的制约关系,具体地说,就是用投资估算控制设计方案的选择和初步设计概算;用设计概算控制技术设计和修正概算;用概算或修正概算控制施工图设计和施工图预算。

5. D

解析:对以施工图预算为基础的招标投标工程,承包合同价是以经济合同形式确定的建筑安装工程造价。

6. B

解析:所谓工程造价的有效控制,就是在优化建设方案、设计方案的基础上,在建设程序的各个阶段,采用一定的方法和措施,将工程造价的发生控制在合理的范围和核定的造价限额之内。具体地说,就是用投资估算控制设计方案的选择和初步设计概算;用设计概算控制技术设计和修正概算;用概算或修正概算控制施工图设计和施工图预算,以求合理地使用人力、物力和财力,取得较好的投资效益。

7. D

解析:工程造价控制的关键在于前期投资决策和设计阶段,而在项目投资决策完成后,控制工程造价的关键就在于设计。

8. B

解析:通过技术比较、经济分析和效果评价,力求在技术先进条件下的经济合理,在经济合理基础上的技术先进,正确处理技术先进与经济合理两种之间的对立统一关系,只有这样才能实现工程造价控制目标。因此,控制工程造价最有效的手段就是技术与经济相结合。

9. B

解析:就建设工程的建设全过程而言,影响造价最重要的就是工程结构与造型,工程如何组织实施,实施的方案是什么,这些属于设计阶段需要解决的问题。因此,建设工程的全过程造价控制的重点阶段是设计阶段。

Ⅱ.多项选择题

1. BD

解析:建设工程造价管理有两种含义:①建设工程投资费用管理;②建设工程价格管理。

2. ABCD

解析:全面造价管理是指有效地利用专业知识与技术,对资源、成本、盈利和风险进行策划和控制。全面造价管理包括全寿命期造价管理、全过程造价管理、全要素造价管理和全方位造价管理。全面造价管理是要有效地利用专业知识与专业技术进行管理,对参与管理的人员有较高的要求,无法全员参与。

3. ABDE

解析:影响工程造价的因素有很多。为此,控制工程造价不仅仅是控制工程本身的建造成本,还应同时考虑工期成本、质量成本、安全与环境成本的控制,从而实现工程成本、工期、质量、安全、环境的集成管理,这就是全要素造价管理的思想。

4. BCE

解析:工程造价管理体制的核心是在有利于建设工程发展的前提下,如何处理中央与地方、国家与部门、参与建设的各方之间的管理权限、经济责任和经济利益。

5. ABCE

解析:我国工程造价管理体制改革主要体现在以下几个方面:①重视和加强项目决策阶段的投资估算工作;②进一步明确概预算工作的重要作用;③引入竞争机制,择优选择工程承包单位和材料设备供应单位;④用"动态"方法研究和管理工程造价;⑤对不同阶段工程造价的计价实行一体化管理;⑥进一步完善和加强对造价工程师执业资格制度的管理。

6. ABCE

解析:我国工程造价管理体制改革的最终目标是:建立市场形成价格的机制,实现工程造价管理市场化,实现工程造价管理与国际惯例接轨,形成社会化的工程造价咨询服务业。

7. AD

解析:工程造价管理的基本内容就是合理确定和有效控制工程造价。

8. BDE

解析:工程造价的有效控制应体现的原则有三项:①以设计阶段为重点的建设全过程造价控制。②加强主动控制,实施主动控制与被动控制相结合。③技术与经济相结合。

9. ABE

解析:有效控制工程造价的组织措施包括明确项目组织结构、明确造价控制者及其任务、明确管理职能分工等。

Ⅲ.判断题

1. √

解析:国家对所有投资项目都承担着宏观管理的职能。国家作为政府投资公共、公益性项目的投资方对这些项目也承担着微观主体的管理职能。

2. ×

解析:影响工程造价的因素较多,除了工程本身建造成本外,工期、质量、安全和环境等因素也都会对工程造价产生影响。因此，控制工程造价不仅仅是控制工程本身的建造成本，还应同时考虑工期成本、质量成本、安全与环境成本的控制，从而实现工程成本、工期、质量、安全、环境的集成管理。

3. ×

解析：建设工程造价管理的基本内容就是合理确定工程造价和有效地控制工程造价。

4. ×

解析：由于工程项目在建设的不同阶段影响造价的因素不同，造价计价的依据不同，计价的精度要求不同，造价的控制目标也就不同。因此，不同阶段的控制目标不同，不可能设置一个不变的造价控制目标。

5. ×

解析：工程建设在不同阶段都需要合理确定和控制工程造价。因此，工程造价的确定和控制就是在工程建设的各个阶段合理确定和控制投资估算、设计概算、施工图预算、承包合同价、结算价、竣工决算价。但就造价控制而言，控制的关键在于前期投资决策阶段和设计阶段。

6. ×

解析：技术与经济结合才是控制工程造价最有效的手段。

7. √

解析：工程造价控制的关键在于前期投资决策和设计阶段，而在项目投资决策完成后，控制工程造价的关键就在于设计。就工程建设全过程造价控制而言，应重点控制设计阶段。

8. ×

解析：编制概预算和竣工决算的目的既是合理确定工程造价，同时也是有效地控制工程造价，它们都是工程造价管理的基本内容和任务。

（三）公路工程建设管理体制、公路建设项目的划分

Ⅰ. 单项选择题

1. A

解析：按照有关规定，项目建议书被批准后，应由项目的投资方派代表组成项目法人筹备组，具体负责项目法人的筹备工作。在项目可行性研究报告被批准后，正式成立项目法人，并及时办理公司设立登记。

2. B

解析：项目法人是在可行性研究报告被批准后设立的，那么在可行性研究阶段以前的项目建议书申报这项工作肯定不属于项目法人的责任。一般而言，项目法人的职责包括：建设项目的策划、决策、资金筹措、建设实施、生产经营、债务偿还和资产的保值增值等。

3. A

解析：工程监理是根据监理单位和建设单位签订的监理合同开展的。在监理合同中对监理范围、监理内容、监理目标、现场监理机构的设置、监理人员与设备的配备等问题都有明确规定。因此，监理合同是监理单位实施监理的主要依据。

4. C

解析：我国工程建设领域深化改革工程建设管理体制的四项制度是：项目法人责任制、工

程招标投标制、工程监理制、合同管理制。

5. C

解析:根据我国项目法人责任制的相关规定,项目法人责任制的核心内容是明确由项目法人承担投资风险,也就是说谁投资、谁受益,谁就要承担投资风险。项目法人责任制规定由项目法定代表人对工程质量负总责。

6. A

解析:(1)项目建议书被批准后,应由项目的投资方派代表组成项目法人筹备组,具体负责项目法人的筹建工作。

(2)由原有企业负责建设的大中型基建项目,需设立子公司的,要重新设立项目法人;只设立分公司或分厂的,原企业法人即是项目法人。

(3)由项目投资方在项目法人成立后负责组建董事会。

7. C

解析:《公路工程技术标准》(JTG B01—2014)规定,公路隧道长度 $L>3\ 000$m 的为特长隧道;长度在 $3\ 000\text{m}\geqslant L>1\ 000$m 的为长隧道;长度在 $1\ 000\text{m}\geqslant L>500$m 的为中隧道;长度 $L\leqslant 500$m 以下的为短隧道。

8. D

解析:《公路工程技术标准》(JTG B01—2014)规定的公路桥梁的分类标准如下表所示。

桥梁分类	特大桥	大桥	中桥	小桥
多孔跨径总长 L(m)	$L>1\ 000$	$100\leqslant L\leqslant 1\ 000$	$30<L<100$	$8\leqslant L\leqslant 30$
单孔跨径 L_k(m)	$L_k>150$	$40\leqslant L_k\leqslant 150$	$20\leqslant L_k<40$	$5\leqslant L_k<20$

9. C

解析:在公路设计时,我国规定高速公路和具有干线功能的一级公路设计交通量按 20 年预测。具有集散功能的一级公路以及二、三级公路设计交通量按 15 年预测。

10. D

解析:公路建设项目按投资的再生产性质可划分为基本建设项目和更新改造项目。属于更新改造项目的有技术改造项目、技术引进项目和设备技术更新项目等。

11. C

解析:对于公路更新改造项目,总投资额大于 5 000 万元的,为限额以上项目;总投资额在 100 ~5 000 万元之间的,为限额以下项目;总投资额小于 100 万元的,为小型项目。

Ⅱ. 多项选择题

1. ABCE

解析:项目法人责任制就是由项目法人对建设项目的策划、决策、资金筹措、建设实施、生产经营、债务偿还和资产的保值增值等全过程负责的责任制度。项目法人对施工安全负有管理责任,但施工生产安全事故应根据发生的原因来明确责任主体。

2. ACD

解析:按照规定,国有控股或参股的有限责任公司、股份有限公司应设立股东会、董事会、监事会。

3. ABCE

解析:董事会具有的职权包括:负责筹措建设资金;审核、上报项目初步设计和概算文件;审核、上报年度投资计划,落实年度资金;提出项目开工报告;研究解决建设过程中出现的重大问题;负责提出项目竣工验收申请报告;审定偿还债务计划和生产经营方针,并负责按时偿还债务;聘任或解聘项目总经理,并根据总经理的提名聘任或解聘其他高级管理人员。

4. ABCD

解析:属于招标范围内的各类工程建设项目,包括项目的勘察设计、施工、监理以及与工程建设有关的重要设备、材料等的采购,达到下列规模标准之一的,必须进行招标:

(1)施工单项合同估算价在200万元人民币以上的;

(2)重要设备、材料的采购,单项合同估算价在100万元人民币以上的;

(3)勘察、设计、监理的采购,单项合同估算价在50万元人民币以上的;

(4)建设项目总投资额在3 000万元人民币以上的。

5. ABE

解析:公路项目分标段招标的,招标人应合理划分标段,合理确定工期。施工标段的确定应有利于施工单位的合理投入和机械化施工。高速公路标段路基工程一般应不少于10km,路面工程一般应不少于15km。其他等级公路标段工作量一般应不少于5 000万元。边远地区和特殊地段可根据实际情况调整。

6. ADE

解析:《公路工程标准施工招标文件》(2009年版)中的合同条款可分为通用合同条款、公路工程专用合同条款和项目专用合同条款三部分。

7. AB

解析:总监理工程师的任职条件包括:应具有相应专业的高级技术职称、取得交通运输部监理工程师资格证书、五年以上的现场工程监理经历、担任过两项以上同类工程的总监或驻地职务。

驻地监理工程师的任职条件包括:具有相应专业的中级或高级技术职称、取得交通运输部监理工程师资格证书、同类工程三年以上监理经历。

专业监理工程师的任职条件包括:应具有相应专业的中级或高级技术职称、取得交通运输部专业监理工程师资格证书,同类工程三年以上监理经历。

8. ABCD

解析:公路基本建设项目按其性质,可划分为五类:新建项目、扩建项目、改建项目、迁建项目、重建项目。

9. AB

解析:公路可按其经济性质可划分为经营性公路和非经营性公路。

Ⅲ. 判断题

1. ×

解析:交通运输部规定,凡列入国家和地方基本建设计划的公路建设项目必须实行项目法人责任制,由项目法人对建设项目负总责。

2. √

解析:按照项目法人责任制的规定,由项目法人对所上项目的策划、决策、资金筹措、建设实施、生产经营等全过程负责,当然是先确定项目法人,后上项目。项目的实施是按照决策的结果进行的,没有决策,项目实施就没有依据,当然是先决策,后项目实施。

3. ×

解析:国家有关主管部门对必须实行工程监理的项目是有明确规定的。按照交通运输部的有关规定,凡列入公路基本建设计划的大中型公路工程项目,必须实行工程监理制度。

4. √

解析:收费性的高等级公路并不是以盈利为目的,其收费的目的,国家有明文规定,就是为了偿还借贷款,一旦借贷款还清本息之后,要立即停止收费。

(四)公路基本建设的制度、法规

Ⅰ. 单项选择题

1. D

解析:《公路工程施工招标投标管理办法》第 2 条规定以下项目必须进行招标:①投资总额在 3 000 万元人民币以上的公路工程施工项目;②施工单项合同估算价在 200 万元人民币以上的公路工程施工项目;③法律、法规规定应当招标的其他公路工程施工项目。

2. D

解析:《经营性公路建设项目投资人招标投标管理规定》规定,经营性公路是指符合《收费公路管理条例》的规定,由国内外经济组织投资建设,经批准依法收取车辆通行费的公路(含桥梁和隧道)。

3. C

解析:《公路工程设计变更管理办法》第 5 条规定:公路工程设计变更分为重大设计变更、较大设计变更和一般设计变更。

4. B

解析:《公路工程竣(交)工验收办法》规定,交工验收由项目法人负责。竣工验收由交通主管部门按项目管理权限负责。

5. B

解析:《公路工程质量管理办法》附则第 2 条规定:一般质量事故,是指质量低劣或达不到合格标准,需加固补强,直接经济损失(包括修复费用)在 20 万元至 300 万元之间的事故。

6. B

解析:交通运输部规定:重大质量事故由交通运输部会同省级交通主管部门负责调查处理;一般质量事故由省级交通主管部门负责调查处理;质量问题由建设单位或企业负责调查处理。

7. A

解析:《公路建设项目后评价工作管理办法》第 4 条规定:后评价管理工作实行"统一领导,分级管理",进行后评价的项目分为地方、部、国家三个管理层次。

8. D

解析:《公路建设项目后评价工作管理办法》第 9 条规定:建设项目后评价报告的编制、审核、审查费用由项目法人或建设单位自行解决,可列入项目投资概算,在建设单位管理费中列支。

Ⅱ. 多项选择题

1. ACDE

解析:公路工程基本建设程序如下:①项目建议书;②项目可行性研究、项目环境影响报告书;③编制初步设计文件和概算;④编制施工图设计文件和施工图预算;⑤列入年度基本建设计划;⑥项目实施前的各项准备工作;⑦项目实施;⑧竣工验收;⑨项目后评价。

2. ABCD

解析:政府对公路建设资金监督管理的主要内容包括:①是否严格执行建设资金专款专用、专户存储、不准侵占、挪用等规定;②是否严格执行概预算管理规定,有无将建设资金用于计划外工程;③资金来源是否符合国家有关规定,配套资金是否落实、及时到位;④是否按合同规定拨付进度款,有无高估冒算、虚报冒领情况;⑤是否在控制额度内按规定使用建设管理费,按规定的比例预留工程质量保证金,有无非法扩大建设成本的问题;⑥是否按规定编制项目竣工财务决算,办理财产移交手续,形成的资产是否及时登记入账管理;⑦财会机构是否建立健全,并配备相应的财会人员。

3. ACE

解析:《公路工程施工招标投标管理办法》规定,公路工程施工招标的项目应当具备的条件:①初步设计文件已被批准;②建设资金已经落实;③项目法人已经确定,并符合项目法人资格标准要求。

4. ABDE

解析:投标人漏报了某个工程子目的单价属于细微偏差,不构成废标。其他情况均属于重大偏差,构成废标。

5. ABCD

解析:特许权协议应当包括以下内容:特许权的内容及期限;双方的权利及义务;项目建设要求;项目运营管理要求;有关担保要求;特许权益转让要求;违约责任;协议的终止;争议的解决;双方认为应规定的其他事项。

6. ABCE

解析:符合下列条件之一的项目,经有审批权的部门批准后,可以进行邀请招标:①技术复杂或者有特殊要求的;②符合条件的潜在投标人数量有限的;③受自然地域环境限制的;④公开招标的费用与工程监理费用相比,所占比例过大的;⑤法律、法规规定不宜公开招标的。

7. ACE

解析:交通主管部门及其委托的质监机构在履行工程质量监督检查职责时,有权采取下列措施:①要求被检查单位提供有关工程质量的文件和资料;②进入被检查单位的施工现场进行检查;③发现有影响工程质量的问题时,责令改正。

8. AE

解析:按照《公路工程竣(交)工验收办法》的规定,公路工程验收可分为交工验收和竣工验收两个阶段。

9. ABCD

解析:《交通基本建设项目竣工决算报告编制办法》的规定,竣工决算报告的内容由以下部分组成:①竣工决算报告的封面、目录;②竣工工程平面示意图;③竣工决算报告说明书;④竣工决算表格。

10. BCDE

解析:公路工程质量实行项目法人(或建设单位)全面负责,监理单位控制,设计、施工单位保证和政府监督相结合的质量管理体制。换句话说,公路工程实行"政府监督、法人管理、社会监理、企业自检"的质量保证体系。

11. BCD

解析:《公路工程质量管理办法》附则第2条规定,公路工程质量事故分质量问题、一般质量事故及重大质量事故三类。

12. ABCD

解析:《公路建设项目后评价工作管理办法》规定,后评价工作的重点是国家重点公路建设项目或符合下列条件之一的公路建设项目:①40km以上的国道主干线项目或100km以上的国道及省道高等级公路项目;②利用外资的公路项目;③特大型独立公路桥隧项目;④上级主管部门制定的项目。

Ⅲ. 判断题

1. ×

解析:国家规定了必须进行招标的工程范围及规模标准,只有在该范围内且符合规定的规模标准的工程才必须进行招标。

2. √

解析:《公路工程设计变更管理办法》第6条规定:工程变更应当按照规定的程序进行审批。未经审查批准的设计变更不得实施。经批准的设计变更一般不得再次变更。

3. √

解析:《公路工程竣(交)工验收办法》第8条规定的交工验收应具备的6个条件中就包含"竣工文件已按交通运输部规定的内容编制完成"这一条件。

4. ×

解析:《公路建设项目后评价工作管理办法》第2条规定:后评价工作的重点是国家重点公路建设项目或符合下列条件之一的公路建设项目:①40km以上的国道主干线项目或100km以上的国道及省道高等级公路项目;②利用外资的公路项目;③特大型独立公路桥隧项目;④上级主管部门制定的项目。

(五)造价人员资格管理制度及工程造价咨询管理制度

Ⅰ. 单项选择题

1. C

解析:从事工程造价业务的专业人员,在取得造价工程师执业资格证以后必须到所在地或者部门注册初审机关提出注册申请。只有在取得造价工程师注册证以后,才具有执业资格,才能以造价工程师名义从事工程造价业务,签署具有法律效力的工程造价文件。

2. B

解析:注册造价工程师业务范围如下:①建设项目建议书、可行性研究投资估算的编制和审核,项目经济评价,工程概算、预算、结算,竣工结(决)算的编制和审核;②工程量清单、标底(或者控制价)、投标报价的编制和审核,工程合同价款的签订及变更、调整,工程款支付与工程索赔费用的计算;③建设项目管理过程中对设计方案的优化、限额设计等工作进行工程造价分析与控制,工程保险理赔的核查;④工程造价经济纠纷的鉴定和仲裁的咨询。

3. D

解析:造价工程师所应具备的技术技能是指能使用由经验、教育及训练所得的知识、方法、技能及设备,来达到特定任务的能力。

4. C

解析:造价工程师应是复合型的专业管理人才,应具备相应的技术技能、人文技能和观念技能。所谓观念技能是指了解整个组织及自己在组织中的地位的能力,使自己不仅能按本身所属的群体目标行事,而且能按整个组织的目标行事。

5. B

解析:根据有关规定,甲级和乙级工程造价咨询企业的出资人中,注册造价工程师人数不低于出资人总人数的60%,且其出资额不低于企业注册资本总额的60%。

6. C

解析:乙级工程造价咨询企业资质标准主要包括:①企业出资人中,注册造价工程师人数不低于出资人总数的60%,且其出资额不低于注册资本总额的60%;②技术负责人已取得造价工程师注册证书,并具有工程或工程经济类高级技术职称,且从事工程造价专业工作10年以上;③专职专业人员不少于12人,其中,具有工程或者工程经济类中级以上技术职称的人员不少于8人,取得造价工程师注册证书的人员不少于6人,其他人员具有从事工程造价专业工作的经历;④企业注册资本不少于人民币50万元;⑤暂定期内工程造价咨询营业收入累计不低于人民币50万元;⑥具有固定的办公场所,人均办公建筑面积不少于$10m^2$;⑦企业与专职专业人员签订劳动合同,为专职专业人员办理的社会基本养老保险手续齐全等;⑧在申请核定资质等级之日前3年内无违规行为;⑨技术档案管理制度、质量控制制度、财务管理制度齐全。

7. D

解析:在甲级工程造价咨询企业资的质标准中,其中包括:①专职专业人员中取得甲级造价工程师注册证书的人员不少于10人;②企业注册资本不少于100万元;③企业近3年工程造价咨询营业收入累计不低于500万元;④人均办公建筑面积不少于$10m^2$;⑤在申请核定资质等级之日前3年内无违规行为;⑥技术档案管理制度、质量控制制度、财务管理制度齐全。

8. C

解析:按照有关规定,无论是甲级还是乙级工程造价咨询企业,企业出资人中,注册造价工程师人数不低于出资人总人数的60%,且其出资额不低于企业注册资本总额的60%。

9. D

解析:甲级工程造价咨询企业中,专职从事工程造价专业工作的专业人员不少于20人,其中,具有工程或者工程经济类中级以上技术职称的人员不少于16人,取得造价工程师注册证书的人员不少于10人。

乙级工程造价咨询企业中,专职专业人员不少于12人,其中,具有工程或者工程经济类中级以上技术职称的人员不少于8人,取得造价工程师注册证书的人员不少于6人。

10. A

解析:①甲级工程造价咨询企业的技术负责人已取得造价工程师注册证书,并具有工程或工程经济类高级技术职称,且从事工程造价专业工作15年以上。②乙级工程造价咨询企业的技术负责人已取得造价工程师注册证书,并具有工程或工程经济类高级技术职称,且从事工程造价专业工作10年以上。

11. A

解析:甲级工程造价咨询企业中专职从事工程造价专业工作的人员不少于20人,其中,具有工程或者工程经济类中级以上技术职称的人员不少于 16 人,取得甲级造价工程师注册证书的人员不少于 10 人。

乙级工程造价咨询企业中专职从事工程造价专业工作的人员不少于 12 人,其中,具有工程或者工程经济类中级以上技术职称的人员不少于 8 人,取得造价工程师注册证书的人员不少于 6 人。

12. C

解析:工程造价咨询企业的名称、住所、组织形式、法定代表人、技术负责人、注册资本等事项发生变更的,应当自变更确立之日起 30 日内,到资质许可机关办理资质证书变更手续。

Ⅱ. 多项选择题

1. ABCE

解析:①工程造价管理制度中的主要制度之一就是造价人员执业资格管理。②我国对工程造价专业人员实行准入制,造价工程师执业资格就作为其准入资格,造价人员要履行工程造价管理岗位职责与业务就必须取得造价工程师执业资格。③造价工程师执业资格实行注册登记制度,经全国造价工程师执业资格统一考试合格的人员,应当在取得造价工程师执业资格证后的 3 个月内到所在地区或部门注册初审机构申请注册,取得造价工程师注册证,这样才具有造价工程师执业资格,才能以造价工程师名义从事工程造价业务,签署具有法律效力的工程造价文件。④参加造价工程师执业资格考试的人员必须具有工程造价专业大专及以上学历,或工程及工程经济类专业大专及其以上学历。

2. BCDE

解析:注册造价工程师的业务范围如下:①建设项目建议书、可行性研究投资估算的编制和审核,项目经济评价,工程概算、预算、结算,竣工结(决)算的编制和审核;②工程量清单、标底(或者控制价)、投标报价的编制和审核,工程合同价款的签订及变更、调整,工程款支付与工程索赔费用的计算;③建设项目管理过程中对设计方案的优化、限额设计等工作进行工程造价分析与控制,工程保险理赔的核查;④工程造价经济纠纷的鉴定和仲裁的咨询。

3. ABCE

解析:根据造价工程师的专业特点和能力要求,其专业素质体现在:造价工程师应是复合型的专业管理人才,应具备相应的技术技能、人文技能、观念技能。

4. AE

解析:造价工程师的素质包括两个方面:①专业素质:造价工程师应是复合型的专业管理人才,应具备相应的技术技能、人文技能、观念技能。②身体素质:造价工程师要有健康的身体和宽广的胸怀,以适应紧张、繁忙和错综复杂的管理和技术工作。

5. ADE

解析:甲级工程造价咨询企业的资质标准主要包括:①已取得乙级工程造价咨询企业资质证书满 3 年;②企业出资人中,注册造价工程师人数不低于出资人总人数的 60%,且其出资额不低于注册资本总额的 60%;③技术负责人已取得造价工程师注册证书,并具有工程或工程经济类高级技术职称,且从事工程造价专业工作 15 年以上;④专职从事工程造价专业工作的人员不少于 20 人,其中,具有工程或者工程经济类中级以上技术职称的人员不少于 16 人,取得甲级造价工程师注册证书的人员不少于 10 人,其他人员具有从事工程造价专业工作的经历;⑤企业注册资本不少于人民币 100 万元;⑥企业近 3 年内工程造价咨询营业收入累计不低于人民币 500 万元;⑦具有固定的办公场所,人均办公建筑面积不少于 $10m^2$;⑧企业与专职专业人员签订劳动合同,为专职专业人员办理的社会基本养老保险手续齐全等。⑨在申请核定资质等级之日前 3 年内无违规行为;⑩技术档案管理制度、质量控制制度、财务管理制度齐全。

6. ABDE

解析:工程造价咨询企业从事工程造价咨询活动,应当遵循独立、客观、公正、诚实信用的原则,不得损害社会公共利益和他人的合法权益。

Ⅲ. 判断题

1. ×

解析:取得造价工程师执业资格证,只是注册条件之一,这并不意味着具备了注册所需要的所有条件。

2. ×

解析:工程概、预算的编制和审核是造价工程师的业务之一。工程概、预算的审批是政府有关主管部门的职权。

3. ×

解析:工程造价咨询企业资质有效期为 3 年。资质有效期届满,应当在资质有效期届满 30 日前向资质许可机关提出资质延续申请。准予延续的,资质有效期延续 3 年。

4. ×

解析:申请人隐瞒有关情况或者提供虚假材料申请工程造价咨询企业资质的,资质许可机关不予受理或者不予资质许可,并给予警告,申请人在 1 年内不得再次申请工程造价咨询企业资质。

二、工 程 经 济

(一)掌握资金的时间价值及其计算

Ⅰ.单项选择题

1. C

解析:现金流量的三要素是指现金流量的大小(资金数额)、方向(资金流入或流出)和作用点(资金发生的时间点)。

2. B

解析:由于单利法没有完全反映资金的时间价值,在工程经济分析中较少使用。复利法比较符合资金在社会生产过程中的实际状况。因此,在工程经济分析中一般采用复利法计算。复利计算有间断复利和连续复利之分。按期(年、半年、季、月、周、日)计算复利的方法称为间断复利;按瞬时计算复利的方法称为连续复利。在实际应用中,一般均采用间断复利。

3. D

解析:项目的现金流量是项目在计算期内各期现金流量按时间序列构成的动态序量,反映项目在计算期内的资金运动状况。

4. C

解析:利息是资金所产生的增值,是占用资金所付的代价,或放弃使用资金所得的收益,是占用资金者支付给放弃资金使用者的补偿。因此,利息是资金时间价值的一种重要表现,是衡量资金时间价值的绝对尺度。

5. D

解析:利率是单位资金在单位时间内获得的利息。利率反映了资金随时间变化而增值速度的快慢,因而是资金时间价值的一种重要表现,是衡量资金时间价值的相对尺度。

6. B

解析:时间本身不能创造价值,只有将资金投入到一定的经济活动中随着时间的推移而产生价值。资金本身也不能够产生增值,它必须通过经济活动过程产生增值。由于存在资金时间价值,使得不同时间点上的资金无法进行直接的比较。

7. C

解析:利率的高低由以下因素决定:①利率的高低首先取决于社会平均利润率的高低,并随之变动。在通常情况下,社会平均利润率是利率的最高界限。因为如果利率高于社会平均利润率,无利可图就不会有人去借贷。②在社会平均利润率一定的情况下,利率高低取决于金融市场上借贷资本的供求情况。借贷资本供过于求,利率便下降;供不应求,则利率上升。③借出资本要承担一定的风险,而风险的大小也影响利率的波动。风险越大,利率也就越大。④通货膨胀对利率的波动有直接影响,资金贬值往往使利息无形中成为负值。⑤借贷资本期限长,不可预见因素多,风险大,利率也就高;反之,利率就低。

8. C

解析:利息是资金时间价值的一种重要表现形式,是衡量资金时间价值的绝对尺度。在工程经济分析中，利息常常被看作是资金的一种机会成本。

9. A

解析：①利率的高低首先取决于社会平均利润率，它一般是利率的最高界限。②在社会平均利润率一定的情况下，借贷资本供过于求，则利率下降；反之，利率上升。③借贷资本风险越大，利率就越高。④通货膨胀对利率的波动有直接影响，通货膨胀时使实际利率下降。⑤借贷资本期限长，不可预见因素多，风险大，利率也就高；反之，利率就低。

10. B

解析：①利息作为衡量资金时间价值的绝对尺度。②社会平均利润率是利率的最高界限。③资金贬值往往会使利息无形中成为负值。

11. D

解析：时间价值是资金随着时间的推移而产生的增值，但时间本身不能使资金产生增值，只有将资金投入生产经营中，才能产生增值。

12. A

解析：正确判别现金流量的标准，是看系统（项目或方案）是否发生了实际的现金流入或现金流出活动。如果仅仅是系统内部的资金转移，如提取折旧、摊销已发生的费用等，只是在会计账面上有所反映，而并未发生实际的现金流入或流出，则折旧费和摊销费就不属于现金流量。此外，现金流量中的现金不仅包括各种货币资金，而且还包括项目所需要投入的非货币资源的变现价值。

13. C

解析：按复利计算利息，企业第 5 年年末应付银行的利息为：

$$I = P(1+i)^{n-1} \cdot i = 500 \times (1+10\%)^4 \times 10\% = 73.205(\text{万元})$$

14. C

解析：按复利计算：

第 5 年年末应付银行的利息为：

$$I = P(1+i)^4 \cdot i = 500 \times (1+10\%)^4 \times 10\% = 73.205(\text{万元})$$

则，第 5 年年末应付银行的本利和为：

$$F = P(1+i)^4 \cdot i + P(1+i)^4 = 73.205 + 500 \times (1+10\%)^4 = 805.25(\text{万元})$$

或，第 5 年年末应付银行的本利和为：

$$F = P(1+i)^n = 500 \times (1+10\%)^5 = 805.25(\text{万元})$$

15. A

解析：由于是单利计息，单利的年利息仅由本金所产生，其新生利息不再加入本金产生利息，每年产生的利息金额是相同的。因此，借款期内计息两次和计息一次的利息差额为 0。

16. B

解析：正确判别现金流量的标准，是看系统（项目或方案）是否发生了实际的现金流入或现金流出活动。如果仅仅是系统内部的资金转移，如提取折旧、摊销已发生的费用等，只是在会计账面上有所反映，而并未发生实际的现金流入或流出，则折旧费和摊销费就不属于现金流量。

17. A

解析：如果一个利率周期内多次计息，根据计息期有效利率，并考虑利息部分的时间价值，此时计算出的年利率称为实际利率(年有效利率)。

18. B

解析:名义利率(r)和年实际利率(i)的关系为:

$$i = (1 + r/m)^m - 1$$

式中,m 为一年内计息次数,当 $m=1$ 时,$i=r$。

19. A

解析:名义利率 r 是指计息周期利率 i 乘以一个利率周期内的计息周期数 m 所得的利率周期利率,即 $r=i \cdot m$。

有效利率是指资金在计息中发生的实际利率,包括计息周期有效利率和利率周期有效利率(或年有效利率)两种情况。

①计息周期有效利率:计息周期利率:$i=r/m$。

②年有效利率:$i_{eff}=I/P=(1+r/m)^m-1$。

在名义利率 r 一定时,每年计息期数 m 越大,年有效利率 i_{eff} 与名义利率 r 相差越大。

20. B

解析:复利终值 $F=P(1+i)^n$;单利终值 $F'=P(1+i \cdot n)$。当利率 i 和计息周期 n 均相同时,$F>F'$。

21. C

解析:名义利率为 r,一年内的计息次数为 m,计息周期的有效利率为 r/m,则,年实际利率 $i_{eff}=(1+r/m)^m-1=(1+10\%/2)^2-1=0.1025=10.25\%$。

22. C

解析:在同一个现金流量表中,如果两个资金是等值的,那么在这个现金流量表的任意时间点它们都是等值的。

23. B

解析:这是一个已知现值求终值的问题,利用计算公式可求得:

$$F = P(1+i)^n = 10 \times (1+8\%)^5 = 14.693(\text{万元})$$

或 $$F=P(F/P,i,n)=P(F/P,8\%,5)=10 \times 1.4693=14.693(\text{万元})$$

24. C

解析:这是一个已知终值求现值的问题,利用计算公式可求得:

$$P = F(1+i)^{-n} = 1000 \times (1+8\%)^{-5} = 680.60(\text{万元})$$

或 $$P=F(P/F,i,n)=1000(P/F,8\%,5)=1000 \times 0.6806=680.60(\text{万元})$$

25. A

解析:这是一个已知年金求终值的问题,利用年金终值公式计算即可。

$$\begin{aligned} F &= A\{[(1+i)^n-1]/i\} = A(F/A,i,n) \\ &= 1000(F/A,10\%,3) = 500 \times 3.3100 = 1655(\text{万元}) \end{aligned}$$

26. C

解析:(1)投资者每年可用于偿还银行贷款本息的最大数额为:

$$20 \times 30\% = 6(\text{万元})$$

(2)投资者可能申请到的最大贷款额为:

$$P = A(P/A,i,n) = 6(P/A,10\%,10) = 6 \times 6.1446 = 36.87(\text{万元})$$

27. C

解析:这是一个已知年金求现值的问题,分两步计算。

2013 年至 2022 年这 10 年,每年收益 800 万元,形成一个等额年金 A。

(1)先根据年金 A 求出 2012 年年末的现值 P'。

$$P' = A(P/A,i,n) = 800(P/A,5\%,10) = 800 \times 7.7217 = 6177.36(\text{万元})$$

(2)将 2012 年年末的现值看成是 2010 年年末的终值,再用一次性支付现值公式计算即可。

$$P = P'(1+i)^{-n} = P'(P/F,i,n) = 6177.36(P/F,5\%,2)$$
$$= 6177.6 \times 0.9070 = 5602.87(\text{万元})$$

28. B

解析:分两步计算:

(1)先根据期初现值 P,求出第 2 年年末的终值 F。

$$F = P(F/P,i,n) = 20(F/P,10\%,2) = 20 \times 1.2100 = 24.20(\text{万元})$$

(2)将第 2 年年末终值看成所求年金 A 的现值,根据资金回收公式计算:

$$A = P(A/P,i,n) = 24.20(A/P,10\%,13) = 24.20 \times 0.1408 = 3.41(\text{万元})$$

29. B

解析:这是一个已知年金求终值的问题。连续 3 年每年年初从银行借入资金 500 万元,换句话说就是,从期初、第 1 年年末、第 2 年年末连续三次从银行借入资金 500 万元,这形成一个等额年金 $A=500$ 万元。分两步计算:先根据年金终值公式计算出第 2 年年末的终值 F';再将第 2 年年末的终值 F'看成是第 3 年年末的现值,根据一次支付终值公式计算即可。可将上述两步合起来计算,即第 3 年年末的本利和为:

$$F = A(F/A,8\%,3)(F/P,8\%,1) = 500 \times 3.2464 \times 1.0800 = 1753.06(\text{万元})$$

30. A

解析:每季度有效利率 $=12\%/4=3\%$,则每季度应付利息 $=500 \times 3\% =15$(万元)。

31. B

解析:分两步计算:

(1)将第 1 年年初和第 2 年年初贷款分别看成现值,求出第 2 年年末的终值 F。

$$F = 600(F/P,8\%,2) + 400(P/F,8\%,1)$$

(2)将 F 看成所求年金的现值 P,用资金回收公式计算出年金 A。

$$A = P(A/P,8\%,3)$$
$$= [600(F/P,8\%,2) + 400(P/F,8\%,1)](A/P,8\%,3)$$
$$= (600 \times 1.1664 + 400 \times 1.0800) \times 0.3880 = 439.15(\text{万元})$$

32. D

解析:本题考核等值基本公式之间的相互关系:

$$(F/P,i,n) = (F/A,i,n) \times (A/P,i,n) = 1/(P/F,i,n)$$
$$(F/P,i,5) = 1/(P/F,i,5) = 1/0.6806 = 1.4693$$
$$F = P(F/P,i,5) = 200 \times 1.4693 = 293.86(\text{万元})$$

33. C

解析:每年应得到的本金偿还 $=1000/5=200$(万元)。

第 3 年年末未收回本金 = 1 000 − 200 × 2 = 600(万元)。

第 3 年应得到的利息 = 600 × 10% = 60(万元)。

所以该企业第 3 年应得到本息合计 = 200 + 60 = 260(万元)。

34. C

解析:每季有效利率 = r/m = 4%/4 = 1%;每半年实际利率 = $(1+1\%)^2-1$ = 2.01%。第 2 年年末存款本息和:

$$F = P(F/P,i,n) = 2000 \times (F/P,2.01\%,4) = 8244.45(元)$$

35. B

解析:按季计息,所以一年内计息 4 次,则计息期有效利率 = r/m = 8%/4 = 2%;再利用名义利率与有效利率关系式,年有效利率为 $(1+8\%/4)^4-1$ = 8.24%;实际上,只要知道在计息周期小于利率周期的情况下,有效利率大于名义利率,那么年有效利率则直接可在备选项中找到。

36. C

解析:名义利率 r = 10%,按月计息,一年计息次数 m = 12 次,则月有效利率 $i = r/m$ = 10%/12 = 0.833%,该年第 3 季度末借款本利和为 = 1 500 × $(1+0.833\%)^9$ = 1 616.27(万元)。

37. C

解析:按月计息,一年计息次数 m = 12,月利率 i = 1.2%,年名义利率 $r = i \cdot m$ = 1.2% × 12 = 14.4%,年实际利率 $i_{eff} = (1+r/m)^m - 1 = (1+1.2)^{12} - 1$ = 15.39%。

38. C

解析:有关名义利率与(年)有效利率的关系,应注意以下几点:①当计息周期小于利率周期时,计息周期利率小于有效利率,名义利率大于计息周期利率,名义利率小于有效利率。②当计息周期等于利率周期时,计息周期利率与有效利率、名义利率均相等。③当名义利率一定时,有效利率随计息周期变化而变化,每年计息次数越多,有效利率与名义利率的差值越大;有效利率随计息周期增长而减小,随计息周期减短而增大。

39. C

解析:先根据建设期内每年年初贷款 1 000 万元,求出在运营期末的终值 F。

$$F = P_1(F/P,8\%,12) + P_2(F/P,8\%,11) = 1000(2.5182 + 2.3316) = 4849.8(万元)$$

再用终值 F 求年金 A 即可。

$$A = F(A/F,8\%,5) = 4\,849.8 \times 0.170\,5 = 826.89(万元)$$

40. A

解析:每季计息一次,每年计息次数 m = 4 次,则计息周期利率 $i = r/m$ = 8%/4 = 2%。

半年其实际利率为:$i_{eff} = (1+r/m)^m - 1 = (1+i)^m - 1 = (1+2\%)^2 - 1$ = 4.04%。

第 5 年年末该企业存款本息和为:

$$100 \times [(1+4.04\%)^{10} - 1]/4.04\% = 1\,202.84(万元)$$

41. C

解析:(1)甲方案年有效利率为 6.11%。

(2)乙方案名义利率 r = 6%,每季度计息一次,一年计息 4 次,即 m = 4。

季度有效利率 $i = r/m$ = 6%/4 = 1.5%。

乙方案的年有效利率 = $(1+i)^m - 1 = (1+1.5\%)^4 - 1$ = 6.14%。

(3)丙方案名义利率 $r=6\%$,每月计息一次,一年计息 12 次,即 $m=12$。

月有效利率 $i=r/m=6\%/12=0.5\%$。

丙方案年有效利率 $=(1+i)^m-1=(1+0.5\%)^{12}-1=6.17\%$。

(4)丁方案年名义利率 $r=6\%$,每半年计息一次,一年计息 2 次,即 $m=2$。

半年有效利率 $i=r/m=6\%/2=3\%$。

丁方案年有效利率 $=(1+i)^m-1=(1+3\%)^2-1=6.09\%$。

比较四个方案的年有效利率,丁方案的年有效利率最低。

42. C

解析:第 1 种计息方式:名义利率 $r=10\%$,按季计息,一年计息次数 $m=4$。

则实际利率 $=(1+r/m)^m-1=(1+10\%/4)^4-1=0.103\ 812=10.38\%$。

第 2 种计息方式:名义利率 $r=10.5\%$,一年计息次数 $m=2$。

实际利率 $=(1+r/m)^m-1=(1+10.5\%/2)^2-1=0.107\ 756=10.78\%$。

Ⅱ.多项选择题

1. ABCD

解析:衡量资金时间价值的绝对尺度是利息和纯收益。衡量资金时间价值的相对尺度是利率和收益率。因此,利息和纯收益、利率和收益率都是资金时间价值的尺度。

2. ACD

解析:现金流量的三要素是指现金流量的大小(资金数额)、方向(资金流入或流出)和作用点(资金发生的时间点)。因此,在绘制现金流量图时,应把握现金流量的三要素,即数额、流向(方向)、发生时间(作用点)。

3. ABCE

解析:影响资金时间价值的因素主要包括:①资金的使用时间:一定数额的资金投入经济活动的时间越长,其增值量越大;反之,就越小。②资金数量的大小:在其他条件不变的情况下,资金数量越大,资金的时间价值越大;反之,越小。③资金投入和回收的特点:前期投入的资金越多,资金的负效益越大;反之,越小。离现在越近,回收的资金越多,资金的时间价值越大;反之,越小。④资金周转的速度:资金周转速度越快,在一定的时间内等量资金的时间价值越大;反之,越小。

4. ACDE

解析:在工程经济分析中,利息常常被看作是资金的一种机会成本。这是因为,如果资金所有人放弃资金的使用权,也就放弃了现期收益或消费的权利。而牺牲现期收益或消费又是为了能在将来得到更多的收益或消费。因此,从投资者的角度来看,利息体现为对放弃现期收益或消费的损失所做的必要补偿。为此,资金借贷者要为占用的资金付出一定的代价。在工程经济分析中,利息是指占用资金所付的代价或者放弃使用资金所得的补偿。通货膨胀会导致资金贬值,但利息并不是对通货膨胀的补偿。

5. ACDE

解析:利率的高低主要由以下因素决定:①社会平均利润率:利率的高低首先取决于社会平均利润率,它一般是利率的上限。因为如果利率高于社会平均利润率,借款者就会由于无利可图而不去借贷。②借贷资本的供求情况:在社会平均利润率一定的情况下,利率高低取决于金融市场借贷资本的供求状况。若供大于求,则利率下降;反之,利率上升。③借贷风险:利率与风险大小成正比。④通货膨胀:通货膨胀对利率的波动有直接影响,通货膨胀时使实际利率下降,通货紧缩时会使实际利率上升。⑤借出资本期限长短:利率与借贷期限长短成正比。借贷资本期限长,不可预见因素多,风险大,利率也就高;反之,利率就低。

6. ADE

解析:影响利率高低的因素主要包括:①社会平均利润率;②借贷资本的供求情况;③借贷风险;④通货膨胀;⑤借贷资本期限的长短。

7. ABDE

解析:利息是占用资金所付出的代价或者放弃使用资金所得到的补偿,是衡量资金时间价值的绝对尺度,也是企业盈利的最低限度。利率的高低首先取决于社会平均利润率。在特定利息或利率的条件下,投资者有利可图,才会借贷款进行投资。

8. ACE

解析:由资金的时间价值性可知,在一定利率条件下,即是资金金额相等,但发生的时间不同,其价值并不一定相等;反之,不同时间上发生的资金即便是金额不等,其资金价值却可能相等。因此,影响金等值的因素主要有三个:①资金数额的多少;②资金发生的时间;③利率的高低。其中利率是一个关键因素,一般等值计算中是以同一利率为依据的。

资金时间价值的主要影响因素有四个:①资金使用的时间;②资金数量的大小;③资金投入和收回的特点;④资金周转的速度。

决定利率高低的因素主要有五个:①社会平均利润率;②借贷资本的供求情况;③借出资本的风险;④通货膨胀;⑤借出资本的期限长短。

9. CDE

解析:①复利计算有间断复利和连续复利之分。按期(年、半年、季、月、周、日)计算复利的方法为间断复利;按瞬时计算复利的方法称为连续复利。在实际应用中一般采用间断复利计算的方法。②年有效利率(年实际利率)$=(1+r/m)^m-1=(1+12\%/12)^{12}-1=12.68\%$;③月有效利率$=r/m=12\%/12=1\%$;④季有效利率$=(1+12\%/12)^3-1=3.03\%$。

10. ABCE

解析:名义利率$r=i\cdot m$,有效利率$i_{\text{eff}}=(1+r/m)^m-1$。

名义利率r是计息周期利率i与一个利率周期内计息周期数m的乘积;当计息周期与利率周期相同时,即$m=1$时,名义利率等于有效利率;当计息周期小于利率周期时,即$m>1$时,有效利率大于名义利率;当名义利率r一定时,有效利率随计息周期m变化而变化。有效利率包括计息周期利率和利率周期有效利率两种情况,其中计息周期有效利率就是计息周期利率。

11. AD

解析:(1)用现在存入银行10 000元作为现值,求第3年年末的终值F:

$$F=P(F/P,i,n)=10\,000(F/P,10\%,3)$$

(2)将第7年年末总共获得19187元作为终值,求第3年年末的现值P:

$$P=F(P/F,i,n)=19\,187(P/F,10\%,4)$$

12. DE

解析:名义利率$r=8\%$,一年计息2次,即$m=2$,半年有效利率$i=8\%/2=4\%$。

年实际利率$i_{\text{eff}}=(1+i)^m-1=(1+8\%/2)^2-1=8.16\%$。

第6年年末存款本利和为:

(1)按半年计息计算:$F=P(F/P,i,n)=5\ 000(F/P,8\%/2,2\times6)$。

(2)按年计息计算:$F=(F/P,i_{\text{eff}},n)=5\ 000(F/P,8.16\%,6)$。

13. AC

解析:由实际利率与名义利率的关系式 $i=(1+r/m)^m-1$ 可知:当计息期数 $m=1$ 时,实际利率 i 与名义利率 r 相等;m 越大,实际利率 i 越大。

Ⅲ. 判断题

1. √

解析:资金通过一系列的经济活动,其价值会随时间推移而变化,变化的这部分资金就是原有资金的时间价值。在资本市场利率大于零的情况下,资金会随时间的推移而增值,其增值的这部分资金就是原有资金的时间价值。

2. √

解析:从资金时间价值的概念中可知,等额的资金在不同时间点上产生的增值是不同的,因此它们在不同时间点上的价值也不同。在某种利率的条件下,等额的资金当然可能与未来的某个不等额的资金具有相同的价值,这就是资金等值的概念。

3. ×

解析:资金具有时间价值,这里所指的资金是指包括现金在内的投入经济活动的物质资源的货币表现,不仅包括各种货币资金,而且还包括各种非货币资源的变现价值。

4. √

解析:资金的流入或流出应从某个特定的角度考虑。通常,现金流量的流向是以资金使用者的角度来确定的。从资金使用者而言,收入、收益、借入的资金为现金流入,而支出、损失、贷出的资金为现金流出。

5. √

解析:由于单利是“利不生利”,因此,在每一个计息期的利息都是用本金来计算的,当然每一个计息期所产生的利息额都相同。如果用公式来说明则更清楚:单利计算利息的公式为:$I=P\cdot i\cdot n$,如果计息期 n 相同,则利息额 I 就相同。

6. ×

解析:由于资金存在时间价值,不同时点上的资金的价值是不同的。因此在不同时点上发生的现金流量不能直接相加或相减。

7. ×

解析:在具体运用复利计算公式进行计算时,利率周期应与计息周期一致。即如果公式中应使用的是年利率,则计息周期应为年,计息期数应为年数;如果公式中应使用的是月利率,则计息周期应为月,计息期数应为月数。

8. ×

解析:名义利率忽略了前面各期利息再生利息的因素,它并名义真实地反映资金的时间价值。而有效利率考虑了利息再生利息的因素,它才真实地反映了资金时间价值。所以说,计算有效利率采用复利法,计算名义利率采用单利法。因此,有效利率和名义利率的关系实质上与复利和单利的关系一样。

9. ×

解析:名义利率一般是年利率。有效利率可以分为计息周期有效利率和利率周期有效利率。利率周期有效利率通常是年利率。

10. √

解析:计算名义利率时忽略了前面各期利息再生利息的因素,这与单利的计算相同。计算年实际利率(或年有效利率)已将利率周期内的利息再生利息因素考虑进去了,这与复利的计算相同。因此,年实际利率与名义利率的关系实质上与复利和单利的关系相同。

(二)投资方案经济效果的评价指标和方法

Ⅰ.单项选择题

1. C

解析:经济效果评价是工程经济分析的核心内容,其目的在于确保决策的正确性和科学性,避免或最大限度地减小投资方案的风险,最大限度地提高项目投资的综合效益。

2. B

解析:经济指标是投资方案经济效益的定量化及其直观的表现形式,它通常是通过对投资方案所涉及的费用和效益的量化和比较来确定的。

3. C

解析:动态评价指标包括:净现值、净现值率、净年值、内部收益率、动态投资回收期、效益费用比等。

4. C

解析:静态评价指标包括投资收益率、静态投资回收期、利息备付率、偿债备付率、资产负债率、借款偿还期等。

5. C

解析:用于分析评价项目盈利能力的指标有投资收益率(包括投资利润率、投资利税率、资本金利润率等)、净现值、内部收益率、净现值率、净年值等。

6. B

解析:投资利润率是反映项目盈利能力的静态评价指标。借款偿还期和利息备付率是反映项目偿债能力的评价指标。

7. A

解析:利息备付率和偿债备付率是静态评价指标。投资回收期有静态投资回收期和动态投资回收期两种。投资回收期是考察项目财务上投资回收能力的重要指标。净现值是评价项目盈利能力的主要动态指标。

8. A

解析:投资收益率指标没有考虑投资收益的时间因素,忽视了资金具有时间价值的重要性;指标的计算主观随意性太强,换句话说,就是正常生产年份的选择比较困难,在指标的计算中,对于应该如何计算投资资金占用,如何确定利润,都带有一定的不确定性和人为因素。因此,以投资收益率指标作为主要的决策依据不太可靠。

9. A

解析:基准收益率也称基准折现率,是企业或行业或投资者以动态的观点所确定的、可接受的投资项目最低标准的收益水平。它表明投资决策者对项目资金时间价值的估价,是投资资金应当获得的最低盈利率水平,是评价和判断投资方案在经济上是否可行的依据。

10. E

解析:投资回收期的优点:经济意义明确、直观,计算也比较简便;在一定程度上反映了资本的周转速度及投资效果的优劣;可适用于各种投资规模。投资回收期的缺点:只考虑投资回收之前的效果,不能反映投资回收之后的情况,故无法准确衡量项目在整个计算期内的经济效果或投资效益的大小。所以,投资回收期作为方案选择和项目排队的评价准则是不可靠的,它只能作为辅助评价指标或与其他评价指标结合应用。

11. A

解析:利息备付率,也称已获利息倍数,是指投资方案在借款偿还期内各年可用于支付利息的息税前利润与当期应付利息的比值。利息备付率是从付息资金来源的充裕性角度反映投资方案偿付债务利息的保障程度。利息备付率应分年计算,利息备付率高,表明利息偿付的保障程度高。利息备付率应大于1,并结合债权人的要求确定。

12. A

解析:对于单一投资方案而言:①当 NPV >0 时,表明投资方案实施后的投资收益水平不仅能达到基准收益率的水平,而且还会有盈余,即投资方案的盈利能力超过其投资收益期望水平。②当 NPV =0 时,表明投资方案实施后的投资收益水平恰好等于基准收益率,即其盈利能力能达到所期望的最低盈利水平。③当 NPV =0 时,表明方案不可行,说明方案不能满足基准收益率要求的水平。综上所述,当 NPV⩾0 时,说明方案能满足基准收益率要求的盈利水平,故该方案在经济上是可行的。当 NPV <0 时,说明方案不能满足基准收益率要求的盈利水平,故该方案在经济上是不可行的。

13. A

解析:计算该技术方案的净现值 NPV:$NPV = -3\,200 + 600(P/A,15\%,10) = -188.72$(万元)<0,故方案不可行。

14. B

解析:分别计算甲、乙方案的净现值:

$$NPV_1 = -1\,000(P/A,10\%,2) + 900(P/A,10\%,7)(P/F,10\%,2)$$
$$= -1\,000 \times 1.735\,5 + 900 \times 4.868\,4 \times 0.826\,4 = 1\,885.4\text{(万元)}$$
$$NPV_2 = -2\,000(P/A,10\%,2) + 1\,400(P/A,10\%,7)(P/F,10\%,2)$$
$$= -2\,000 \times 1.735\,5 + 1\,400 \times 4.868\,4 \times 0.826\,4 = 2\,161.5\text{(万元)}$$

由于 $NPV_2 > NPV_1 > 0$,故方案乙优于方案甲。

15. A

解析:基准收益率也称基准折现率,是企业或行业或投资者以动态的观点确定的、可接受的投资方案最低标准的收益水平。它表明投资决策者对方案资金时间价值的估价,是投资资金应当获得的最低盈利率水平,是评价和判断投资方案在经济上是否可行的依据。

16. A

解析:当 $P_t < P_c$时,方案可行;当 NPV >0 时,方案可行;当 IRR > i_0时,方案可行。反之,若方案可行,必定有 $P_t < P_c$,NPV >0,IRR > i_0。

17. C

解析:利用线性内插法计算式求解即可。计算过程如下:

$$IRR = 14\% + 160/(160 + 90) \times (16\% - 14\%) = 15.28\%$$

18. A

解析:净现值指标的优点与缺点:

(1)优点:考虑了资金的时间价值,并全面考虑了项目在整个计算期内(或寿命期内)的经济状况;经济意义明确直观,能够直接以货币额表示项目的盈利水平(或净收益);能直接说明项目投资额与资金成本之间的关系。

(2)缺点:必须首先确定一个符合经济现实的基准收益率,而基准收益率的确定往往是比较困难的;不能真正反映项目投资中单位投资的使用效率,不能直接说明项目在整个运营期内各年的经营成果;在互斥方案评价时,必须慎重考虑互斥方案的寿命,如果互斥方案寿命不等,必须构造一个相同的分析期限,才能进行比选。

19. A

解析:基准收益率也称基准折现率,是投资资金应当获得的最低盈利率水平,是评价和判断项目在经济上是否可行的依据,是一个重要的经济参数。确定基准收益率时应考虑以下因素:资金成本和机会成本、投资风险、通货膨胀。对风险大、盈利低的项目进行投资,在确定基准收益率时,仅考虑资金成本、机会成本因素是不够的,还应考虑风险因素。通常,以一个适当的风险补贴率来提高基准收益率。就是说,以一个较高的收益率水平补偿投资者所承担的风险,风险越大,补贴率越高。为此,投资者自然就要求获得较高的利润,否则投资者是不愿去冒风险的。为了限制对风险大、盈利低的项目进行投资,可以采取提高基准收益率的方法来进行项目经济评价。

20. D

解析:企业投资项目,确定基准收益率应考虑的因素主要是资金成本和机会成本,其他因素是投资风险和通货膨胀。在不考虑其他影响因素的条件下,项目基准收益率 i_0 为:

$$i_0 \geqslant \max\{\text{资金成本,投资机会成本}\} = \max\{12\%,15\%\} = 15\%$$

21. C

解析:净现值指标考虑了资金的时间价值,并全面考虑了项目在整个计算期内的经济状况;经济意义明确直观,能够直接以货币额表示项目的盈利水平;判断直观。但不足的是,必须首先确定一个符合经济现实的基准收益率,而基准收益率的确定是比较困难的;另外,净现值不能反映项目投资中单位投资的使用效率,不能反映项目投资过程的收益程度,不能直接说明在项目运营期间各年的经营成果。而且在互斥方案评价时,净现值必须考虑方案的寿命,如果寿命不等,必须构造一个相同的分析期限,才能进行方案比选。

22. A

解析:内部收益率(IRR)反映的是项目全部投资所能获得的实际最大收益率,是项目贷款利率的临界值。假设贷款利率为 i,若 $i<\mathrm{IRR}$,则项目会有盈利;若 $i>\mathrm{IRR}$,则项目就会亏损;若 $i=\mathrm{IRR}$,则由项目全部投资所获得的净收益正好用于偿还贷款资金的本金和利息。

23. B

解析:内部收益率的经济含义是,在项目的整个寿命期内,如果按利率 $i=\mathrm{IRR}$ 计算各年的净现金流量时,会始终存在着未能收回的投资,只有到了寿命期末时投资才能被全部收回,此时的净现金流量刚好等于零。换句话说,在寿命期内各个时点,项目始终处于偿还未被收回的投资的状态,只有到了寿命期结束的时点,才偿还完全部投资。因此,内部收益率是项目为其所占用资金提供的盈利率。

24. A

解析:投资回收期没有全面考虑投资方案整个计算期内的现金流量,即只考虑投资回收之前的效果,不能反映投资回收之后的情况,即无法准确衡量方案在整个计算期内的经济效果。所以,投资回收期作为方案选择和项目排队的评价准则是不可靠的,它只能作为辅助评价指标,或与其他评价方法结合应用。

25. C

解析:净现值是评价项目盈利能力的绝对指标。当项目的净现值大于等于零时,说明项目能满足基准收益率要求的盈利水平,故在经济上是可行的;当项目的净现值小于零时,说明项目不能满足基准收益率要求的盈利水平,故在经济上是不可行的。

26. C

解析:前6年的净现值为前6年各年净现值之和,即 210 + 30 = 240(万元)。

27. B

解析:内部收益率的经济含义是,在项目的整个寿命期内,如果按折现率 i = IRR 计算各年的净现金流量时,会始终存在着未能收回的投资,只有到了寿命期末时投资才能被全部收回,此时的净现金流量刚好等于零。换句话说,按折现率 $i = 10\%$ 计算该项目收回投资的过程,只有到第5年年末即寿命期结束时,才全部收回投资。可见用折现率 $i = 10\%$ 收回全部投资,符合内部收益率的经济含义,所以10%是该项目的内部收益率。

28. A

解析:利息备付率和偿债备付率是评价投资项目偿债能力的重要指标,对于正常经营的项目,利息备付率和偿债备付率均应大于1。

29. C

解析:净现值与基准收益率的大小有关,随着基准收益率的不断增大,净现值不断减小。按此推断,当基准收益率为8%时,净现值为400万元,那么当基准收益率增大到10%时,净现值肯定比400万元小。

30. C

解析:项目净现值为零时的折现率就是内部收益率。本题实际时就是计算内部收益率IRR。用内插法来计算IRR:

$$\begin{aligned}\mathrm{IRR} &= i_1 + \mathrm{NPV}_1/(\mathrm{NPV}_1 + |\mathrm{NPV}_2|) \times (i_2 - i_1)\\ &= 8\% + 33.82/(33.82 + 16.64) \times (10\% - 8\%) = 9.34\%\end{aligned}$$

31. B

解析:一般而言,若动态投资回收期小于等于项目计算期(寿命期)时,说明项目是可行的;若动态投资回收期大于项目计算期时,则项目不可行,应予以拒绝。若项目不可行,则有 IRR < 10% 。

32. D

解析:①内部收益率不是项目初期投资在整个计算期内的盈利率。②内部收益率完全取决于投资过程的现金流量,并能反映投资过程的收益程度。③内部收益率是使投资方案在计算期内各年净现金流量的现值累计为零时的折现率。也就是说,在这个折现率时,项目的现金流入的现值和等于其现金流出的现值和。④内部收益率是项目到计算期末正好将未回收的资金全部收回来的折现率,是项目对贷款利率的最大承担能力。

33. D

解析:考虑资金时间价值的评价指标就是动态评价指标。应能正确区分静态评价指标和动态评价指标。常见的静态评价指标包括投资收益率(投资利润率、资本金利润率)、静态投资回收期、借款偿还期、利息备付率、偿债备付率、资产负债率、增量投资收益率、增量投资收益率等;动态评价指标包括净现值、净年值、动态投资回收期、内部收益率、净现值率、效益费用比、增量净现值、增量内部收益率等。

34. A

解析:经济效果评价指标除了分为静态指标和动态指标外,还可分为时间性指标(如静态投资回收期、动态投资回收期、借款偿还期)、价值性指标(如净现值、净年值)、比率性指标(如投资收益率、利息备付率、偿债备付率、净现值率、净年值率)等。

35. D

解析:净现值指标的特点包括:①全面考虑了项目在整个计算期内的经济状况;②不能够直接说明在项目运营期各年的经营成果,也不能反映投资过程的收益程度。

36. C

解析:需要先确定基准收益率才能计算的经济效果评价指标有:净现值、净年值、净现值率、动态投资回收期。

37. C

解析:一般情况下,当动态投资回收期小于投资项目的计算期时,项目的内部收益率(IRR)、净现值(NPV)和基准收益率(i_0)之间有:$IRR > i_0$;$NPV > 0$。

38. B

解析:适用于单方案经济效果评价的方法主要有:净现值法、净年值法、内部收益率法、净现值率法、投资回收期法、投资收益率法等。

39. C

解析:多方案经济效果的评价所涉及的影响因素较多,要考虑的问题也就较多,当然评价方法也就不同。各备选方案之间的关系是决定所采用的评价方法的重要因素。各备选方案之间的关系不同所采用的评价方法也就可能不同。

40. C

解析:独立方案的优选只取决于方案自身的经济性,即只需检验它们是否能够通过净现值、净年值、内部收益率等指标的评价标准。

41. B

解析:单一方案可看成是独立方案的特例。因此,独立方案与单一方案的评价方法是相同的,可采用投资收益率法、投资回收期法、净现值法、内部收益率法、净年值法等。方案重复法、研究期分析法、增量内部收益率法是对互斥方案进行评价所采用的方法。

42. D

解析:互斥型方案的经济效果评价包含了两部分内容:一是考察各个方案自身的经济效果,即进行绝对经济效果检验;二是要对这些方案进行优劣排序,即相对经济效果检验。两种检验的目的和作用不同,缺一不可。

43. B

解析:绝对经济效果分析就是对各个投资方案自身的经济效果进行评价,从而判断各个方案经济上的可行性。单一方案经济效果评价的方法均可用于绝对经济效果分析，如净现值法、净年值法、内部收益率法等。

44. C

解析：投资额不等的互斥方案比选的实质是判断增量投资（或称差额投资）的经济合理性，即投资大的方案相对于投资小的方案多投入的资金能否带来满意的增量收益。如果增量投资能够带来满意的增量收益，则投资额大的方案优于投资额小的方案；反之，如果增量投资不能够带来满意的增量收益，则投资额小的方案优于投资额大的方案。

45. C

解析：寿命期相同的互斥方案的相对经济效果分析方法通常用增量效果分析方法，主要有增量净现值法（ΔNPV）、增量内部收益率法（ΔIRR）、增量投资回收期法（ΔT）、增量效益费用比法（$\Delta B/\Delta C$）等。当然，对于寿命期相同的互斥方案的相对经济效果分析也可以采用净现值法、净年值法等。

46. C

解析：用增量净现值进行相对经济效果检验时，若 A 方案比 B 方案投资大，当增量净现值 $\triangle \mathrm{NPV}_{A-B}>0$ 时，表明投资大的 A 方案优于投资小的 B 方案；当 $\triangle \mathrm{NPV}_{A-B}<0$ 时，表明投资小的 B 方案优于投资大的 A 方案。

47. D

解析：内部收益率只能对单一方案或独立方案进行评价，也可用作互斥方案绝对经济效果检验，但不能用作多个方案的优劣排序或比选。可用净现值法对多个方案进行评价，由于 $\mathrm{NPV}_B>\mathrm{NPV}_A>0$，故 A、B 两方案均可行，且 B 方案优于 A 方案。

48. C

解析：净现值和净年值既可用于绝对经济效果检验，又可用于相对经济效果检验。内部收益率只能用于绝对经济效果检验，而不能用于相对经济效果检验。增量净现值只能用于相对经济效果检验，而不能用于绝对经济效果检验。

49. D

解析：①互斥方案既要进行绝对经济效果检验，又要进行相对经济效果检验。②独立方案只进行绝对经济效果检验，无需进行相对经济效果检验。③内部收益率只能用于投资方案的绝对经济效果检验，而不能用于相对经济效果检验。④净现值、净年值既可用于独立方案的经济效果评价，又可用于互斥方案的经济效果评价。

50. C

解析：在若干个可采用的独立方案中，如果有资源约束条件（如受资金、劳动力、材料、设备及其他资源拥有量限制），只能从中选择一部分方案实施时，可以将它们组合为互斥型方案，称为组合—互斥型方案。本题可供选择的方案共有：5 000 + 6 000、5 000 + 8 000、5 000 + 12 000、6 000 + 8 000、6 000 + 12 000、8 000 + 12 000、5 000 + 6 000 + 8 000 这 7 个组合方案。

51. D

解析：计算期相同的互斥方案常用的经济效果动态评价方法有净年值法、净现值法、增量净现值法、增量投资内部收益率法。计算期不同的互斥方案常用的经济效果动态评价方法有净年值法、净现值法（包括最小公倍数法或方案重复法、研究期法、无限计算期法）、增量投资内部收益率法。

52. C

解析:寿命期(计算期)相同的互斥方案的经济效果评价一般可以采用净现值法、净年值法、增量内部收益率法、增量净现值法等。

53. B

解析:可供选择的组合方案有:A、B、C、D、B+D、C+D,共计6个。

54. C

解析:A、B两方案按最小公倍数法评价时,其最小公倍数为12年;当按研究期分析法评价时,其分析研究期一般取年限最短方案的寿命期,故取4年。

55. A

解析:在对寿命期不等的互斥方案进行比选时,净年值法是最为简便的方法。同时,用净年值法可不考虑计算期的不同,故它也较净现值法简便。

Ⅱ. 多项选择题

1. CD

解析:根据评价的角度、范围、作用等,对建设项目经济效果的评价可分为财务评价和国民经济评价两个层次。财务评价主要从企业角度计算项目的投资费用、产品成本与产品销售收入、税金等财务数据,以考察项目投资在财务上的潜在获利能力。国民经济评价是从国家整体角度分析计算项目对国民经济的贡献率,据以判断项目的经济合理性。

2. BCDE

解析:经济效果评价主要包括四个方面:①盈利能力;②清偿能力;③财务生存能力;④抗风险能力。

3. ACD

解析:静态评价指标包括:投资收益率(投资利润率、资本金利润率)、静态投资回收期、利息备付率、偿债备付率、借款偿还期、资产负债率等。

4. ACDE

解析:动态评价指标包括:净现值、净现值率、净年值、内部收益率、动态投资回收期、效益费用比等。

5. AD

解析:用于项目盈利能力分析的指标有:投资收益率(包括投资利润率、投资利税率、资本金利润率)、内部收益率、净现值、净现值率等。投资回收期、资产负债率和借款偿还期是项目清偿能力分析指标。

6. ABC

解析:用于项目偿债能力分析的指标包括:利息备付率、偿债备付率、资产负债率、借款偿还期、流动比率、速动比率等。投资收益率是盈利能力分析的指标,而投资回收期则是清偿能力分析的指标。

7. BC

解析:反映投资方案盈利能力的动态评价指标主要有:内部收益率、净现值、净现值率、净年值等。

8. BCD

解析:投资收益率指标的优点是:计算简便,能直观地衡量项目的经济成果,可适用于各种投资规模;投资收益率指标没有考虑投资收益的时间因素,忽视了资金具有时间价值的重要性;指标的计算主观随意性太强,换句话说,就是正常生产年份的选择比较困难,在指标的计算中,对于应该如何计算投资资金占用,如何确定利润,都带有一定的不确定性和人为因素。因此,以投资收益率指标作为主要的决策依据不太可靠。

9. BCE

解析:①由净现值与折现率关系的曲线图可知,净现值随折现率的增大而减小。②对于常规投资项目而言,其内部收益率是唯一的。

10. ABD

解析:内部收益率(IRR)指标的优点与缺点(特点):

(1)优点:考虑了资金的时间价值以及项目在整个计算期内(或寿命期内)的经济状况;能够直接衡量项目未回收投资的收益率;不需要事先确定一个基准收益率,而只需要知道基准收益率的大致范围即可;其值的大小不受外部参数影响。

(2)缺点:需要大量的与投资项目有关的数据,计算比较麻烦;对于具有非常规现金流量的项目来讲,其内部收益率往往不是唯一的,在某些情况下甚至是不存在的。

11. AC

解析:净现值和内部收益率均考虑了资金的时间价值,均可对独立方案进行评价,且结论是一致的。净现值计算简便,有唯一的取值,但不能反映未回收投资的收益率,且受外部参数(例如基准收益率)的影响;内部收益率计算较为麻烦,但能够反映未回收投资的收益率,而且不受外部参数影响,完全取决于投资过程的现金流量,对于非常规现金流量的项目来讲,其内部收益率往往不是唯一的。

12. ACE

解析:投资收益率指标经济意义明确、直观,计算简便,可适用于各种投资规模。但不足的是,没有考虑投资收益的时间因素,忽视了资金具有时间价值的重要性;指标的计算主观随意性太强。投资回收期可以自项目建设开始年算起,也可以自项目投产年开始算起。投资回收期只考虑投资回收之前的效果,不能反映投资回收之后的情况,即无法准确衡量方案在整个计算期内的经济效果。利息备付率和偿债备付率均应分年计算。由于同一现金流量的现值和等额年值是等价的(或等效的),因此,净现值与净年值在方案评价中能得出相同的结论。

13. BD

解析:内部收益率是项目占用的尚未回收资金的获利能力,它不是初始投资在整个计算期内的盈利率;内部收益率计算较为麻烦,但不受外部参数的影响,它能反映投资过程的收益程度;对于具有非常规现金流量的项目来讲,其内部收益率往往不是唯一的。

14. BCE

解析:确定基准收益率时应考虑以下因素:①资金成本和机会成本;②投资风险;③通货膨胀。

15. BDE

解析:内部收益率指标的优点如下:①考虑了资金的时间价值以及项目在整个计算期内的经济状况;②能够直接衡量项目未回收投资的收益率;③不需要事先确定一个基准收益率,而只需知道基准收益率的大致范围即可。

内部收益率指标的不足如下:①内部收益率计算需要大量的与投资项目有关的数据,计算比较麻烦;②内部收益率不能直接反映项目经营期各年的利润率;③对于具有非常规现金流量的项目来讲,其内部收益率往往不是唯一的,在某些情况下甚至不存在。

16. BCE

解析:每个评价指标由于自身的特点,都有不同的评价标准。其基本评价原则是:时间越短越好,现值越大越好,收益率越高越好。

17. CDE

解析:净现值 NPV =0,表明项目实施后的投资收益水平正好等于基准收益,即其盈利能力能达到所期望的最低盈利水平。净现值 NPV =0,表明项目的内部收益率正好等于基准收益率。净现值 NPV =0,表明项目的动态投资回收期正好等于项目的寿命期。

18. AE

解析:当投资方案的内部收益率大于基准收益率时,表明该投资方案的净现值大于零,说明该方案可行。

19. BCDE

解析:净现值不能反映投资过程的收益程度,也不能直接说明在项目运营期间各年的经营成果,不能真正反映资金的利用率。

20. ABE

解析:造成投资方案经济效果评价指标具有不确定性的因素有:数据的统计偏差,通货膨胀,技术进步,市场供求结构变化,法规与政策的变化,国际政治经济形势的变化等。

21. ADE

解析:内部收益率指标的特点有:①反映了项目在整个计算期内的经济状况;②能够直接衡量项目未回收投资的收益率;③能反映投资过程的收益程度;④它完全取决于投资过程的现金流量。

22. ABC

解析:独立方案的经济效果评价与单一方案的评价是相同的,均可采用净现值、净年值、净现值率、内部收益率、投资回收期、投资收益率等方法。互斥方案相对经济效果分析常采用增量效果分析方法,如增量净现值、增量内部收益率等。

23. ABDE

解析:独立方案的采用与否只取决于方案自身的经济性,即只需检验它们是否能够通过绝对经济效果检验。换句话说,独立方案经济效果的评价只包含绝对经济效果检验一项内容。凡通过绝对效果检验的独立方案,就认为它在经济上是可以接受的。独立方案的经济效果评价方法与单一方案的评价方法是相同的。

24. DE

解析:互斥方案的经济效果评价包含了两部分内容:一是考虑各个方案自身的经济效果,即进行绝对经济效果检验;二是要对这些方案进行优劣排序,即进行相对经济效果检验。这两只检验的目的和作用不同,缺一不可。

25. ABDE

解析:互斥方案经济效果评价的特点是要进行方案比选。参加比选的方案应具有可比性,主要应注意:①考察时间段及计算期的可比性;②收益与费用的性质及计算范围的可比性;③方案风险水平的可比性;④评价所使用假设的合理性。

26. ABC

解析:绝对经济效果检验就是考察各个方案自身的经济效果或经济上的可行性。因此,单一方案经济效果评价方法均可用于互斥方案的绝对经济效果检验,如净现值、净年值、内部收益率、净现值率、投资收益率、投资回收期等。投资方案的相对经济效果检验多用增量效果分析方法,如增量净现值、增量内部收益率、增量投资回收期、增量投资收益率等。

27. BCDE

解析:投资回收期属于静态评价方法。动态评价方法主要有净现值、净年值、净现值率、内部收益率等。

28. AE

解析:净现值法和净年值法既可用于寿命期相同的互斥方案的评价,又可用于寿命期不同的互斥方案的评价。内部收益率法不能用于互斥方案的相对经济效果检验。增量净现值和增量投资回收期法一般用于寿命期相同的互斥方案经济效果的评价。

29. AB

解析:净现值和净年值法既可用于互斥方案的绝对经济效果检验,又可用于相对经济效果检验。内部收益率法只能用于互斥方案的绝对经济效果检验。增量净现值法和增量内部收益率法只能用于相对经济效果检验。

30. ABE

解析:净现值用于计算期不同的互斥方案评价的方法有最小公倍数法(又称方案重复法)、研究期法(又称研究期分析法)、无限计算期法。

Ⅲ. 判断题

1. ×

解析:反映投资方案经济效益的指标是多种多样的,但每一个指标只是反映评价对象的某一个或几个方面,故单一指标对评价对象难以做出全面和客观的评价。

2. √

解析:投资收益率没有考虑投资收益的时间因素,忽视了资金具有时间价值的重要性;正常生产年份的选择比较困难,如何确定带有一定的不确定性和人为因素。因此,以投资收益率指标作为主要的决策依据不太可靠。

3. ×

解析:偿债备付率是指项目在借款偿还期内各年可用于还本付息的资金与当期应还本付息金额的比值。它表示可用于还本付息的资金偿还借款本息的保障程度。偿债备付率越高,表示可用于还本付息的资金保障程度越高。

4. √

解析:资产负债率系指各期末负债总额与资产总额的比率。适度的资产负债率,表明企业经营安全、稳健,具有较强的筹资能力,也表明企业和债权人的风险较小。

5. √

解析:与静态评价指标相比,动态评价指标更加注重考察投资方案在其计算期内各年现金流量的具体情况。因而也就能够更加客观地反映投资方案的经济效益,所以它的应用也就比静态评价指标更加广泛。因此在经济评价时一般是以动态评价指标作为主要指标,以静态评价指标作为辅助指标。

6. √

解析:动态投资回收期是指在考虑了资金的时间价值的情况下,以项目的净收益回收项目全部投资所需要的时间。动态投资回收期就是累计现值等于零时的年份。

7. √

解析:静态投资回收期不考虑资金的时间价值,动态投资回收期考虑资金的时间价值。在考虑时间价值因素后,项目获得的净收益在价值上会逐年递减,因此,对于同一个项目而言,其动态投资回收期一定大于其静态投资回收期。

8. ×

解析:适度的资产负债率,表明企业经营安全、稳健,具有较强的筹资能力,也表明企业和债权人的风险较小。

9. √

解析:当 NPV > 0,表明项目的盈利能力超过其投资收益期望水平,即项目实施后的投资收益水平不仅能达到基准收益率的水平,而且还会有盈余。

10. ×

解析:净现值作为评价方案经济效果的重要指标,其缺点就在于它必须首先确定一个符合经济现实的基准收益率;不能反映项目投资中单位投资的使用效率;不能直接说明在项目运营期间各年的经营成果;不能反映投资的回收速度。

11. √

解析:对于单一投资方案而言,若 NPV ≥ 0,则 NPVI ≥ 0;若 NPV < 0,则 NPVI < 0。故用净现值指数评价单一方案经济效果时,其判别准则与净现值相同。

12. √

解析:$NAV = NPV(A/P, i_0, n)$,由于资本回收系数 $(A/P, i_0, n) > 0$,因此,NAV 与 NPV 总是同为正或同为负。

13. √

解析:净年值(NAV)与净现值(NPV)总是同为正或同为负,故净年值与净现值在评价同一项目时的结论总是一致的。因此,就项目的评价结论而言,净年值与净现值是等效评价指标。

14. ×

解析:内部收益率是指使方案在寿命期内的净现值为零时的折现率。

15. ×

解析:由净现值函数式或函数曲线可知,一个投资方案的净现值与折现率的大小有关,随着折现率的不断增大,净现值不断减小。

16. ×

解析:内部收益率是使方案净现值等于零时的折现率,这个折现率使得项目在寿命期末时投资正好完全收回。因此说,一个投资方案的内部收益率,只表示这个方案在各个时期出现的未回收投资余额应当采用的利率,它与投资方案的绝对投资规模无关,而净现值的大小与方案的绝对投资规模有关。因此,在多方案评价中,用净现值和内部收益率对方案做出评价选择,其结论有时不一致。

17. √

解析:净现值较内部收益率而言,计算较为简便。但净现值只表示方案在使用期内的盈利总额,不能反映投资过程的收益程度,而且受外部参数(如基准收益率 i_0)的影响。

18. ×

解析:对于具有非常规现金流量的项目来讲,其内部收益率往往不是唯一的,在某些情况下甚至是不存在的。

19. √

解析:独立方案的采用与否,只取决于方案自身的经济上的可行性,即只需检验它们是否能够通过净现值、净年值或内部收益率等指标的评价标准。事实上,单一方案可以看成是独立方案的特例。因此,独立方案与单一方案的评价方法是相同的。

20. √

解析:独立方案的采用与否,只取决于方案自身的经济性。凡通过绝对经济效果检验的方案,就认为它在经济效果上是可以接受的,否则就应予以拒绝。

21. √

解析:凡可用于单一方案经济效果评价的指标或方法均可用于独立方案经济效果的评价。

22. ×

解析:互斥方案的采用与否,既与方案自身的经济性有关,又与各个方案经济效果的优劣排序有关。

23. √

解析:互斥方案经济效果评价的特点是要对已通过绝对经济效果检验的方案进行方案比选,即要进行相对经济效果检验。

24. ×

解析:互斥方案绝对经济效果检验就是分析各个方案自身的经济效果。因此,单一方案经济效果评价方法均可用于绝对经济效果检验。

25. √

解析:从增量净现值计算公式可得出 $NPV_{A-B}=NPV_A-NPV_B$,即两方案的增量净现值等于两方案的净现值之差。

26. √

解析:最小公倍数法也称为方案重复法,是以不同方案计算期(或寿命期)的最小公倍数作为共同的计算期,并假定每一方案在共同计算期内重复实施,据此算出计算期内各方案的评价指标进行评价。

27. √

解析:最小公倍数法也称为方案重复法,是以不同方案计算期(或寿命期)的最小公倍数作为共同的计算期,这实质上就是延长了寿命期较短的方案的寿命期,以此使寿命期不同的方案在时间上具有可比性。

(三)熟悉方案优化方法——价值工程

Ⅰ.单项选择题

1. C

解析:由价值工程的数学表达式 $V=F/C$ 可知,价值工程的三个基本要素是指价值(V)、功能(F)和寿命周期成本(C)。

2. B

解析:价值工程的核心是对产品进行功能分析。即通过对产品各种功能的系统分析,确定产品功能之间的关系,找出其中存在的问题,剔除不必要的功能,用更好的办法保证主要功能的实现,从而达到降低成本和提高价值的目的。

3. B

解析:一般来说,随着产品功能水平(技术性能)的提高,生产成本和使用成本有不同的变化。生产成本一般随着功能水平的提高有所增长,而使用成本则随着功能水平的提高有所减少。

4. B

解析:在建设项目中价值工程主要应用在规划和设计阶段,因为这两个阶段是提高建设项目经济效果的关键环节。

5. C

解析:价值工程的目标是从满足消费者的需要出发,以最低的寿命周期成本可靠地实现产品必要的功能。

6. C

解析:由 $V=F/C$ 可知,提高产品价值最理想的途径是通过改进设计,在提高产品功能的同时,降低产品成本,但这条途径对生产者要求高,往往要借助科学技术及创新才能实现。

7. B

解析:随着产品功能水平提高,产品的生产(制造)成本增加,使用成本降低;反之,产品功能水平降低,其生产(制造)成本降低,但使用成本会增加。因此,当功能水平逐步提高时,寿命周期成本呈马鞍形变化。寿命周期成本为最小值时,所对应的功能水平是仅从成本方面考虑的最适宜功能水平,因此,最适宜的功能水平应是 B。通常将与寿命周期成本最低时相对应的功能称之为最适宜功能。

8. C

解析:在价值工程的产品功能与成本的关系图中,当功能水平逐步提高时,寿命周期成本呈马鞍形变化。

9. C

解析:在提高产品价值的各种途径中,最为理想的、往往要借助科学技术的突破才能实现的是在提高产品功能的条件下,降低产品的成本。

10. B

解析:价值工程是着重于功能分析,力求以最低的寿命周期成本,可靠地实现产品所必须具备功能的有组织的创造活动。

11. A

解析:价值工程活动过程中,创新阶段的主要工作有:方案创造、方案评价、提案编写等。

12. C

解析:价值工程的工作过程,实质上就是针对产品的功能和成本提出问题、分析问题、解决问题的过程。在价值工程工作程序中的分析阶段,通过功能分析和功能评价来确定产品的成本和价值。

13. C

解析:功能评价主要解决两个问题:①价值工程对象的成本是多少?②价值工程对象的价值是多少?因此,功能评价的主要工作内容是确定研究对象的成本和价值。

14. C

解析:方案创造是从提高对象的功能价值出发,在正确的功能分析和功能评价的基础上,针对应改进的具体目标,通过创造性的思维活动,提出能够可靠地实现必要功能的新方案。从某种意义上讲,价值工程可以说是创新工程,方案创造是价值工程取得成功的关键一步。从价值工程的技术实践来看,方案创造是决定价值工程成败的关键阶段。

15. C

解析:在价值工程活动中,决定价值工程成败的关键阶段是方案创造。对产品进行功能分析是价值工程的核心。此外,能否正确选择对象是价值工程收效大小与成败的关键。

16. A

解析:在价值工程的工作程序中,功能评价和方案评价分别属于分析阶段和创新阶段的工作内容。

17. B

解析:常见的适用于价值工程对象选择方法有:①因素分析法(经验分析法);②ABC 分析法;③强制确定法;④百分比分析法;⑤价值指数法。

18. A

解析:按功能的重要程度分类,产品的功能一般可划分为基本功能和辅助功能两类。基本功能就是要达到这种产品目的所必不可缺少的功能,是产品的主要功能,也是决定对象性质和存在的基本因素。辅助功能是为了更有效地实现基本功能而附加的功能,是次要功能。一般来说基本功能是主要的必不可缺少的功能,而辅助功能有的是必要的,有的则是多余的。

19. D

解析:按用户的需求划分,产品的功能可分为必要功能和不必要功能。必要功能是指用户所要求的功能以及与实现用户所需要功能有关的功能。使用功能、美学功能、基本功能、辅助功能等均属于必要功能。不必要功能是指不符合用户要求的功能,它包括多余功能、重复功能和过剩功能。因此,价值工程中所指的功能,一般是指必要功能。

20. C

解析:价值指数 V_I 的计算结果有以下三种情况:① $V_I=1$,此时评价对象的功能比重与成本比重大致平衡,合理匹配,可以认为功能的现实成本是比较合理的;② $V_I<1$,此时评价对象的成本比重大于功能比重,表明相对于系统内的其他对象而言,目前所占的成本偏高,从而导致该对象的功能过剩。因此,应将其列为改进对象,改善的方向主要是降低成本;③ $V_I>1$,此时评价对象的成本比重小于其功能比重。出现这种结果的原因可能有三种:第一,由于现实成本偏低,不能满足评价对象实现其应具有的功能要求,致使对象功能偏低,这种情况应列为改进对象,改善方向是增加成本;第二,评价对象目前具有的功能已经超过其应具有的水平,即存在过剩功能,这种情况也应列为改进对象,改善方向是降低功能水平;第三,评价对象在技术、经济等方面具有某些特征,在客观上存在着功能很重要而需要消耗的成本却很低的情况,这种情况一般不列为改进对象。

21. D

解析:① $V=1$ 时,说明评价对象的价值为最佳,一般无需改进。② $V<1$ 时,应以剔除过剩

功能及降低现实成本为改进方向。③$V>1$ 时,应以提高成本或删除不必要的功能为改进方向。

22. C

解析:价值指数 V_I 的计算结果有以下三种情况:

(1)$V_I=1$,此时评价对象的功能比重与成本比重大致平衡,合理匹配,可以认为功能的现实成本是合理的。

(2)$V_I<1$,此时评价对象的成本比重大于功能比重,表明相对于系统内的其他对象而言,目前所占的成本偏高,从而导致该对象的功能过剩。因此,应将其列为改进对象,改善的方向主要是降低成本;

(3)$V_I>1$,此时评价对象的成本比重小于其功能比重。出现这种结果的原因可能有三种:第一,由于现实成本偏低,不能满足评价对象实现其应具有的功能要求,致使对象功能偏低,这种情况应列为改进对象,改善方向是增加成本;第二,评价对象目前具有的功能已经超过其应具有的水平,即存在过剩功能,这种情况也应列为改进对象,改善方向是降低功能水平;第三,评价对象在技术、经济等方面具有某些特征,在客观上存在着功能很重要而需要消耗的成本却很低的情况,这种情况一般不列为改进对象。

23. A

解析:功能现实成本的计算与一般传统成本核算的比较:

(1)相同点:他们在成本费用的构成项目上是完全相同的。

(2)不同点:功能现实成本的计算是以对象的功能为单位,而成本核算是以产品或零部件为单位。

24. A

解析:方案创造是从提高对象的功能价值出发,在正确的功能分析和评价的基础上,针对应改进的具体目标,通过创造性的思维活动,提出能够可靠地实现必要功能的新方案。方案创造常用的方法包括:①头脑风暴法;②哥顿法(模糊目标法);③专家意见法(德尔菲法);④专家检查法。

25. B

解析:在价值工程活动中,无论是概略评价还是详细评价,一般可先做技术评价,再分别进行经济评价和社会评价,最后进行综合评价。

26. B

解析:在价值工程对象的选择时,当零部件很多,可以先用因素分析法、ABC 分析法选出重点部件,再用强制确定法细选。

27. A

解析:价值系数 $V=1$,表明评价对象的功能现实成本与实现功能所必需的最低成本大致相当。此时,说明评价对象的价值为最佳,一般无需改进。因此,评价对象功能改进的目标,就是应力求使 $V=1$。

28. C

解析:在价值工程活动中,方案评价包括概略评价和详细评价两个阶段。无论是概略评价还是详细评价,其评价内容和步骤都包括技术评价、经济评价、社会评价以及综合评价。

Ⅱ. 多项选择题

1. AE

解析:产品寿命周期成本是指产品在寿命期内所花费的全部费用,即从开发设计、制造、使用到报废全过程所付出的费用总和。这些费用可分为生产成本和使用成本两部分。其中生产成本是企业为生产产品必须付出的费用,包括科研、设计、试制、制造及销售过程中的费用;使用成本是用户为使用产品必须付出的费用,包括产品使用过程中的能源消耗、维修费"三废"处理费以及报废以后的清理费用。

2. AC

解析:价值工程的核心是对产品进行功能分析。提高产品价值的途径有以下5种:①功能不变、成本降低;②成本不变、功能提高;③成本少量提高、功能大幅度提高;④功能少量降低、成本大幅度降低;⑤提高功能,降低成本。价值工程活动侧重于产品的研制与设计阶段,以寻求技术突破,取得最佳的综合效果。功能整理的主要任务就是建立功能系统图。因此,功能整理的过程也就是绘制功能系统图的过程。功能评价,即评定功能的价值,是指找出实现功能的最低费用作为功能的目标成本(又称功能评价值),以功能目标成本为基准,通过与功能现实成本的比较,求出两者的比值(功能价值)和两者的差异值(改善期望值),然后选择功能价值低、改善期望值大的功能作为价值工程活动的重点对象。

3. CDE

解析:提高产品价值的途径有以下5种:①保持产品的功能不变,降低产品成本;②在产品成本不变的条件下,提高产品功能;③成本少量提高、功能大幅度提高;④在不影响产品主要功能的前提下,针对用户的特殊需要,适当降低一些次要功能或消除、减少一些多余功能,大幅度降低产品成本;⑤运用新技术、革新产品,在提高产品功能的同时,降低产品成本。

4. ABD

解析:价值工程的目标是以最低的寿命周期成本使产品具备所必须具备的功能。价值工程中所述的价值是指作为某种产品所具有的功能与获得该功能的全部费用的比值。它不是对象的使用价值,也不是交换价值,而是对象的比较价值,是作为评价事物有效程度的一种尺度。

5. ABDE

解析:价值工程的工作程序,按一般的决策过程可划分为准备阶段、分析阶段、创新阶段、实施阶段四个阶段。

6. ACE

解析:价值工程活动过程中,准备阶段的主要工作有选择对象、组成价值工程工作小组、制订工作计划等。

7. BC

解析:价值工程活动过程中,分析阶段的主要工作有:收集整理资料、功能分析(包括功能定义、功能整理、功能计量等)、功能评价等。

8. BCD

解析:价值工程活动过程中,创新阶段的主要工作有:方案创造、方案评价、提案编写等。

9. ABD

解析:价值工程的核心是功能分析,功能分析的主要工作内容包括功能定义、功能整理、功能计量。

10. ABDE

解析:常见的价值工程对象选择方法有:因素分析法、ABC 分析法、强制确定法、百分比分析法、价值指数法。

11. AB

解析:在价值工程活动中用于方案创造的方法有:头脑风暴法、哥顿法(模糊目标法)、专家意见法(德尔菲法)、专家检查法等。

12. DE

解析:根据功能的重要程度,功能可分为基本功能和辅助功能;根据功能性质,功能可分为使用功能和美学功能;按用户需求,功能可分为必要功能和不必要功能(使用功能、美学功能、基本功能、辅助功能均为必要功能;不必要功能包括三类:多余功能、重复功能、过剩功能);按照总体与局部分类,功能可分为总体功能和局部功能;根据功能量化标准,从定量角度可分为过剩功能和不足功能。过剩功能是超过用户要求或标准功能水平的功能,在改进中需要剔除;不足功能则表现为产品整体功能或零部件功能水平在数量上低于标准功能,不能完全满足用户需要,在改进中应予以补充完善。不足功能和过剩功能是价值工程的主要对象,需通过设计,进行改进和完善。

13. ABDE

解析:在价值工程活动中,属于必要功能的有:基本功能、辅助功能、使用功能、美学功能。

14. CE

解析:方案评价是在方案创造的基础上对新构思方案的技术、经济、社会几个方面进行的评估,以便选择最佳方案。方案评价可分为概略评价和详细评价两个阶段。

15. ABCD

解析:方案评价可分为概略评价和详细评价两个阶段。无论是概略评价还是详细评价都应包含技术评价、经济评价、社会评价、综合评价四个方面。

16. ABCD

解析:在价值工程活动中,方案实施后,要进行成果的评价和总结,评价和总结的内容包括以下几方面:①经济效果评价;②技术成果评价;③社会效益评价;④价值工程活动总结。

Ⅲ. 判断题

1. ×

解析:由 $V=F/C$ 可知,在总成本 C 不变的情况下,产品的价值 V 与功能 F 成正比,即功能越大,价值就越大;反之,功能越小,价值也越小。

2. √

解析:价值工程的目标是从满足消费者的需要出发,以最低的寿命周期成本可靠地实现产品所必须具备的功能。

3. √

解析:随着产品功能水平提高,产品的生产(制造)成本增加,使用成本降低;反之,产品功能水平降低,其生产(制造)成本降低,但使用成本会增加。因此,当功能水平逐步提高时,寿命周期成本呈马鞍形变化。寿命周期成本为最小值时,所对应的功能水平是仅从成本方面考虑的最适宜功能水平。通常将与寿命周期成本最低时相对应的功能称之为最适宜功能。

4. √

解析:在建设项目中价值工程主要应用在规划和设计阶段,因为这两个阶段是提高建设项目经济效果的关键环节。价值工程的目标或目的是提高产品价值,即以最低的寿命周期成本,使产品具备它所必须具备的功能。

5. √

解析:价值工程中的“成本”,是指寿命周期成本,它包括生产成本和使用成本两部分。因此,价值工程对成本的考虑,不仅要考虑生产成本,而且也要考虑使用成本。

6. ×

解析:价值工程的目标是提高产品的价值,即是以最低的寿命周期成本,使产品具备它必须具备的功能。

7. √

解析:价值工程不是单纯地降低产品的成本,而是通过对产品的各种功能进行系统的分析,找出其中存在的问题,剔除不必要的功能,通过改进设计保证主要功能的实现,从而达到降低成本和提高价值的目的。因此,功能分析是价值工程的核心,是价值工程的重要手段。

8. √

解析:功能评价主要回答或解决两个问题:①对象的成本是多少?②对象的价值是多少?因此,功能评价包括相互关联的价值评价和成本评价两个方面。

9. ×

解析:方案创造是从提高对象的功能价值出发,针对应改进的具体目标,依据已建立的功能系统图和功能目标成本,通过创造性的思维活动,提出实现功能的各种不同的改进方案。方案创造主要依赖于创造能力和创造思维,它是价值工程活动成败的关键。

(四)不确定性分析方法

Ⅰ.单项选择题

1. C

解析:在不确定性分析的三种方法中,盈亏平衡分析只适用于建设项目的财务评价,而敏感性分析和概率分析则可以同时用于建设项目的财务评价和国民经济评价。

2. C

解析:盈亏平衡分析又称为损益平衡分析或平衡点分析。它是根据项目正常生产年份的产品产量(或销售量)、可变成本、固定成本、产品价格和销售税金等数据,确定项目的盈亏平衡点,通过盈亏平衡点分析项目的成本与收益的平衡关系的一种方法。

3. B

解析:盈亏平衡点反映了项目对市场变化的适应能力和抗风险能力。项目的盈亏平衡点越低,其适应市场变化的能力就越大,抗风险能力也就越强。因此,可以说,盈亏平衡点的高低反映了项目风险性的大小。

4. D

解析:线性盈亏平衡分析的前提条件:①生产量等于销售量;②生产量变化,单位可变成本不变,从而使总生产成本成为生产量的线性函数;③生产量变化,销售单价不变,从而使销售收入成为销售量的线性函数;④只生产单一产品,或者生产多种产品,但可以换算为单一产品计算。

5. B

解析：项目盈亏平衡点的表达形式有多种，既可以用实物产销量、单位产品售价、单位产品的可变成本以及年固定总成本的绝对量表示，也可以用某些相对值表示，如生产能力利用率。其中，以产量和生产能力利用率表示的盈亏平衡点应用最为广泛。

6. A

解析：不确定性分析方法主要有盈亏平衡分析、敏感性分析和概率分析。其中，盈亏平衡分析只适用于财务评价，而敏感性分析和概率分析可同时适用于财务评价和国民经济评价。

7. D

解析：用产量表示的盈亏平衡点 BEP(Q)为：

BEP(Q) = 年固定成本/(单位产品销售价格 - 单位产品可变成本 - 单位产品营业税金及附加) = 15 000 000/(1 200 - 650 - 150) = 37 500(台)

8. A

解析：已知产量盈亏平衡点为 4.5 万台，即 BEP(Q) = 4.5 万台。生产能力利用率表示的盈亏平衡点 BEP(生产能力利用率)为：

$$\text{BEP(生产能力利用率)} = [\text{BEP}(Q)/\text{设计生产能力}] \times 100\% = (4.5/10) \times 100\% = 45\%$$

因此，生产能力利用率只要超过 45% 即可盈利。

9. A

解析：盈亏平衡点越低或产品市场需求量比盈亏平衡点产量越大，则项目盈利机会就越大，亏损的风险就越小，抗风险能力就越强，投资该项目的安全性也就越大。

10. B

解析：盈亏平衡点产量越低，方案适应市场变化的能力越强，抗风险能力也越强，方案风险性也就越小。

11. A

解析：盈亏平衡分析是在一定市场、生产能力及经营管理条件下，通过对产品产量、成本、利润相互关系的分析，判断企业对市场需求变化适应能力的一种不确定性分析方法，故称为量本利分析。在工程经济评价中，这种方法的作用是找出投资项目的盈亏平衡点(或临界点)，以判断不确定性因素对方案经济效果的影响程度，说明方案实施的风险大小及投资项目承担风险的能力，为投资决策提供科学依据。盈亏平衡分析虽然能够度量项目风险的大小，但并不能揭示产生项目风险的根源。

12. C

解析：该企业达到盈亏平衡的生产能力利用率 = EBP(Q)/设计生产能力 = 500/1 000 = 50%，故第 3 年才能实现盈利。

13. D

解析：概率分析是利用概率研究和预测不确定性因素对项目经济评价指标影响的一种定量分析方法。其目的在于确定影响项目投资效果的关键因素及其可能变动的范围，并确定关键因素在此变动范围内的概率，然后计算经济评价指标的期望值及评价指标可行时的累积概率。通常的做法是计算项目净现值的期望值及净现值大于或等于零的累计概率。累计概率越大，表明项目的风险越小。

14. C

解析:确定敏感因素的方法有两种:一是相对测定法,即通过计算敏感度系数来寻求敏感因素;二是绝对测定法,即通过计算临界点来寻求敏感因素。

15. D

解析:要正确理解敏感程度和风险之间的关系:敏感程度越高,抗风险能力就越弱;反之,敏感程度小,抗风险能力就强。如果进行敏感性分析的目的是对不同的投资项目或某一项目的不同方案进行选择,一般应选择敏感程度小、承受风险能力强、可靠性大的项目或方案。

16. C

解析:确定敏感因素的方法有两种:一是相对测定法,即通过计算敏感度系数来寻求敏感因素;二是绝对测定法,即通过计算临界点来寻求敏感因素。

17. A

解析:不同的不确定因素对项目经济评价指标产生影响的程度是各不相同的。有些因素仅发生较小幅度的变化就能引起经济评价指标发生较大的变动,这些因素即称为敏感性因素。若影响评价指标的各个因素发生变化,使评价指标发生相同幅度的变动,则发生变化幅度最小的因素即为最敏感的因素。

18. C

解析:对于不同的投资项目进行敏感性分析和概率分析的,应选择敏感程度小,净现值不小于零的累积概率越大的项目。这是因为:敏感程度小,项目承受风险能力强;净现值不小于零的累积概率越大,项目的风险越小。

19. A

解析:投资方案的净现值的期望值 $E(\text{NPV})$ 为:

$$E(\text{NPV}) = 150 \times 0.40 + 200 \times 0.30 + 250 \times 0.20 + 300 \times 0.10 = 150(\text{万元})$$

Ⅱ. 多项选择题

1. ACD

解析:不确定性分析包括盈亏平衡分析、敏感性分析和概率分析三种方法。

2. AC

解析:线性盈亏平衡分析的方法一般可分为图解法和解析法两种。

(1)图解法是在以横轴表示产量,纵轴表示收益与成本的坐标系中画出收益与成本线,求出其交点,此交点即为盈亏平衡点,然后据此进行盈亏平衡分析的一种方法。

(2)解析法是通过数学解析方法计算出盈亏平衡点的一种方法。

3. ABDE

解析:盈亏平衡点反映了项目对市场变化的适应能力和抗风险能力。项目的盈亏平衡点越低,其适应市场变化的能力越强,抗风险能力也就越强;反之,其适应市场变化的能力越小,抗风险能力越弱。因此也可以说盈亏平衡点的高低反映了项目风险性的大小。盈亏平衡点通常用产销量表示,也可以用生产能力利用率、销售收入,产品销售单价单位产品可变成本等来表示。

4. ABDE

解析:盈亏平衡分析按成本、销售收入与产量之间是否构成线性关系可分为线性盈亏平衡分析和非线性盈亏平衡分析。盈亏平衡分析只适用于项目的财务评价,不适用于国民经济评价。线性盈亏平衡分析的前提条件如下:①生产量等于销售量;②生产量变化,单位可变成本不变,因此,总生产成本是生产量的线性函数;③生产量变化,销售单价不变,因此,销售收入是销售量的线性函数;④只生产单一产品,或生产多种产品,但可以换算为单一产品计算。

5. ABCD

解析:项目盈亏平衡点的表达形式有多种,可以采取的形式主要有年产销量、销售收入、生产能力利用率、单位产品销售价格、单位产品可变成本等。

6. ACDE

解析:线性盈亏平衡分析的前提条件如下:①生产量等于销售量;②生产量变化,单位可变成本不变,因此,总生产成本是生产量的线性函数;③生产量变化,销售单价不变,因此,销售收入是销售量的线性函数;④只生产单一产品;或生产多种产品,但可以换算为单一产品计算。

7. ACDE

解析:不确定性分析是投资项目经济评价中的一项重要内容。常用的不确定性分析方法有盈亏平衡分析、敏感性分析和概率分析。一般来讲,盈亏平衡分析只适用于项目的财务评价,而敏感性分析和概率分析则可同时用于财务评价和国民经济评价。盈亏平衡分析方法的作用是找出投资项目的盈亏临界点,以判断不确定性因素对方案经济效果的影响程度,说明方案实施的风险大小及投资项目承担风险的能力,为投资决策提供科学依据。由于敏感性分析是在确定性经济分析的基础上进行的,一般而言,敏感性分析的指标应与确定性经济评价指标一致,不应超出确定性经济评价指标范围而另立新的分析指标。

8. CDE

解析:常用的不确定性分析方法有三种:盈亏平衡分析(又可分为线性盈亏平衡分析、非线性盈亏平衡分析)、敏感性分析(又可分为单因素敏感性分析、多因素敏感性分析)和概率分析。其中,盈亏平衡分析只适用于项目的财务评价,而敏感性分析和概率分析可同时用于项目的财务评价和国民经济评价。

9. CE

解析:线性盈亏平衡分析的前提条件包括:①生产量等于销售量。②生产量变化,单位可变成本不变,从而使总生产成本为生产量的线性函数。③生产量变化,销售单价不变,从而使销售收入是销售量的线性函数。④只生产单一产品,或者生产多种产品,但可以换算为单一产品计算。

10. BCE

解析:敏感性分析的目的在于寻求敏感性因素,而敏感因素可以通过计算敏感度系数(也称为灵敏度)、临界点来确定。

11. BE

解析:概率分析又称风险分析,是利用概率研究和预测不确定性因素对项目经济评价指标影响的一种定量分析方法。其目的在于确定影响项目投资效果的关键因素、其可能变化的范围以及在此变动范围内的概率,然后计算经济评价指标的期望值及评价指标可行时的累计概率。净现值的期望值在概率分析中是一个非常重要的指标在对项目进行概率分析时,一般都要计算净现值的期望值及净现值大于或等于零时的累计概率。累计概率越大,表明项目的风险越小。

Ⅲ. 判断题

1. ×

解析:盈亏平衡分析又称损益平衡分析或平衡点分析法。它是根据项目正常生产年份的产品产量(或销售量)、可变成本、固定成本、产品价格和销售税金等数据,确定项目的盈亏平衡点,通过盈亏平衡点分析项目的成本与收益的平衡关系的一种方法。

2. ×

解析:盈亏平衡分析的目的就是找出项目的盈亏平衡点,据此判断项目风险的大小及其对风险的承受能力,为投资决策提供科学依据。

3. √

解析:盈亏平衡点反映了项目对市场变化的适应能力和抗风险能力。盈亏平衡点越低,其适应市场变化的能力就越强,抗风险能力也越强。以盈亏平衡产量为例,如果一个项目的盈亏平衡产量比较低,那么在项目投产后,只要销售少量产品就可以保本。这样,只要市场不发生很大的变化,其实际销售量就很有可能超过这个比较低的盈亏平衡产量,从而使项目产生盈利。因此可以说,盈亏平衡点的高低反映了项目风险性的大小。

4. √

解析:在线性盈亏平衡分析中,生产成本分为可变成本与固定成本,其中可变成本与产量成正比关系,固定成本与产量无关,保持不变。

5. √

解析:所谓敏感性分析指标,是指敏感性分析的具体对象。由于敏感性分析是在确定性经济效果评价的基础上进行的,故选作敏感性分析指标应与经济评价所采用的指标相一致。理论上讲,经济效果评价中的指标都可以作为敏感性分析的指标。

6. ×

解析:在敏感性分析中,可以通过计算敏感度系数和临界点这两个指标来判别不确定性因素对项目经济效果评价指标的影响程度。

7. ×

解析:如果进行敏感性分析的目的是对不同的投资方案进行选择,一般应选择敏感程度小、承受风险能力强、可靠性高的方案。

8. √

解析:盈亏平衡分析的目的就是找出盈亏平衡点,据此判断方案风险的大小及方案对风险的承受能力。

(五)工程寿命周期成本分析的内容和方法

Ⅰ.单项选择题

1. C

解析:工程寿命周期成本分析方法的局限性如下:①假定项目方案有确定的生命周期;②由于在项目寿命周期早期进行评价,可能会影响评价结果的准确性;③进行工程寿命周期成本分析的高成本使得其未必适用于所有的项目;④高敏感性使其分析结果的可靠性、有效性受到影响。

2. C

解析:在寿命周期成本分析过程中,进行维持费中各项费用之间的权衡分析时,可采取的手段如下:①采用计划预修,减少停机损失;②对操作人员进行充分培训,由于操作人员能自己进行维修,可减少维修人员的劳务费;③反复地完成具有相同功能的行为,其产生效果的体现形式便是缩短时间、减少用料,最终表现为费用减少。

3. D

解析:常用的寿命周期成本评价(分析)方法有费用效率(CE)法、固定效率法、固定费用法、权衡分析法等。在寿命周期成本评价方法中,权衡分析的对象包括以下五种情况:①设置费与维持费之间的权衡分析;②设置费中各项费用之间的权衡分析;③维持费中各项费用之间的权衡分析;④系统效率和寿命周期成本的权衡分析;⑤从开发到系统设置完成这段时间与设置费的权衡分析。

4. D

解析:权衡分析是对性质完全相反的两个要素作适当的处理,其目的是为了提高总体的经济性。寿命周期成本评价(分析)法的重要特点是进行有效的权衡分析。

5. D

解析:由于寿命周期成本是在长时期内发生的,因此在寿命周期成本分析中对费用发生的时间顺序必须加以掌握。同时,在寿命周期成本分析中必须考虑资金的时间价值。

6. C

解析:运用费用效率法进行寿命周期成本分析时,估算费用的常用方法包括费用模型估算法、参数估算法、类比估算法、费用项目分别估算法等。

7. B

解析:在工程寿命周期成本中,隐性成本是指环境成本和社会成本。应注意的是,工程建设及工程产品对于环境、社会的影响可以是正面的,也可以是负面的。

8. B

解析:常用的寿命周期成本分析或评价方法有:①费用效率法;②固定效率法;③固定费用法;④权衡分析法。所谓固定效率法是指将效率值固定下来,然后选取能达到这个效率而费用最低的方案。当拟建一个交通监控系统,可以在完成监控任务的前提下选取费用最低的方案,这是寿命周期成本评价方法中的固定效率法。

Ⅱ. 多项选择题

1. ACDE

解析:工程寿命周期成本分析又称为寿命周期成本评价,常用的工程寿命周期成本分析(评价)的方法主要有费用效率法、固定效率法、固定费用法和权衡分析法。

2. ABCD

解析:对于项目寿命周期的确定,只有通过假设方法来预测,其合理性和准确性将直接关系到寿命周期成本的准确性。工程寿命周期成本分析是工程项目投资决策的一项重要工作,其作用在于辅助决策,必须在项目早期进行,否则就失去其意义。这也对分析评价结果的准确性有所影响。工程寿命周期成本分析是一项系统工程,涉及因素众多,专业性、技术性强,需要经济、技术、管理、环境、工程造价等方面的专家或者行家来完成这项工作。工程寿命周期成本分析中涉及的参数、指标相当多,而这项指标、参数对于相关因素的敏感性很强;对于政策、法律、金融等宏观环境的变化也相当敏感。假定项目方案有确定的生命周期,而由于各种原因,生命周期往往可能发生变化。进行工程生命周期成本分析的高成本使得其未必适用于所有的项目。

3. BDE

解析:运用费用效率法进行寿命周期成本分析时,估算费用的常用方法包括费用模型估算法、参数估算法、类比估算法、费用项目分别估算法等。

4. ABCE

解析:寿命周期成本评价法与传统的投资计算法相比,具有以下显著的特点:①进行费用设计;②研究系统的所有费用;③透彻地进行设置费和维持费的权衡;④透彻地进行系统效率和寿命周期成本之间的权衡;⑤透彻地进行设置费与维持费中各项费用之间的权衡。

5. ABD

解析:在工程寿命周期成本评价法中,权衡分析的对象包括以下五种情况:①设置费与维持费的权衡分析;②设置费中各项费用之间的权衡分析;③维持费中各项费用之间的权衡分析;④系统效率与寿命周期成本的权衡分析;⑤从开发到系统设置完成这段时间与设置费的权衡分析。

6. BE

解析:①工程寿命周期成本不仅包括经济成本,还包括环境成本、社会成本。②在工程寿命周期成本中,环境成本、社会成本都是隐性成本。③工程寿命周期经济成本是指研究开发费、制造安装费、运行维护费、报废回收费的费用总和。④工程寿命周期成本在通常情况下主要是指经济成本。工程寿命周期的经济成本包括建设成本(设置费)和使用成本(维持费)。

7. BD

解析:在工程寿命周期成本中,属于隐性成本的有环境成本、社会成本。除成本、人员工资等。

Ⅲ. 判断题

1. ×

解析:工程寿命周期成本是指工程设计、开发、建造、使用、维修和报废等过程中发生的费用。工程寿命周期成本不仅包括经济成本(建设成本和使用成本)、还包括环境成本和社会成本。

2. ×

解析:在工程寿命周期成本中,环境成本和社会成本都是隐性成本,它们不直接表现为量化成本,而必须借助于其他方法转化为可直接计量的成本。这就使得它们比经济成本更难以计量。但在工程建设及运行的全过程中,这类成本始终是发生的。因此,在项目评价时应予以考虑。

3. √

解析:权衡分析是对性质完全相反的两个要素作适当的处理,其目的是为了提高总体的经济性。通过有效的权衡分析,可使系统的任务能较好地完成,既保证了系统的性能,又可使有限的资源(人、财、物)得到有效的利用。寿命周期成本评价法在很大程度上依赖于权衡分析的彻底程度。从寿命周期成本评价法的基本原理来看,可以认为:寿命周期成本评价法≈权衡分析。

4. √

解析:工程项目寿命周期的确定往往是很难的。因此,工程项目寿命周期的确定,只有通过假设方法来预测,其合理性和准确性将直接关系到寿命周期成本的准确性。

5. ×

解析:工程寿命周期成本分析是一项系统工程,涉及因素众多,专业性、技术性强,需要经济、技术、管理、环境、工程造价等方面的专家或者行家来完成这项工作。因此,寿命周期成本分析必须负担较高的成本,这一点也限制了其应用范围,并不是所有的工程建设项目都适宜或者必须进行寿命周期成本分析。

三、工 程 财 务

(一)公路建设项目资本金制度、项目资金筹措的渠道与方式

Ⅰ.单项选择题

1. B

解析:对于项目资本金,投资者可按其出资的比例依法享有所有者权益,也可以转让其出资,但不承担这部分资金的任何利息和债务,也不得以任何方式抽回。

2. B

解析:实行资本金制度的投资项目,在可行性研究报告中要就资本金筹措情况作出详细说明,包括出资方、出资方式、资本金来源及数额、资本金认缴进度等内容。

3. B

解析:投资项目资本金占总投资的比例,根据不同行业和项目的经济效益等因素确定,具体规定如下:钢铁项目最低比例为40%;交通运输项目、房地产开发(不含经济适用房)项目最低比例为35%;邮电项目最低比例为25%;保障性住房和普通商品住房项目的最低比例为20%等。

4. D

解析:项目资本金可以用实物、工业产权、非专利技术、土地使用权、资源开采权作价出资,但除国家对采用高新技术成果有特别规定的外,其比例不得超过投资项目资本金总额的20%。

5. C

解析:建设项目可通过政府投资、股东直接投资、发行股票、利用外资直接投资等方式来筹集资本金。

6. B

解析:通过政府投资筹集项目资本金的,国家根据资金来源、项目性质和调控需要,分别采用直接投资、资本金注入、投资补助、转贷和贷款贴息等方式,并按项目安排政府投资。

7. B

解析:发行股票的优点有:①是一种弹性的融资方式。由于它不需要按期支付股息或红利,当公司经营不佳或现金短缺时,董事会有权决定不发股息或红利,因而公司融资风险低。②股票无到期日。其投资属永久性投资,公司不需为偿还资金而担心。③发行股票筹集资金可降低公司负债比率,提高公司财务信用,增加公司今后的融资能力。本题选项A、C、D都属于发行债券筹资的优点。

8. B

解析:项目负债筹资一般包括:银行贷款、发行债券、设备租赁、借入国外资金等。本题选项A、C、D属于项目资本金筹集方式。

9. B

解析:债券持有者无权参与企业管理,因此,公司原投资者控制权不因发行债券而受到

影响。

10. C

解析:根据债券筹资的特点可知,当企业预测未来市场销售情况良好、盈利稳定、预计未来物价上涨较快,企业负债比率不高时,可以考虑以发行债券的方式进行筹资。

11. B

解析:对于承租人而言,与购买设备相比,租赁设备的优越性在于以下几个方面:①在资金短缺的情况下,既可用较少资金获得生产急需的设备,也可以引进先进设备,加快技术进步的步伐。②可获得良好的技术服务。③可以保持资金的流动状态,防止呆滞,也不会使企业资产负债状况恶化。④可避免通货膨胀和利率波动的影响,减少投资风险。⑤设备租金可在所得税前扣除,能享受税上的利益。

12. A

解析:项目资本金可以用货币出资,也可以用实物、工业产权、非专利技术、土地使用权作价出资。国家对采用高新技术成果有特别规定的除外,其比例不得超过投资项目资本金总额的20%。

13. C

解析:债券筹资的优点有:①支出固定。不论企业将来盈利如何,它只需付给持券人固定的债券利息。②企业控制权不变。债券持有者无权参与企业管理。因此,公司原有投资者控制权不因发行债券而受到影响。③少纳所得税。合理的债券利息可计入成本,实际上等于政府为企业负担了部分债券利息。④可以提高自有资金利润率。如果企业投资报酬率大于利息率,由于财务杠杆的作用,发行债券可提高股东投资报酬率。

14. B

解析:我国发行的债券可分为国家债券、企业债券、金融债券和地方政府债券等,其中作为项目资金筹措渠道的主要是企业债券。

15. D

解析:发行股票是筹集资本金的一种方式,资本金对投资项目来说属于非债务性资金。而银行贷款、发行债券、设备租赁属于负债筹资,其筹措的资金构成项目的负债。

16. A

解析:项目资本金的筹集方式包括政府投资、股东直接投资、发行股票、吸收国外资本直接投资等多种方式来筹集资本金。

17. B

解析:融资租赁的租金构成包括:租赁资产的成本、租赁资产的利息和租赁手续费等。

Ⅱ. 多项选择题

1. ABCD

解析:项目资本金可以用货币出资,也可以用实物、工业产权、非专利技术、土地使用权、资源开采权作价出资。对于项目资本金,投资者可按其出资的比例依法享有所有者权益,也可以转让其出资,但不承担这部分资金的任何利息和债务,也不得以任何方式抽回。

2. ABCD

解析:筹措项目资金时应满足的基本要求包括:①合理确定资金需要量,力求提高筹资效果;②认真选择资金来源,力求降低资金成本;③适时取得资金,保证资金投放需要;④适时维持自有资金比例，正确安排举债经营。

3. ABCE

解析：建设项目可通过政府投资、股东直接投资、发行股票、吸收国外资本直接投资等多种方式来筹集资本金。

4. ABCE

解析：通过政府投资筹集项目资本金的，国家根据资金来源、项目性质和调控需要，分别采取直接投资、资本金注入、投资补助、转贷和贷款贴息等方式，并按项目安排政府投资。

5. ACD

解析：发行股票筹资的缺点有：①资金成本高。购买股票承当的风险比购买债券高，投资者只有在股票的投资报酬高于债券的利息收入时，才愿意投资于股票。此外，债券利息可在税前扣除，而股息和红利必须在税后利润中支付，这样就是得股票筹资的资金成本大大高于债券筹资的资金成本。②增发普通股需给新股东投票权和控制权，从而降低原有股东的控制权。③上市公司公开发行股票，必须公开披露信息，接受投资者和社会公众的监督。

6. ABDE

解析：项目负债筹资一般包括银行贷款、发行债券、设备租赁和借入国外资金等方式。

7. ACDE

解析：债券筹资的优点包括：①支出固定。不论企业将来盈利如何，它只需付给持券人固定的债券利息。②企业控制权不变。债券持有者无权参与企业管理，因此，公司原有投资者控制权不因发行债券而受到影响。③少纳所得税。合理的债券利息可计入成本，实际上等于政府为企业负担了部分债券利息。④可以提高自有资金利润率。如果企业投资报酬率大于利息，由于财务杠杆的作用，发行债券可提高股东投资报酬率。本题选项 B 为发行股票筹资的优点。

8. ABC

解析：设备租赁的方式可分为融资租赁、经营租赁和服务出租等。

9. ABCDE

解析：采取设备租赁方式筹资时，租赁期满后，承租人可以从以下的处理方法中选择：将所租设备退还出租人、延长租期、作价购进所租设备、要求出租人更新设备，另订租约。

10. ABC

解析：融资租赁是设备租赁的重要形式，是一种融资与融物相结合的筹资方式，它将贷款、贸易与出租三者有机地结合在一起。

Ⅲ. 判断题

1. ×

解析：实行资本金制度的投资项目，在项目可行性研究报告中要就资本金筹措情况作出详细说明，包括出资方、出资方式、资本金来源及数额、资本金认缴进度等有关内容。

2. ×

解析：计算项目资本金基数的总投资，是指投资项目的固定资产投资与铺底流动资金之和。

3. ×

解析：项目资本金可以用货币出资，也可以用实物、工业产权、非专利技术、土地使用权作价出资,但除国家对采用高新技术成果有特别规定的外,其比例不得超过投资项目资本金总额的 20%。

4. ×

解析:股票是股份公司发放给股东作为已投资入股的证书和索取股息的凭证,是可作为买卖对象或质押品的有价证券。而债券则是借款单位为筹集资金而发行的一种信用凭证,它证明持有人有权按期取得固定利息并到期收回本金。

5. √

解析:发行股票筹资的优点之一是,股票筹资是一种有弹性的融资方式。与债券的利息不同,由于股票的股息或红利不需要按期支付,当公司经营不佳或现金短缺时,董事会有权决定不发股息或红利,因而公司融资风险低。

6. √

解析:由于股票无到期日,因此其投资属永久性投资,公司不需为偿还资金而担心。

7. ×

解析:发行股票筹措的资金属于资本金,属于非债务性资金,它不会提高企业负债比率。而发行债券属于负债筹资方式之一,它筹措的资金属于项目的债务性资金,构成企业的负债。因此,发行债券会提高企业负债比率,增加企业风险,降低企业的财务信誉。

8. ×

解析:项目资本金可以用货币出资,也可以实物、工业产权、非专利技术、土地使用权作价出资。以实物、工业产权、非专利技术、土地使用权作价出资的,还需附有资产评估证明等有关材料。

(二)公路建设项目资金成本、资本结构与融资方式

Ⅰ.单项选择题

1. A

解析:资金筹集成本是指在资金筹集过程中所支付的各项费用,如发行股票或债券支付的印刷费、发行手续费、律师费、资信评估费、公证费、担保费、广告费等。资金筹集成本一般属于一次性费用,筹资次数越多,资金筹集成本也就越大。

2. D

解析:资本结构是指企业各种长期资金筹集来源的构成和比例关系。在通常情况下,企业的资本结构由长期债务资本和权益资本构成。资本结构指的就是长期债务资本和权益资本各占多大比例。短期资金的需要量和筹集是经常变化的,且在整个资金总量中所占比重不稳定,因此,不列入资本结构管理范围,而作为营运资金管理。

3. D

解析:资金使用成本又称资金占用费,是指占用资金而支付的费用,它主要包括支付给股东的各种股息和红利、向债权人支付的贷款利息以及支付给其他债权人的各种利息费用等。资金使用成本一般与所筹集的资金多少以及使用时间的长短有关,具有经常性、定期性的特征,是资金成本的主要内容。

4. A

解析:债券成本率 $K_B = 400 \times 8\% (1-25\%)/[500 \times (1-5\%)] = 5.05\%$。

5. D

解析:财务风险是指全部资本中债务资本比率的变化带来的风险。当债务资本比率较高时,投资者将负担较多的债务成本,并经受较多的负债作用所引起的收益变动的冲击,从而加大财务风险;反之,当债务资本比率较低时,财务风险较小。

6. D

解析:普通股成本率 $K_c = D_c/[P_c(1-f)] + g = 1/[20 \times (1-12\%)] + 10\% = 15.68\%$。

7. B

解析:每股收益(EPS) $= (S - VC - F - I) \times (1-T)/N$

$$= (8\,000 - 5\,000 - 1\,000 - 600) \times (1-25\%)/10\,000 = 0.105\text{(万元)}$$

8. C

解析:优先股的资金成本 $= i/(1-f) = 9\%/(1-3\%) = 9.28\%$;应付长期债券的资金成本 $= i_b \times (1-T)/(1-f) = 7\% \times (1-25\%)/(1-5\%) = 5.53\%$;加权平均资金成本率 $K_W = 9.28\% \times 1\,200/4\,000 + 5.53\% \times 2\,800/4\,000 = 6.65\%$。

9. C

解析:每股收益分析是利用每股收益的无差别点进行的。所谓每股收益的无差别点,是指每股收益不受融资方式影响的销售水平。根据每股收益无差别点,可以分析判断不同销售水平下适用的资本结构。

10. C

解析:融资是指为项目投资而进行的资金筹措行为。与传统的贷款方式相比,项目融资具有以下特点:①项目导向;②有限追索;③风险分担;④非公司负债型融资;⑤信用结构多样化;⑥融资成本较高。

11. A

解析:PFI 即“私人主动融资”,是指由私营企业进行项目的建设与运营,从政府方或接受服务方收取费用以回收成本。在这种方式下,政府以不同于传统的由政府负责提供公共项目产出的方式,而采取促进私人部门有机会参与基础设施和公共物品的生产和提供公共服务的一种全新的公共项目产出方式。公共部门或者作为服务的主要购买者,或者充当实施的基本的法定授权控制者,这是政府部门必须坚持的基本原则;同时与买断经营也有所不同,买断经营方式中的私人部门受政府的制约较小,是比较完全的市场行为,私人部门既是资本财产的所有者又是服务的提供者。PFI 方式的核心旨在增加包括私人部门参与的公共服务或者使公共服务的产出大众化。

12. B

解析:债券的资金成本率 $= 5\,000 \times 7\% \times (1-33\%)/[5\,000 \times (1-5\%)] = 4.94\%$

银行贷款资金成本率 $= 8\% \times (1-33\%)/(1-2\%) = 5.47\%$

加权评价资金成本率 $= 4.94\% \times 5\,000/(5\,000 + 3\,000) + 5.47\% \times 3\,000/(5\,000 + 3\,000)$

$$= 5.14\%$$

13. A

解析:资本结构是否合理,通常需要通过分析每股收益的变化来衡量,能提高每股收益的资本结构是合理的;反之则不够合理。每股收益的高低不仅受资本结构的影响,还受到销售水平的影响。可运用融资的每股收益分析方法分析三者的关系。

14. C

解析:ABS 融资方式的运作过程,主要包括以下几个步骤:①组建 SPC;②SPC 与项目结合;③进行信用增级;④SPC 发行债券;⑤SPC 的偿债。

TOT 融资方式的运作过程一般包括以下步骤:①东道国项目发起人设立 SPC,发起人把完工项目的所有权和新建项目的所有权均转让给 SPC,以确保有专门机构对两个项目的管理、移交、建造负有全责,并对出现的问题加以协调;②SPC 与外商洽谈以达成移交投产运行项目在未来一定期限内全部或部分经营权的协议,并取得资金;③东道国利用获得的资金来建设新项目;④新项目投入运行;⑤移交经营项目期满后,收回移交的项目。

15. B

解析:资金成本具有一般产品成本的基本属性。资金成本是企业的耗费,企业要为占用资金而付出代价、支付费用,而且这些代价或费用最终也要作为收益的扣除额来得到补偿。但是资金成本中只有一部分具有产品成本的性质,即这一部分耗费计入产品成本,而另一部分则作为利润的分配,不能列入产品成本。

16. A

解析:资本结构是指企业各种长期资金筹集来源的构成和比例关系。短期资金的需要量和筹集是经常变化的,且在整个资金总量中所占比重不稳定,因此,不列入资本结构管理范围,而作为营运管理。在通常情况下,企业的资本结构由长期债务资本和权益资本构成。资本结构指的就是长期债务资本和权益资本各占多大比例。

17. D

解析:从根本上讲,财务管理的目标在于追求公司价值的最大化或股价最大化。

18. C

解析:经营风险是指企业因经营上的原因而导致利润变动的风险。影响企业经营风险的因素很多,主要有:产品需求、产品售价、产品成本、调整价格的能力、固定成本的比重。在这些影响因素中,固定成本比重的影响非常重要。在企业全部成本中,固定成本所占比重较大时,单位产品分摊的固定成本额就多,若产品量发生变动,单位产品分摊的固定成本会随之变动,最后导致利润更大幅度地变动,经营风险就大;反之,经营风险就小。

19. C

解析:该优先股资金成本率计算如下:

$$K_p = (P_o \cdot i)/[P_o \times (1-f)] = (100 \times 12\%)/[100 \times (1-3\%)] = 12.40\%$$

20. B

解析:资金成本率 = 资金使用费用/(筹资总额 - 筹资费用) = $D/(P-F) = 18 \times 9\%/(18-18 \times 10\%) = 10.00\%$。

21. B

解析:(1)BOT 方式,即建设—经营—移交,是指投资财团愿意自己融资,建设基础设施项目,并在项目所在国政府授予的特许期内经营该项目,以经营收入抵偿建设投资,并获得一定收益,经营期满后将该项目转让给政府机构。

(2)TOT 方式,即移交—经营—移交,是项目融资的一种新兴方式。它是指通过出售现有投产项目在一定期限内的现金流量,从而获得资金来建设新项目的一种融资方式。

(3)ABS 方式,是以资产支持的证券化。具体讲,它是以目标项目所拥有的资产为基础,以该项目资产的未来收益为保证,通过在国际资本市场上发行债券筹集资金的一种项目融资方式。

(4)PFI 方式,即"私人主动融资",是指由私营企业进行项目的建设与运营,从政府方或接受服务方收取费用以回收成本。在这种方式下,政府以不同于传统的由政府负责提供公共项目产出的方式,而是采取促进私人部门有机会参与基础设施和公共物品的生产和提供公共服务的一种全新的公共项目产出方式。

22. D

解析:理论上 BOT 方式、ABS 方式、TOT 方式以及 PFI 方式四种融资方式均可用于基础设施建设项目,但相对而言 BOT 和 ABS 最适用于基础设施建设项目的融资,而且实际应用较多。

23. D

解析:ABS 是以资产支持的证券化。具体讲,它是以项目所拥有的资产为基础,以该项目资产的未来收益为保证,通过在国际资本市场上发行债券筹集资金的一种项目融资方式。采用 ABS 融资首先要组建一个人特别用途的公司 SPC,它是进行融资的载体,由 SPC 直接在资本市场上发行债券募集资金,或者经过 SPC 通过信用担保,由其他机构组织债券发行,并将募集的资金用于项目建设。

24. B

解析:项目融资的特点如下:①项目导向;②融资成本较高;③借款人和贷款人共同分担项目的风险;④贷款人可以在贷款的某个特定阶段(或一个规定的范围内)对项目借款人实行追索;⑤项目融资属于资产负债表之外的融资(即非公司负债型融资);⑥融资结构复杂(包括项目的投资结构、项目的融资结构、项目的资金结构、项目的信用保证结构)。

25. B

解析:项目的资金结构分析应包括项目筹集资金中股本资金、准股本资金和债务资金的形式、各种资金所占比例以及资金的来源。

26. C

解析:常见的项目融资方式包括 BOT 方式、PPP(公私合作)方式、ABS 方式、TOT 方式和 PFI 方式等。在上述这些融资方式中,需要组建一个特别用途公司(SPC)进行运作的有 ABS 方式和 TOT 方式,而不需要组建 SPC 的则是 BOT、PPP 和 PFI 方式。

27. A

解析:该债券为折价发行(总面额 900 万元,发行价格 800 万元),根据债券折价发行,债券成本的计算式,该债券成本率 K_B 为:

$$K_B = 900 \times 14\% \times (1-25\%)/[800 \times (1-4\%)] = 12.30\%$$

28. D

解析:该债券为溢价发行(总面额 800 万元,发行价格 900 万元),根据债券溢价发行,债券成本的计算式,该债券成本率 K_B 为:

$$K_B = 800 \times 12\% \times (1-33\%)/[900 \times (1-4\%)] = 7.444\%$$

29. C

解析:在 BOT、ABS、TOT、PFI、PPP 等融资方式中,政府对项目运营有控制权的是 ABS、TOT、PPP,无控制权的则是 BOT、PFI。

30. C

解析:资本结构是否合理,通常需要分析每股收益的变化来衡量,能提高每股收益的资本结构是合理的;反之则不够合理。每股收益的高低不仅受资本结构的影响,还受到销售水平的影响。每股收益分析是利用每股收益的无差别点进行的。所谓每股收益的无差别点,是指每股收益不受融资方式影响的销售水平。根据每股收益无差别点,可以分析判断不同销售水平下适用的资本结构。

31. B

解析:融资结构分析阶段的主要内容就是分析和评价项目的风险因素,评价项目的融资结构和资金结构。

32. A

解析:企业贷款新建一个项目,若贷款协议中,借款方以其企业全部收益作为贷款担保,这时我们称贷款方对借款方有完全追索权;若贷款协议中,借款方以该新建项目建成后生产经营所获得的收益偿还债务。如果新项目建设失败,贷款方只能从清理该项目的资产中收回一部分贷款,除此之外,不能要求该企业从别的资金来源归还贷款,这时我们称贷款方对借款方无追索权;若贷款协议中,只要求借款方把特定的一部分资产作为贷款担保,这时我们称贷款方对借款方有有限追索权。

33. A

解析:在每股收益无差别点上,无论是采用负债融资,还是采用权益融资,每股收益都是相等的。

34. A

解析:企业自有资金利润率按下式计算:自有资金利润率 = [息前税前资金利润率 + (息前税前资金利润率 - 借入资金利息率) × 负债比率](1 - 企业所得税税率)。

由上式可知:如果企业的息前税前资金利润率越高,借入资金利息率越低,负债比率越大,则企业自有资金利润率就越高。

35. C

解析:BOT融资方式由项目所在国政府或其所属机构为项目的建设和经营提供一种“特许权协议”作为项目融资的基础,由本国公司或者国外公司作为项目的投资者和经营者安排融资,承担风险,开发建设项目并在特许协议期间经营项目获得商业利润。特许期满后,根据协议将该项目转让给政府机构。

Ⅱ. 多项选择题

1. ACD

解析:资金成本一般包括资金筹集成本和资金使用成本两部分资金。其中筹集成本是指在资金筹集过程中所支付的各项费用,如发行股票或债券支付的印刷费、发行手续费、律师费、资信评估费、公证费、担保费、广告费等。资金筹集成本一般属于一次性费用,筹资次数越多,资金筹集成本也就越大。资金使用成本又称资金占用费,是指占用资金而支付的费用,它主要包括支付给股东的各种股息和红利、向债权人支付的贷款利息以及支付给其他债权人的各种利息费用等。资金使用成本一般与所筹集的资金多少以及使用时间的长短有关,具有经常性、定期性的特征,是资金成本的主要内容。

2. ABE

解析:最佳的筹资方案是既可以使企业达到最佳资本结构、资金成本较低,又可以使企业所面临的筹资风险较小(处于企业可承受的范围内)的方案。因此,在进行筹资决策时,应同时考虑到筹资风险与资金成本对项目的影响。资本结构是指企业各种长期资金筹集来源的构成和比例关系。短期资金的需要量和筹集是经常变化的,且在整个资金总量中所占比重不稳定,因此,不列入资本结构管理范围,而作为营运资金管理。在通常情况下,企业的资本结构由长期债务资本和权益资本构成。资本结构指的就是长期债务资本和权益资本各占多大比例。资本结构是否合理,通常需要分析每股收益的变化来衡量。

3. BC

解析:资金成本一般包括资金筹集成本和资金使用成本两部分。

资金筹集成本是指在资金筹集过程中所支付的各项费用,如发行股票或债券支付的印刷费、发行手续费、律师费、资信评估费、公证费、担保费、广告费等。资金筹集成本一般属于一次性费用,筹资次数越多,资金筹集成本也就越大。

资金使用成本又称资金占用费,是指占用资金而支付的费用,它主要包括支付给股东的各种股息和红利、向债权人支付的贷款利息以及支付给其他债权人的各种利息费用等。资金使用成本一般与所筹集的资金多少以及使用时间的长短有关,具有经常性、定期性的特征,是资金成本的主要内容。

4. AD

解析:项目融资是以项目本身为主体安排的融资,和项目的投资者没有关系,其资金来源主要依赖于项目的现金流量而不是依赖于项目投资者的资信。可以实现融资项目的有限追索,进而实现项目投资者非公司负债型融资的要求,并可以实现风险分担,信用结构多样化,但融资成本相对较高。

5. ABCE

解析:BOT 融资方式的优点主要包括:①拓宽资金来源,减少政府的财政支出和债务负担,加快发展基础设施;②降低政府风险;③合理利用资源,有利于发展国民经济和金融资本市场;④可发挥外资和私营机构的能动性和创造性,提高建设、经营、维护和管理效率,有利于引进先进的管理和技术;⑤减少资本金支出,减轻借款方的债务负担;⑥提高了项目投资者的谈判地位,达到最有利的税收条件等。

BOT 融资方式的缺点主要包括:①政府承担政治和外汇等风险,税收流失;②项目使用价格较高,造成国民不满;③耗时长,风险多,合同结构复杂,谈判难度大;④融资成本较高,投资额大,投资期长,收益不确定性大等。

6. BC

解析:资本结构是指企业各种长期资金筹集来源的构成和比例关系。在通常情况下,企业的资本结构由长期债务资本和权益资本构成。资本结构指的就是长期债务资本和权益资本各占多大比例。

7. ABCE

解析:项目的投资结构,即项目的资产所有权结构,是指项目的投资者对项目资产权益的法律援助形式和项目投资者之间的法律合作关系。采用不同的项目投资结构,投资者对其资产的拥有形式,对项目产品、项目现金流量的控制程度,以及投资者在项目中所承担的债务责任和所涉及的税务结构都会有很大的差异。因此,投资者在决定项目投资结构时,需要考虑的因素主要包括项目的产权形式、产品分配方式、决策程序、债务责任、现金流量控制、税务结构和会计处理等。

8. ABCD

解析:常见的项目融资方式有:①BOT 方式(建设—经营—移交);②ABS 方式(以资产支持的证券化);③TOT 方式(移交—经营—移交);④PFI 方式(私人主动融资);⑤PPP 方式(公私合作)等。EPC 则是工程总承包的一种模式(设计—采购—施工总承包)。

9. BD

解析:通常所讲的资金成本为狭义上的资金成本,它是指筹集和使用长期资金(包括自有资金和借入长期资金)的成本。资金成本中只有一部分具有产品成本的性质,即这一部分耗费计入产品成本,而另一部分作为利润的分配,不能列入产品成本。

10. BC

解析:项目的资金结构指的是项目中股本资金、准股本资金和债务资金的形式、相互之间比例关系以及相应的来源。资金结构是由投资结构和融资结构决定的,但反过来又会影响项目融资结构的设计。

Ⅲ. 判断题

1. √

解析:资金使用成本又称资金占用费,是指占用资金而支付的费用,它主要包括支付给股东的各种股息和红利、向债权人支付的贷款利息以及支付给其他债权人的各种利息费用等。资金使用成本一般与所筹措资金的多少以及使用时间的长短有关,具有经常性、定期性的特征,是资金成本的主要内容。

2. √

解析:资金筹集成本是在资金筹措过程中支付的各项费用。资金筹集成本一般属于一次性费用,它与筹资次数有关。它是在筹措资金时一次性支付的,在使用资金过程中不再发生,因此可作为筹资金额的一项扣除。

3. √

解析:在商品经济社会资金的所有权与使用权是可以分离的。资金的所有者可以将资金的使用权让渡给资金的使用者从而取得相应的补偿费用。换句话说,资金的使用者通过某种方式取得资金的使用权而暂时地取得这些资金的使用价值,就要为资金所有者暂时地丧失其使用价值而付出代价,即承担资金成本。

4. ×

解析:资金成本是资金使用者向资金所有者和中介机构支付的占用费和筹资费。

5. ×

解析:资金成本具有一般产品成本的基本属性。但是资金成本中只有一部分具有产品成本的性质,这一部分耗费应计入产品成本,而另一部分则作为利润的分配,是不能计入产品成本的。

6. √

解析:根据资金来源的不同,企业中的资金由自有资金(资本金)和负债资金组成,即资金结构由借入资金和自有资金组合而成。

7. √

解析:资金成本是企业从事生产经营活动必须挣得的最低收益率。企业无论以什么方式取得的资金,都要实现这一最低收益率,才能补偿企业因筹资而支付的所有费用。若企业的利润率高于资金成本,可以认为经营良好;反之,企业经营欠佳。

8. √

解析:企业发行债券后,所支付的债券利息列入企业的费用开支,因而使企业少缴一部分所得税。

9. ×

解析:最佳的筹资方案是指既使企业达到最佳资本结构、筹资成本最低,又使企业所面临的筹资风险最小的筹资方案。

10. √

解析:融资的每股收益会对企业长期资本价值产生影响,进而影响资本结构。因此。资本结构是否合理,通常需要分析每股收益的变化来衡量,能提高每股收益的资本结构是合理的;反之则不够合理。

11. √

解析:企业的资本结构中包含有长期负债资本,因此适度负债是企业生产经营所必需的。企业可通过合理安排资本结构,适度负债,使财务杠杆利益抵消风险增大带来的不利影响。

12. √

解析:项目融资中,贷款人对借款人只有有限追索权,而无完全追索权。这就是说,对于与项目有关的各种风险要素,需要以某种形式在项目投资者(借款人)、与项目开发有直接或间接利益关系的其他参与者和贷款人之间进行分担。换句话说,项目主办人通过融资,将原来应由他自己承担的还债义务,部分地转移到该项目身上,也就是将原来由借款人承担的风险部分地转移给贷款人,由借贷双方共担项目风险。

13. ×

解析:ABS 是由 SPC 直接在国际资本市场上发行债券筹集资金的一种项目融资方式。

14. ×

解析:由于 BOT 项目的所有权、运营权在特许期内属于项目公司。换句话说,在特许期内项目经营的决策权被项目公司所控制。因此,某些关系国计民生的要害部门是不能采用 BOT 方式的。

(三)公路建设项目成本管理的内容和方法

Ⅰ.单项选择题

1. C

解析:工程项目成本管理是指承包企业为使项目成本控制在计划目标之内所进行预测、计划、控制、核算、分析和考核等管理工作。工程项目成本管理的流程为:成本预测→成本计划→成本控制→成本核算→成本分析→成本考核。

2. B

解析:成本控制是指在项目实施过程中,对影响项目成本的各项要素,即施工生产所耗费的人力、物力和各项费用开支,采取一定措施进行监督、调节和控制,及时预防、发现和纠正偏差,保证项目成本目标的实现。成本控制应贯穿于项目建设的各个阶段,是项目成本管理的核心内容。

3. B

解析:项目成本计划的编制方法包括:目标利润法;技术进步法;按实计算法;定率估算法

(历史资料法)。

4. C

解析:挣值分析法是对工程项目成本—进度进行综合控制的一种分析方法。通过比较已完工程预算成本与已完工程实际成本之间的差值,可以分析由于实际价格的变化而引起的累计成本偏差;通过比较已完工程预算成本与拟完工程预算成本之间的差值,可以分析由于进度偏差而引起的累计成本偏差。并通过计算后续未完工程的计划成本余额,预测其尚需的成本数额,从而为后续工程施工的成本、进度控制及寻求降低成本挖潜途径指明方向。

5. A

解析:由于表格核算法具有便于操作和格式自由等特点,可以根据企业管理方式和要求设置各种表格。因而对项目内各岗位成本的责任核算和控制采用表格核算法比较实用。

6. A

解析:由于采购量增加而使外购商品混凝土成本增加的金额为:(3 100 - 3 000) ×420 = 42 000(元) =4.2(万元)。

7. C

解析:工程项目成本管理包括两个不同层次:①企业管理层;②项目管理层。其中项目管理层应是项目生产成本的控制中心,负债执行企业对项目提出的成本管理目标,在企业授权范围内实施可控责任成本的控制。

8. A

解析:挣值分析法是项目成本控制的方法之一。它是对工程项目成本—进度进行综合控制的一种分析方法。通过比较已完工程预算成本与已完工程实际成本之间的差值,可以分析由于实际价格的变化而引起的累计成本偏差;通过比较已完工程预算成本与拟完工程预算成本之间的差值,可以分析由于进度偏差而引起的累计成本偏差。

9. A

解析:项目成本分析的基本方法包括:比较法、因素分析法、差额计算法、比率法等。

(1)比较法(又称指标对比分析法):是通过技术经济指标的对比,检查目标的完成情况,分析产生差异的原因,进而挖掘内部潜力的方法。这种方法具有通俗易懂、简单易行、便于掌握的特点,因而得到了广泛的应用。

(2)因素分析法(又称连环置换法):这种方法可用来分析各种因素对成本的影响程度。

(3)差额计算法:是因素分析法的一种简化形式,它利用各个因素的目标值与实际值的差额来计算其对成本的影响程度。

(4)比率法:是指用两个以上的指标的比例进行分析的方法。其基本特点是:先把对比分析的数值变成相对数,再观察其相互之间的关系。常用的比率法有以下几种:

①相关比率法:是通过将两个性质不同而又相关的指标加以对比,求出比率,并以此来考察经营成果的好坏。

②构成比率法:又称比重分析法或结构对比分析法,是通过计算某技术经济指标中各组成部分占总体比重进行数量分析的方法。通过构成比率,可以考察项目成本的构成情况,将不同时期的成本构成比率相比较,可以观察成本构成的变动情况,同时也可看出量、本、利的比例关系(即目标成本、实际成本和降低成本的比例关系),从而为寻求降低成本的途径指明方向。

③动态比率法:是将同类指标不同时期的数值进行对比,求出比率,以分析该项指标的发

展方向和发展速度的方法。动态比率的计算通常采用定基指数和环比指数两种方法。

10. C

解析:工程项目成本控制的方法包括:①项目成本分析表法;②工期—成本同步分析法;③挣值分析法;④价值工程法。

11. B

解析:成本预测的方法可分为定性预测和定量预测两大类。

(1)定性预测:是指成本管理人员根据专业知识和实践经验,通过调查研究,利用已有资料,对成本费用的发展趋势及可能达到的水平所进行的分析和推断。这种方法简便易行,在资料不多、难以进行定量预测时最为适用。常用的定性预测方法是调查研究判断法,具体方式有座谈会法和函询调查法。

(2)定量预测:是利用历史成本费用统计资料以及成本费用与影响因素之间的数量关系,通过建立数学模型来推测、计算未来成本费用的可能结果。在成本费用预测中,常用的定量预测方法有加权平均法、回归分析法等。

12. A

解析:工程项目成本分析的基本方法包括:①比较法;②因素分析③差额计算法;④比率法。其中常用的比率法有相关比率法、构成比率法、动态比率法。

13. A

解析:企业管理层应是项目成本管理的决策与计划中心,负责确定项目投标报价和合同价格;确定项目成本目标和成本计划,通过项目管理目标责任书确定项目管理层的成本目标。

14. A

解析:为了减少数据的传递,提高数据的及时性,承包企业应在项目上设成本会计,进行项目成本核算,这将成为项目施工成本核算的发展趋势。

15. B

解析:成本计划是目标成本的一种表达形式,是建立项目成本管理责任制、开展成本控制和核算的基础,是进行成本费用控制的主要依据。承包企业的项目计划成本应通过投标与签订合同形成。目标成本是承包企业实施项目成本控制和工程价款结算的基本依据。

16. A

解析:在挣值分析法中,通过比较已完工程预算成本(BCWP)与已完工程实际成本(ACWP)之间的差值,可以分析由于实际价格的变化而引起的累计成本偏差。

17. B

解析:价值工程方法是对项目进行事前成本控制的重要方法。通过价值工程活动进行设计方案或施工方案的技术经济分析,确定最佳的设计方案或施工方案,从而达到降低成本的目的。

Ⅱ. 多项选择题

1. ABD

解析:施工项目成本包括:

(1)预算成本:是根据全国或地区制定的预算定额并按编制方法计算的工程成本。

(2)计划成本:是在预算成本的控制下,根据施工单位的生产技术、施工条件和生产经营管理水平,根据有关资料预测计划内成本,对于预算成本中可能节约和可能漏算的情况,都要明确地计算清楚确定成本降低措施后的计划成本额。

(3)实际成本:是施工项目在报告期内实际发生的各项生产费用的总和,是项目部成本管理的实际成果。实际成本与计划成本对比,可以反映项目部的成本控制水平。

2. AE

解析:企业的项目成本管理体系包括两个不同层次的管理职能:

(1)企业管理层的成本管理:企业管理层应是项目成本管理的决策与计划中心,确定项目投标报价和合同价格;确定项目成本目标和成本计划,通过项目管理目标责任书确定项目管理层的成本目标。

(2)项目管理层的成本管理:项目管理层应是项目生产成本的控制中心,负责执行企业对项目提出的成本管理目标,在企业授权范围内实施可控责任成本的控制。

3. ABCD

解析:工程项目成本管理是指承包企业为使项目成本控制在计划目标之内所进行预测、计划、控制、核算、分析和考核等管理工作。因此,工程项目成本管理的方法与内容包括:成本预测、成本计划、成本控制、成本核算、成本分析和成本考核。

4. ABDE

解析:项目成本预测的方法可分为定性预测和定量预测两大类。

(1)定性预测:最常用的定性预测方法是调查研究判断法,具体方式有座谈会法和函询调查法。

(2)定量预测:常用的定量预测方法有加权平均法和回归分析法。

5. ABCD

解析:项目成本控制的主要内容包括:①项目决策成本控制;②投标费用控制;③设计成本控制;④施工成本控制。

6. ABE

解析:项目成本控制的重点应放在项目经理部。成本控制过程包括计划预控、过程控制和纠偏控制三个重要环节。

7. BD

解析:分部分项工程成本分析是施工项目成本分析的基础。分部分项工程成本分析的方法是:进行预算成本、目标成本和实际成本的“三算”对比,分别计算实际成本与预算成本、实际成本与目标成本的偏差,分析偏差产生的原因,为今后的分部分项工程成本寻求节约的途径。

8. CDE

解析:工程项目施工成本计划的常用编制方法主要有:

(1)目标利润法:是指根据项目的合同价格扣除目标利润后得到目标成本的方法。

(2)技术进步法:是指以项目计划采取的技术组织措施和节约措施所能取得的经济效果为项目成本降低额,求项目目标成本的方法。

(3)按实计算法:是指以项目的实际资源消耗测算为基础,根据所需资源的实际价格,详细计算各项活动或各项成本组成的目标成本。

(4)定率估算法(历史资料法):是当项目非常庞大和复杂而需要分为几个部分时采用的方法。

9. AD

解析:工程项目成本核算的方法主要有:表格核算法和会计核算法。表格核算法是建立在内部各项成本核算的基础上,由各要素部门和核算单位定期采集信息,按有关规定填制一系列的表格,完成数据比较、考核和简单的核算,形成项目施工成本核算体系,作为支撑项目施工成本核算的平台。表格核算法需要依靠众多部门和单位支持,专业性要求不高。其优点是比较简洁明了,直观易懂,易于操作,适时性好。缺点是覆盖范围窄,核算债权债务等比较困难;且较难实现科学严密的审核制度,有可能造成数据失实,精度较差。

10. AE

解析:承包企业项目成本考核,包括企业对项目成本的考核和企业对项目经理部可控责任成本的考核。

11. ABCE

解析:成本分析的基本方法包括:比较法、因素分析法、差额计算法、比率法等。

12. AC

解析:项目成本核算方法主要有两种:表格核算法和会计核算法。一般情况下,用表格核算法进行项目施工各岗位成本的责任核算和控制,用会计核算法进行项目施工成本核算,两者互补,相得益彰,确保项目施工成本核算工作的开展。

13. BCE

解析:(1)承包企业项目成本控制的重要环节包括:计划预控,过程控制,纠偏控制。

(2)项目成本控制的主要内容包括:项目决策成本控制,投标费用控制,设计成本控制,施工成本控制。

14. BCE

解析:(1)项目成本控制的方法包括:项目成本分析表法;工期—成本同步分析法;挣值分析法;价值工程方法。

(2)项目成本分析的方法包括:因素分析法;比较法(又称指标对比分析法);差额计算法;比率法。

15. ABCE

解析:项目成本核算是承包企业成本管理最基础的工作,它所提供的各种信息是成本预测、成本计划、成本控制和成本考核等的依据。

Ⅲ. 判断题

1. ×

解析:企业成本管理的任务是将整个企业的成本、费用控制在预定计划之内,成本管理强调部门成本责任,涉及企业各个职能部门和机构。

2. ×

解析:(1)企业管理层应是项目成本管理的决策与计划中心。

(2)项目管理层应是项目生产成本的控制中心。

3. ×

解析:目标成本是承包企业实现项目成本控制和工程价款结算的基本依据。

4. √

解析:成本控制应贯穿于项目建设的各个阶段,是项目成本管理的核心内容,也是项目成本管理中不确定因素最多、最复杂、最基础的管理内容。

5. √

解析:项目成本核算的范围应以项目经理责任成本目标为基本核算范围。

6. ×

解析:项目成本核算的方法主要有表格核算法和会计核算法。

7. √

解析:影响施工机械使用费的主要因素是机械台班单价,而在台班单价中所占比重最大的往往就是折旧费。

(四)公路建设项目资产评估的内容和方法

Ⅰ.单项选择题

1. D

解析:所谓资产评估是指通过对资产某一时点价值的估算,从而确定其价值的经济活动。

2. A

解析:按照有关规定,应当进行资产评估的各项特定的资产业务,都是涉及产权变动的资产业务;可以进行资产评估的各项特定的资产业务,都是不涉及产权变动的资产业务。

3. B

解析:应当进行资产评估的情形包括:①资产拍卖、转让;②企业兼并、出售、联营、股份经营;③与外国公司、企业和其他经济组织或个人开办中外合资经营或中外合作经营企业;④企业清算。

4. C

解析:资产占有单位有下列情形之一,当事人认为需要的,可以进行资产评估:①资产抵押及其他担保;②企业租赁;③需要进行资产评估的其他情形。

5. D

解析:下列资产评估的资产业务,都不涉及产权变动:①资产抵押及其他担保;②企业租赁;③可以进行资产评估的其他情形。

6. B

解析:机器设备的评估方法主要有:

(1)成本法:又称重置成本法,是指在评估资产时按被评估资产的现时重置成本扣除其各项损耗价值来确定被评估资产价值的方法。

(2)市场法:又称现行市价法或市场价格比较法,是指通过比较被评估的资产与最近售出类似资产的异同,并将类似资产的市场价格进行调整,从而确定被评估资产价值的一种资产评估方法。

7. C

解析:土地使用权评估方法包括:①市场比较法;②收益法(也称收益还原法,收益资本化法);③成本法(也称重置成本法);④假设开发法;⑤路线价评估法。

Ⅱ.多项选择题

1. ACDE

解析:国有资产评估的程序为:申请立项→资产清查→评定估算→验证确认。

2. AC

解析:机器设备评估的方法包括:①成本法(也称重置成本法);②市场法(又称现行市价法或市场价格比较法)。

3. BD

解析:机器设备的重置成本可分为以下两种:

(1)复原重置成本:是指用与原资产相同的材料、建造标准、设计结构和技术条件等以现行价格再购建全新资产所需的成本。

(2)更新重置成本:是指利用新型材料、新技术标准,以现时价格构建相同功能的全新资产所需的成本。

4. BCE

解析:采用重置成本法计算机器设备资产评估价值的公式如下:

资产评估价值 = 重置成本 - 实体性贬值 - 功能性贬值 - 经济性贬值

采用重置成本法时应考虑的资产贬值包括实体性贬值、功能性贬值、经济性贬值。

5. ABDE

解析:土地使用权评估的方法包括:①市场比较法;②收益法(也称收益还原法,收益资本化法);③成本法(也称重置成本法);④假设开发法;⑤路线价评估法。

Ⅲ. 判断题

1. ×

解析:资产评估是指通过对资产某一时点价值的估算,从而确定其价值的经济活动。

2. √

解析:机器设备评估的特点之一就是主要以单台、单件为评估对象。评估人员应该逐台(件)进行检测和评估。

3. ×

解析:机器设备的资产贬值包括以下三种:

(1)实体性贬值是指由于使用磨损和自然磨损而形成的资产贬值。

(2)功能性贬值是指由于新技术的发展导致资产功能陈旧而带来的原资产贬值。

(3)经济性贬值是指因机器设备外部因素引起的设备价值贬值,如设备所生产的产品滞销、原材料价格上涨、竞争加剧等,其最终表现为设备的利用率下降、收益额减少。

4. √

解析:无形资产是指企业长期使用但没有实物形态的资产,包括专利权、商标权、著作权、土地使用权、非专利技术、商誉等。土地使用权是一种无形资产,因此土地使用权评估属于无形资产评估。

(五)与工程造价有关的税收及保险的内容

Ⅰ. 单项选择题

1. D

解析:营业税的纳税人是指在我国境内提供应税劳务、转让无形资产或者销售不动产的单位和个人。建筑企业承包工程的行为属于提供应税劳务。

2. B

解析:企业的下列收入为免税收入:①国债利息收入;②符合条件的居民企业之间的股息、红利等权益性投资收益;③在中国境内设立机构、场所的非居民企业从居民企业取得与该机构、场所有实际联系的股息、红利等权益性投资收益;④符合条件的非营利组织的收入。

3. C

解析:企业所得税的计税依据为应纳税所得额,即企业每一纳税年度的收入总额,减除不征税收入、免税收入、各项扣除以及允许弥补的以前年度亏损后的余额。这里指的弥补以前年度亏损是指,根据利润的分配顺序,企业发生的年度亏损,在连续5年内可以用税前利润进行弥补。

4. B

解析:企业所得税的计税依据为应纳税所得额,其计算公式如下:

应纳税所得额 = 收入总额 - 不征税收入 - 免税收入 - 各项扣除 - 弥补以前年度亏损

上式中的各项扣除是指,企业实际发生的与取得收入有关的、合理的支出,包括成本、费用、税金、损失和其他支出,准予在计算应纳税所得额时扣除。同时,企业发生的公益性捐赠支出,在年度利润总额12%以内的部分,准予在计算应纳税所得额时扣除。

5. B

解析:建筑业和销售不动产营业税计税依据的具体规定如下:

(1)总承包企业将工程分包的,以全部承包额减去付给分包单位价款后的余额为营业额。

(2)从事建筑、修缮、装饰工程作业的,无论是"包工包料"还是"包工不包料",营业额均包括工程所用原材料及其他物资和动力的价格;从事安装工程作业的,凡安装的设备价值作为安装工程产值的,营业额包括设备价款营业额。

(3)自建自用的房屋不纳营业税;自建房屋对外销售(不包括个人自建自用住房销售)的,其自建行为应按建筑业缴纳营业税,再按销售不动产缴纳营业税。

(4)单位和个人销售或转让其购置的不动产或受让的土地使用权,以全部收入减去不动产或土地使用权的购置或受让原价后的余额为营业额。

6. D

解析:基本建设单位和从事建筑安装业务的企业附设的工厂、车间生产的水泥预制构件、其他构件或建筑材料,用于本单位或本企业的建筑工程的,应在移送使用时征收增值税。但对其在建筑现场制造的预制构件,凡直接用于本单位或本企业建筑工程的,征收营业税,不征收增值税。

7. A

解析:营业税实行差别比例税率,对同一行业实行同一税率,对不同行业实行不同税率。建筑业的营业税税率为3%。

8. D

解析:城市维护建设税根据纳税人所在地的不同,分别规定不同的比例税率。其中,纳税人所在地在市区的,税率为7%;纳税人所在地在县城或镇的,税率为5%;纳税人所在地不在市区、县城或镇的,税率为1%。

9. B

解析:城市维护建设税以实际缴纳的增值税、消费税和营业税之和为计税依据,与增值税、消费税和营业税同时缴纳。施工企业、房地产开发企业应该以实际缴纳的营业税税额为计税依据,同时缴纳城市维护建设税。

10. D

解析:关于所得税应注意以下几点:

(1)应纳税所得额等于收入总额减去不征税收入、免税收入、各项扣除和弥补以前年度亏损。

(2)赞助支出属于不得扣除的支出,但对于公益性捐赠支出,在年度利润总额12%以内的部分,应予扣除;对扣除范围以外的公益性捐赠,不得扣除。

(3)企业所得税按25%的税率征收,对重点扶持的高新技术企业按减除15%的税率征收。

11. D

解析:现行税收规定:自建自用的房屋不纳营业税;自建房屋对外销售(不包括个人自建自用住房销售)的,其自建行为应按建筑业缴纳营业税,再按销售不动产缴纳营业税。

12. D

解析:城市维护建设税与教育费附加的计税依据是以实际缴纳的增值税、营业税、消费税之和。

13. B

解析:工程保险越来越得到广泛运用,这是因为其符合风险分担的原则。

14. B

解析:按照现行税收规定,企业收入总额中的下列收入为不征税收入:①财政拨款;②依法收取并纳入财政管理的行政事业性收费、政府性基金;③国务院规定的其他不征税收入。本题选项C中的国债利息收入属于免税收入。

15. A

解析:公路施工合同条款规定,建筑工程一切险和第三者责任险的保险费应由发包人承担。

Ⅱ.多项选择题

1. ABCD

解析:营业税的纳税人是指在我国境内提供应税劳务、转让无形资产或者销售不动产的单位和个人。这里所说的单位是指发生应税行为,并向对方收取货币、货物和其他经济利益的单位,无论其是否独立核算,均为营业税的纳税义务人。这里所说的个人是指个体工商户及其他经营行为的个人。

2. ABCD

解析:计算企业所得税时,不得扣除的支出有:向投资者支付的股息、红利等权益性投资收益款项;企业所得税税款;税收滞纳金;罚金、罚款和被没收财物的损失;允许扣除范围以外的捐赠支出;赞助支出;未经核定的准备金支出;与取得收入无关的其他支出。

3. CD

解析:企业的下列收入为免税收入:①国债利息收入;②符合条件的居民企业之间的股息、红利等权益性投资收入;③符合条件的非营利组织的收入;④在中国境内设立机构、场所的非居民企业从居民企业取得与该机构、场所有实际联系的股息、红利等权益性投资收入。

4. ABCE

解析:教育费附加以实际缴纳的增值税、消费税、营业税的税额为计税依据,与增值税、消费税和营业税同时缴纳。

5. ABDE

解析:城市维护建设税根据纳税人所在地的不同,分别规定不同的比例税率。纳税人所在地在市区的,税率为7%;纳税人所在地在县城或镇的,税率为5%;纳税人所在地不在市区、县城或镇的,税率为1%。

6. ABE

解析:建筑工程一切险的投保内容为本合同工程的永久工程、临时工程和设备及已运至施工工地用于永久工程的材料和设备。

7. ABCD

解析:公路施工合同条款中规定的合同当事人应投保的保险包括:①建筑工程一切险;②人员工伤事故险;③人身意外伤害险;④第三者责任险;⑤施工设备险。

Ⅲ. 判断题

1. ×

解析:施工总承包企业将工程分包的,应以全部承包额减去付给分包单位价款后的余额为计税营业额。

2. √

解析:企业收入总额中的下列收入为不征税收入:财政拨款;政府性基金;依法收取并纳入财政管理的行政事业性收费等。

3. √

解析:企业所得税的计税依据为应纳税所得额。在计算所得税时,应扣除弥补以前年度亏损的款项。根据利润的分配顺序,企业发生的年度亏损,在连续5年内可以用税前利润进行弥补,在连续5年内未能用税前利润弥补的,应用税后利润弥补。

4. ×

解析:施工企业附设的工厂、车间生产的水泥预制构件,用于本企业的建筑工程的,应在移送使用时征收增值税。但施工企业在建筑现场制造的预制构件,凡直接用于本企业建筑工程的,征收营业税,不征收增值税。

5. √

解析:企业的下列收入为免税收入:国债利息收入;符合条件的居民企业之间的股息、红利等权益性投资收益;在中国境内设立机构、场所的非居民企业从居民企业取得与该机构、场所有实际联系的股息、红利等权益性投资收益;符合条件的非营利组织的收入。

6. ×

解析:建筑工程一切险是承包人以发包人和承包人双方的名义为本合同工程投保的一种保险,保险费由发包人支付。

7. ×

解析:施工人员人身意外伤害险是承包人根据有关法律和合同规定对其施工人员进行人身意外事故保险,保险费由承包人自己负责。

(六)公路建设项目财务分析的内容和方法

Ⅰ. 单项选择题

1. C

解析:财务效益和费用估算应遵循“有无对比”的原则,正确识别和估算“有项目”和“无项目”状态的财务效益和费用。

2. C

解析：营业收入估算的基础数据包括产品或服务的数量和价格。

3. A

解析：工程项目财务评价中，营业收入的估算基于一项重要假设，即当期的产出（扣除自用量后）等于当期全部销售，也就是当期商品产量等于当期销售量。

4. C

解析：项目成本费用可分为总成本费用和经营成本。总成本费用是指在运营期内为生产产品或提供劳务所发生的全部费用。总成本费用估算法主要有三种：①生产要素估算法；②生产（服务）成本加期间费用估算法；③固定成本和可变成本估算法。

5. C

解析：按照有关规定，无形资产从开始之日起，在有效使用期限内平均摊入成本。无形资产的摊销一般采用平均年限法，不计残值。

6. C

解析：采用生产成本加期间费用估算法时，总成本费用计算式如下：

总成本费用＝生产成本＋期间费用

其中，生产成本＝直接材料费＋直接燃料和动力费＋直接工资＋其他直接支出＋制造费用；期间费用＝管理费用＋营业费用＋财务费用。

7. B

解析：经营成本是指总成本费用扣除固定资产折旧费、摊销费和财务费用后的成本费用。即经营成本＝总成本费用－折旧费－摊销费－财务费用。

8. A

解析：在进行项目收益计算时，营业税、消费税、土地增值税、资源税和城市维护建设税、教育费附加均可包含在营业税金及附加中。

9. D

解析：利润的基本计算公式为：利润总额＝营业收入－总成本费用－营业税金及附加。

10. C

解析：企业实现的利润总额，按照国家规定做相应的调整后，依法缴纳所得税。企业缴纳所得税后形成的净利润，除国家另有规定外，按照下列顺序分配：弥补以前年度亏损→提取法定公积金→提取任意公积金→向投资者分配利润。

11. D

解析：按照税后净利润的分配顺序，企业缴纳所得税后形成的净利润应首先用于弥补企业以前年度亏损，然后提取法定公积金、再提取任意公积金，最后向投资者分配利润。

12. D

解析：法定公积金按照税后利润扣除弥补亏损后余额的10%提取。

13. C

解析：企业应在税后利润扣除弥补亏损后的余额中提取法定公积金。法定公积金达到注册资本的50%时可不再提取。

14. B

解析：短期投资，是指能够随时变现并且持有时间不准备超过1年（含1年）的投资，一般包括股票、债券、基金等。企业持有短期投资，一般是为了获利，即取得股利、利息等。短期投资变现能力很强，随时能够通过资本市场变卖收回现金。

15. B

解析：固定资产，是指为生产商品、提供劳务、出租或经营管理而持有的、使用寿命超过一个会计期间、单位价值在规定的限额以上并能可靠地计量且长期使用的保持其原有实物形态的劳动资料。不属于生产经营主要设备的物品，但单位价值在2 000元以上，并且使用年限超过2年的，也应当作固定资产。不能同时满足上述这两个条件的劳动资料，应当作为低值易耗品处理。

16. C

解析：无形资产是指企业拥有或者控制的、没有实物形态的、可辨认的非货币性长期资产，其内容包括专利权、非专利技术、商标权、著作权、土地使用权等。

17. B

解析：负债是指过去的交易、事项形成的现实义务，履行该义务预期会导致经济利益流出企业。企业的负债按其流动性(即负债的偿付期限的长短)，可分为两类。

(1)流动负债：是指在1年(含1年)或者超过1年的一个营业周期内偿还的债务。

(2)长期负债：是指偿还期在1年或者超过1年的一个营业周期以上的负债。

18. D

解析：(1)长期负债包括：长期借款、应付债券、长期应付款等。其中，长期应付款包括应付融资租赁款、应付补偿贸易引进设备款等。

(2)流动负债包括：短期借款、应付票据、应付账款、预收账款、应付工资、应付福利费、应付股利、应交税金、其他暂收应付款、预提费用和一年内到期的长期借款等。

19. C

解析：所有者权益是指所有者在企业资产中享有的经济利益，其金额为资产减去负债后的余额。所有者权益包括：投入资本(或者股本)、直接计入所有者权益的利得和损失、盈余公积和未分配利润。

20. B

解析：预提费用属于流动负债，资本溢价属于所有者权益，土地使用权属于无形资产，委托加工物资属于存货，而存货属于流动资产的组成之一。

21. B

解析：经营成本是指财务分析的现金流量分析中所使用的特定概念，作为项目现金流量表中运营期现金流出的主体部分，应得到充分的重视。经营成本是指总成本费用扣除固定资产折旧费、摊销费和财务费用后的成本费用。

$$\begin{aligned}经营成本&=总成本费用-折旧费-摊销费-财务费用\\&=1\,000-80-50-20=850(万元)\end{aligned}$$

22. D

解析：经营成本是指总成本费用扣除固定资产折旧费、摊销费和财务费用后的成本费用。其计算公式为：

$$经营成本=总成本费用-折旧费-摊销费-财务费用$$

或 $$经营成本=外购原材料、燃料和动力费+工资及福利费+修理费+其他费用$$

本题中的经营成本 =1 100 +500 +50 +40 =1 690(万元)。

23. B

解析:(1)流动资产,是指可以在 1 年或者超过 1 年的一个营业周期内变现或耗用的资产,主要包括:货币资金(现金、银行存款等)、短期投资、应收及预付款项(即结算债权)、待摊费用和存货等。

(2)流动负债,是指在 1 年(含 1 年)或者超过 1 年的一个营业周期内偿还的债务,包括短期借款、应付票据、应付账款、预收账款、应付工资、应付福利费、应付股利、应交税金、其他暂收应付款项、预提费用和一年内到期的长期借款等。

24. D

解析:流动资产包括:货币资金(包括库存现金、银行存款及其他各种存款)、短期投资、应收及预付款项、待摊费用和存货等。

25. B

解析:存货是指企业在生产经营过程中为销售或耗用而储存的各种资产。施工企业的存货包括:材料、设备、低值易耗品、在建工程、在产品、产成品、商品、委托加工物资等。

26. B

解析:采用生产成本加期间费用估算法计算项目总成本费用时,按下式计算:

总成本费用 = 生产成本 + 期间费用

其中:生产成本 = 直接材料费 + 直接燃料和动力费 + 直接工资 + 其他直接支出 + 制造费用;期间费用 = 管理费用 + 营业费用 + 财务费用。

27. A

解析:一般情况下,资产负债率越小,表明企业长期偿债能力越强。保守的观点认为资产负债率不应高于 50%,而国际上通常认为资产负债率为 60% 时较为适当。

28. A

解析:一般情况下,资产负债率越小,表明企业长期偿债能力越强。

从债权人的角度看,他们最关心的是能否按期收回本金和利息。由于企业通过举债筹措的资金与股东提供的资金在经营中发挥同样的作用,所以股东所关心的是全部资金利润率是否超过借入款项的利率,即借入资本的代价。

从股东的角度看,在全部资本利润率高于借款利息率时,负债比例越大越好,反之,负债的比例越小越好。

从经营者的角度看,如果举债超出债权人心理承受程度,企业就难以借到资金。

Ⅱ. 多项选择题

1. ABD

解析:项目所支出的财务费用主要包括投资、成本费用和税金等。

2. ABC

解析:在项目财务费用的估算中,投资主要包括建设投资、建设期贷款利息和流动资金三部分。

3. ABC

解析:固定资产修理费允许直接在成本中列支,如果当期发生的修理费费用数额较大,可实行预提或摊销的办法。在生产运营的各年中,修理费率的取值,一般采用固定值。根据项目特点也可以间断性地调整修理费率,开始取较低值,以后取较高值。修理费不应计入总成本费用中的其他费用。

4. BCD

解析:经营成本是财务分析的现金流量分析中所使用的特定概念,作为项目现金流量表中运营期现金流出的主体部分。经营成本是指总成本费用扣除固定资产折旧费、摊销费和财务费用后的成本费用。经营成本可以下式表示:

经营成本 = 总成本费用 - 折旧费 - 摊销费 - 财务费用

5. ACE

解析:经营成本 = 总成本费用 - 折旧费 - 摊销费 - 财务费用。

6. BCDE

解析:企业缴纳所得税后形成的净利润,除国家另有规定外,按照下列顺序分配:①弥补企业以前年度亏损;②提取法定公积金;③提取任意公积金;④向投资者分配利润。

7. ABDE

解析:会计要素包括:资产、负债、所有者权益、收入、费用和利润。其中,反映项目财务状况的会计要素包括:资产、负债和所有者权益三个要素,一般是通过资产负债表反映。反映项目经营成果的会计要素包括:收入、费用和利润,一般通过利润表反映。

8. ACE

解析:反映项目财务状况的会计要素包括:资产、负债和所有者权益三个要素。一般是通过资产负债表反映。

9. ACD

解析:反映项目经营成果的会计要素包括:收入、费用和利润,一般通过利润表反映。

10. ACDE

解析:资产按其流动性可分为:流动资产、长期投资、无形资产、固定资产和其他资产。其中,流动资产是指可以在1年或者超过1年的一个营业周期内变现或耗用的资产。流动资产主要包括:

(1)货币资金:包括库存现金(简称现金)、银行存款和其他货币资金(包括外埠存款、银行汇票存款、银行本票存款、信用卡存款等)。

(2)短期投资:是指能够随时变现并且持有时间不准备超过1年(含1年)的投资,一般包括股票、债券、基金等。

(3)应收及预付款项:或称结算债权,是指企业在日常生产经营过程中发生的各项债权,主要包括应收款项(包括应收账款、应收票据、应收股利、应收利息、其他应收款)和预付账款等。

(4)待摊费用:是指企业已经支出,但应当由本期和以后各期分别负担的,分摊期在1年以内(含1年)的各项费用,主要包括低值易耗品摊销、预付保险费、一次性购买印花税票、一次性支付固定资产中小修理费用、需要在年度内分月摊销的金额等。

(5)存货:施工企业的存货主要包括原材料、在途存货、委托加工物资、低值易耗品、周转材料、未完施工和已完施工、在产品和产成品等。

11. BCD

解析:流动资产包括:货币资金(现金、银行存款等)、短期投资、应收及预付款项(即结算债权)、待摊费用和存货等。本题的选项 B 和 D 属于存货,A 和 E 属于无形资产。

12. ABDE

解析:待摊费用是指企业已经支出,但应当由本期和以后各期分别负担的、分摊期在 1 年以内(含 1 年)的各项费用。待摊费用主要包括:低值易耗品摊销、预付保险费、一次性购买印花税票、一次性支付固定资产中小修理费用、需要在年度内分月摊销的金额等。

13. ABCE

解析:无形资产,是指企业拥有或者控制的、没有实物形态的、可辨认非货币性长期资产,其内容包括专利权、非专利技术、商标权、著作权、商誉、土地使用权等。

14. ACE

解析:所有者权益,是指所有者在企业资产中享有的经济利益,其金额为资产减去负债后的余额。所有者权益包括:投入资本(或者股本)、盈余公积、未分配利润、直接计入所有者权益的利得和损失。

15. ABDE

解析:流动资产包括货币资金(库存现金及各种存款)、短期投资、应收及预付款项、待摊费用和存货等。施工机械一般属于固定资产。

16. ABCE

解析:经营成本可按下式计算:

经营成本 = 总成本费用 - 折旧费 - 摊销费 - 财务费用

或:

经营成本 = 外购原材料、燃料和动力费 + 工资及福利费 + 修理费 + 其他费用

17. BCDE

解析:财务报表是反映企业财务状况和经营成果的总结性书面文件,它主要包括资产负债表、损益表、现金流量表、有关附表及财务情况说明书。

18. ACE

解析:资产负债表是反映企业在某一特定日期的资产、负债、所有者权益的余额及其分布,是一种静态报表。

Ⅲ. 判断题

1. ×

解析:流动资金是指项目运营期内长期占用并周转使用的营运资金,不包括运营中需要的临时性营运资金。

2. √

解析:固定资产修理费按照修理范围和修理时间间隔的长短可以分为大修理费和中小修理费。固定资产修理费允许直接在成本中列支,如果当期发生的修理费用数额较大,可实行预提或摊销的办法。

3. ×

解析:在项目成本费用估算时,当会计制度与税收制度的相关规定有矛盾时,应按从税收原则处理。

4. ×

解析:企业缴纳所得税后形成的净利润,按照下列顺序分配:①弥补企业以前年度亏损;

②提取法定公积金;③提取任意公积金;④向投资者分配利润。

5. √

解析:按有关规定,企业发生的年度亏损可用税前利润弥补,如连续5年内未能用税前利润弥补的,则税后净利润应首先应弥补以前年度亏损。

6. ×

解析:所有者权益是指所有者在企业资产中享有的经济利益,其金额为资产减去负债后的余额。

(七)与工程财务有关的基本知识和相关内容

Ⅰ.单项选择题

1. D

解析:待摊费用,是指企业已经支付的数额较大的、应在一年以内分期摊入成本费用的各项支出,如支付的保险费、租金、报刊订阅费、固定资产修理费用等。列作待摊费用的各项支出,摊销期限均应在一年以内。摊销期限超过一年的待摊费用,应作为递延资产。

2. D

解析:按照现行有关规定,企业可以预先按一定标准提取坏账准备金计入管理费用。制度规定:建立坏账准备金的企业可以在年度终了按照年末应收账款余额的1%提取坏账准备金,计入管理费用。

3. C

解析:固定资产是指使用期限超过1年的房屋及建筑物、机器设备、运输设备及其他与生产经营有关的设备、工具、器具等。其他与生产经营没有直接关系的主要设备和物品,单位价值在2 000元以上,并且使用期限超过2年的,也应作为固定资产。

根据以上规定,确认是否属于固定资产,应注意以下两点:

(1)房屋及建筑物、机器设备、运输设备及其他与生产经营有关的设备、工具、器具等只需具备使用期限一个条件。与生产经营有关的劳动资料,单位价值虽然低于规定标准,应作为固定资产;有些劳动资料,单位价值虽然超过规定标准,但更换频繁,易于损坏的,不应作为固定资产。

(2)不属于生产经营主要设备的物品,应同时具备单位价值和使用期限两个条件。不同时具备以上两个条件的,作为低值易耗品。

4. D

解析:固定资产折旧,从固定资产投入使用月份的次月起,按月计提。

5. A

解析:平均年限法,也称使用年限法。它是按照固定资产的预计使用年限平均分摊固定资产折旧额的方法。这种方法计算的折旧额在各个使用年(月)份都是相等的,折旧的累计额所绘出的图线是直线。因此,这种方法也称直线法。

6. B

解析:承包企业计提固定资产折旧一般采用平均年限法和工作量法。

7. A

解析:对于技术进步较快或其使用寿命受工作环境影响较大的施工机械和运输设备可采用加速折旧的方法。年数总和法和双倍余额递减法则是常用的加速折旧的两种方法。

8. C

解析:平均年限法,也称使用年限法,它是按照固定资产的预计使用年限平均分摊固定资产折旧额的方法,工作量法是平均年限法派生出来的方法,因此也是分摊折旧额的方法。

9. C

解析:平均年限法是根据固定资产折旧年限和预计净残值(率)计算折旧率的,对于某一固定资产而言,折旧年限和预计净残值(率)是固定的,因此由此计算出来的折旧率也是固定的。

双倍余额递减法是根据固定资产折旧年限计算折旧率的,而固定资产折旧年限是固定的,因此由此计算的折旧率也是固定。

年数总和法的折旧率是逐年递减的。

10. C

解析:双倍余额递减法是按照固定资产账面净值和固定的折旧率计算折旧的方法。其年折旧率是平均年限法的 2 倍,并且在计算年折旧率时不考虑净值。采用这种方法时,折旧率是固定的。

11. A

解析:每小时折旧额 = 原值 ×(1 - 预计净残值率)/规定的总工作时间

= 500 000 ×(1 - 5%)/(10 × 12 × 240) = 16.493 1(元)

因此,月折旧额 = 月实际工作小时 × 每小时折旧额 = 300 × 16.49 = 4 947.92(元)。

12. D

解析:双倍余额递减法是指按照固定资产账面净值和固定的折旧率计算折旧的方法,它属于一种加速折旧的方法。

13. B

解析:年折旧率 = (2/折旧年限) × 100% = (2/5) × 100% = 40%。

第 1 年折旧额为:60 000 × 40% = 24 000(元)。

第 2 年折旧额为:(60 000 - 24 000) × 40% = 14 400(元)。

14. D

解析:第 3 年折旧率 = (折旧年限 - 已使用年限)/[折旧年限 ×(折旧年限 + 1) ÷ 2]

= (6 - 2)/[6 × (6 + 1) ÷ 2] = 0.190 476 = 19.047 6%

第 3 年折旧额 = (固定资产原值 - 净残值) × 第 3 年折旧率

= (100 000 - 10 000) × 19.047 6% = 17 143(元)

15. C

解析:年数总和法,也称年数总额法,是以固定资产原值减去预计净残值后的余额为基数,按照逐年递减的折旧率计提折旧的一种方法,它也属于一种加速折旧的方法。其折旧率以该固定资产预计尚可使用的年数(包括当年)作分子,而以逐年可使用年数之和作分母。分母是固定的,而分子逐年递减,所以折旧率也逐年递减。采用这种方法时,计算基数是固定的,但折旧率逐年递减,因此计提的折旧额也逐年递减。

16. D

解析:双倍余额递减法是按照固定资产账面净值和固定的折旧率计算折旧的方法,是快速折旧的一种方法。其年折旧率是平均年限法的 2 倍,并且在计算年折旧率时不考虑预计净残值率。计算折旧额时,以固定资产账面净值(即固定资产原值减去已计提折旧后的余额)为基数。采用这种方法时，折旧率是固定的，但计算基数逐年递减，因此计提的折旧额也逐年递减。

17. B

解析：工作量法是指按照固定资产生产经营过程中所完成的工作量计提折旧的方法，是由平均年限法派生出来的一种方法。适用于各种时期使用程度不同的专业机械、设备。

18. C

解析：（1）平均年限法也称使用年限法。这种方法计算的折旧额在各个使用年（月）份都是相等的，年折旧率也是固定的，折旧的累计额所绘制出的图线是直线。

（2）工作量法是指按照固定资产生产经营过程中所完成的工作量计提折旧的一种方法，是由平均年限法派生出来的一种方法。适用于各种时期使用程度不同的专业机械、设备。

（3）双倍余额递减法是指按照固定资产账面净值和固定的折旧率计算折旧的方法，它属于一种加速折旧的方法。其年折旧率是平均年限法的 2 倍，并且在计算年折旧率时不考虑预计净残值率。采用这种方法时，折旧率是固定的，但计算基数逐年递减，因此，计提的折旧额逐年递减。

（4）年数总和法也称年数总额法，是指以固定资产原值减去预计净残值后的余额为计算基数，按照逐年递减的折旧率计提折旧的一种方法，它也属于加速折旧的一种方法。采用这种方法时，计算基数是固定的，但折旧率逐年递减，因此计提的折旧额也逐年递减。

19. B

解析：年折旧额 $=2\div$ 折旧年限 $\times 100\% = 2\div 5\times 100\% = 40\%$。

第一年折旧额为：$20\,000\times 40\% = 8\,000$（元）。

第二年折旧额为：$(20\,000-8\,000)\times 40\% = 4800$（元）。

20. C

解析：计算折旧的基数为：原值 − 预计净残值 $=10\,000-400=9\,600$（元）。

第 4 年的折旧率为：

$$(\text{折旧年限}-\text{已使用年限})\div[\text{折旧年限}\times(\text{折旧年限}+1)\div 2]\times 100\%$$
$$=(5-3)\div[5\times(5+1)\div 2]\times 100\% = 13.33\%$$

因此，第 4 年折旧额为：$9\,600\times 13.33\% = 1\,280$（元）。

21. C

解析：单位工作量折旧率 = 原值 ×（1 − 净残值率）/预计总工作量。

22. D

解析：非专利技术，即专有技术或技术秘密、技术诀窍，是指先进的、未公开的、未申请专利的，可带来经济效益的专门知识和特有经验。工程设计图纸通常属于非专利技术。

23. D

解析：无形资产是指企业长期使用但没有实物形态的资产，包括专利权、商标权、著作权、土地使用权、非专利技术、商誉等。

24. B

解析：递延资产的摊销方法与无形资产的摊销相同，采用直线法平均计算每期的摊销额，作为管理费用入账。

Ⅱ. 多项选择题

1. ACDE

解析:计提折旧的固定资产范围如下:

(1)房屋及建筑物。无论是否使用,从入账的次月起就应计提折旧。

(2)在用固定资产。指已投入使用的施工机械、运输设备、生产设备、仪器及试验设备等生产性固定资产以及已投入使用的非生产性固定资产。

(3)季节性停用和修理停用的固定资产。

(4)以融资租赁方式租入的固定资产。

(5)以经营租赁方式租出的固定资产。

2. ABCE

解析:不计提折旧的固定资产范围如下:

(1)除房屋及建筑物以外的未使用、不需用的固定资产。

(2)以经营租赁方式租入的固定资产。

(3)已提足折旧但继续使用的固定资产。

(4)破产、关停企业的固定资产。

(5)提前报废的固定资产。

不补提折旧,其净损失计入营业外支出。

3. ACDE

解析:固定资产折旧方法主要有:平均年限法、工作量法、双倍余额递减法和年数总和法。其中,双倍余额递减法和年数总和法属于加速折旧的方法。

4. DE

解析:技术进步较快或使用寿命受工作环境影响较大的施工机械和运输设备,经财政部批准,可采用加速折旧的方法,即采用年数总和法和双倍余额递减法计提折旧。

5. ACDE

解析:在固定资产折旧计算方法中,除双倍余额递减法不考虑固定资产净残值外,其余的计算方法均应考虑固定资产净残值。

6. BE

解析:固定资产折旧常用的方法有:平均年限法、工作量法、双倍余额递减法和年数总和法。其中,双倍余额递减法和年数总和法属于加速折旧的方法。

7. CDE

解析:资产按其流动性可分为流动资产、长期投资、固定资产、无形资产和其他资产。短期投资属于流动资产。施工用的压路机属于生产用固定资产;以融资租赁方式租入的摊铺机属于融资租入固定资产;出租给外单位的压路机属于租出固定资产。

8. ABD

解析:生产用固定资产是指施工生产单位和为生产服务的管理部门使用的各种固定资产,包括房屋、建筑物、施工机械、运输设备、生产设备、仪器及试验设备、其他生产使用的固定资产。本题选项 C 属于非生产用固定资产;选项 E 属于融资租入固定资产。

9. AB

解析:固定资产修理费计入当期成本、费用。修理费发生不均匀、数额较大的,可以采取分期摊销或预提的办法,并报财政主管机关备案。

10. ABC

解析:固定资产大修理,是指为恢复固定资产原有生产效能和保持正常使用年限而对固定资产所做的全面、彻底修理。一般按技术规程规定,若干年进行一次。其特点是:间隔时间长、修理范围大、所需费用多,具有固定资产局部再生产性质。

对所发生的固定资产大修理费用,可以采用以下三种方式处理:

(1)把发生的大修理费用直接计入当期成本或有关费用。

(2)预提大修理费用。由于大修理具有间隔期长、修理范围大、费用支出多的特点,如按其发生的费用直接计入成本,就会引起成本和利润的波动。为此,可通过对机械、设备等固定资产在全部使用期间必须进行的若干次大修理费用的预测,求得每年(月)的平均数,预提大修理费用。

(3)待摊大修理费用。采用待摊的办法,即先据实支出发生的固定资产大修理费作为递延资产入账,然后再分摊到有关成本费用中。

11. BCE

解析:递延资产,是指不能全部计入当年损益,应当在以后年度内分期摊销的各项费用。递延资产的内容包括以下各项:

(1)开办费:指企业在筹建期间发生的费用,包括筹建期间人员工资、办公费、培训费、差旅费、印刷费、注册登记费以及不计入固定资产和无形资产构建成本的汇兑损益和利息等支出。

企业发生的下列费用,不应计入开办费:

①应当由投资者负担的费用支出。

②为取得各项固定资产、无形资产所发生的支出。

③筹建期间应当计入资产价值的汇兑损益、利息支出等。

(2)以经营租赁方式租入的固定资产改良支出。主要是指能增加以经营租赁方式租入的固定资产的效用或延长其使用寿命的改装、翻修、改建等支出。

(3)超过一年的待摊费用。一般情况下待摊费用的摊销期不超过一年,则这类费用属于流动资产。生产经营期间发生的待摊费用,其摊销期限超过一年的就属于递延资产。例如企业固定资产的大修理费用,需要在两次大修理间隔期间分摊,就属于递延资产。

Ⅲ. 判断题

1. ×

解析:流动资产是指可以在 1 年或者超过 1 年的一个营业周期内变现或者耗用的资产。

2. ×

解析:短期投资是指能够随时变现、持有时间不超过 1 年的有价证券,以及不超过 1 年的其他投资。

3. √

解析:摊销期限在 1 年以上的固定资产修理费用和其他待摊费用属于递延资产。

4. √

解析:无形资产按取得时的实际成本计价。具体可分如下情况:

(1)购入的无形资产,按照实际支付价款计价。

(2)接受捐赠的无形资产,按照发票账单所列金额或同类无形资产市价计价。

(3)自行开发并依法申请取得的无形资产,按照开发过程中的实际支出计价。

(4)投资者作为资本金或合作投入条件的无形资产,按照评估确认或合同、协议书约定金额计价。

(5)非专利技术和商誉的计价,应当经法定评估机构评估确认。

5. √

解析:无形资产从开始受益之日起,在有效使用期限内平均摊入管理费用。

6. ×

解析:摊销期限超过一年的待摊费用,应作为递延资产。

7. ×

解析:房屋及建筑物作为固定资产,无论是否使用,从入账的次月起就应计提折旧。这里所说的房屋是指施工生产单位和管理部门使用的房屋,如厂房、办公楼、工人休息室等。建筑物是指除房屋以外的其他建筑物,如水塔、蓄水池、储油罐等。

8. √

解析:施工企业计提折旧一般采用平均年限法和工作量法。技术进步较快或使用寿命受工作环境影响较大的施工机械和运输设备,经财政主管部门批准,可采用双倍余额递减法或年数总和法计提折旧。

9. ×

解析:一般情况下,如果待摊费用的摊销期限不超过 1 年,则为流动资产。如果待摊费用的摊销期限超过 1 年,则属于递延资产。

四、工程项目管理

(一)工程项目的计划体系、目标控制的措施和方法

Ⅰ.单项选择题

1. C

解析:工程项目进度(工期)计划的内容包括:项目结构多层次单元的持续时间的确定以及各个工程活动开始和结束时间的安排,时差的分析等。项目“时间—计划成本”曲线属于项目成本计划的内容。

2. D

解析:工程项目成本(投资)计划的内容包括各层次项目单元的计划成本,项目“时间—计划成本”曲线和项目成本模型,项目现金流量,项目资金筹措计划等。

3. C

解析:在工程项目计划的体系中,建设单位的计划体系包括:①工程项目前期工作计划;②工程项目建设总进度计划;③工程项目年度计划。

4. B

解析:工程项目的计划体系中,应由建设单位编制的计划包括:①工程项目前期工作计划;②工程项目建设总进度计划;③工程项目年度计划。

工程项目的计划体系中,应由施工单位编制的计划包括:①项目管理规划大纲;②项目管理实施规划。

5. A

解析:工程项目建设总进度计划由文字和表格两部分内容组成。其中,表格部分包括:①工程项目一览表;②工程项目总进度计划;③投资计划年度分配表;④工程项目进度平衡表。

6. A

解析:工程项目年度计划由文字和表格两部分内容组成。其中,表格部分包括:①年度计划项目表;②年度竣工投产交付使用计划表;③年度建设资金平衡表;④年度设备平衡表。

7. B

解析:年度计划项目表,用来确定年度施工项目的投资额和年末形象进度,并阐明建设条件(图纸、设备、材料、施工力量)的落实情况。

8. B

解析:工程项目总进度计划包含在工程项目建设总进度计划之中,因此工程项目建设总进度计划和工程项目总进度计划是不同的概念。

投资计划年度分配表是根据工程项目总进度计划安排各个年度的投资,其目的是便于预测各个年度的投资规模,为筹集建设资金或与银行签订借款合同及制订年度用款计划提供依据。

顺便说明的是,本题选项中,B 和 C 属于工程项目建设总进度计划的内容;而 D 则属于工程项目年度计划的内容。

9. D

解析:项目管理规划大纲是由企业管理层在投标之前编制的,旨在作为投标依据、满足招标文件要求及签订合同要求的文件。

10. D

解析:项目管理实施规划是在开工前由施工项目经理主持编制的,旨在指导施工项目实施阶段管理的文件。

11. A

解析:项目管理规划大纲应由施工企业管理层在投标之前编制,以此作为满足招标文件要求的投标依据。

12. C

解析:项目管理实施规划应在项目开工之前由施工项目经理主持编制。

13. C

解析:作为施工单位计划体系的重要内容,项目管理实施规划是指在开工之前由施工项目经理主持编制的,旨在指导施工项目实施阶段管理文件。

14. D

解析:项目管理实施规划的内容包括工程概况;施工部署;施工方案;施工进度计划;资源供应计划;施工准备工作计划;施工平面图;技术组织措施计划;项目风险管理;信息管理;技术经济指标分析。选项 D 项目实施条件分析则属于项目管理规划大纲的内容。

15. C

解析:项目动态控制遵循控制循环理论,是一个动态循环过程。

16. B

解析:控制的标准和依据就是目标。因此,要实施有效的控制首先必须确立合理的目标,然后制订计划,继而进行组织和人员配备,并实施有效的领导。

17. D

解析:(1)主动控制是一种前馈控制,也是一种事前控制,是面向未来的控制。

(2)主动控制可以解决传统控制过程中存在的时滞影响,尽最大可能改变偏差已经成为事实的被动局面,从而使控制更为有效。

(3)被动控制是一种反馈控制。被动控制实际上是在项目实施过程中,事后检查中发现问题及时处理的一种控制,因此仍为一种积极的控制,并且是十分重要的控制方式。

18. C

解析:实施主动控制可以采取以下措施:①详细调查并分析研究外部环境条件;②识别并防范风险;③用科学的方法制订计划;④高质量地做好组织工作,并明确职责与职权;⑤制订必要的备用方案;⑥计划应有适当的松弛度;⑦沟通信息渠道,加强信息收集、整理和研究。

19. A

解析:项目目标的实现离不开组织,项目目标能否实现的决定性因素是项目管理组织。如果要对一个项目管理进行诊断,应首先分析其组织方面存在的问题。因此,在建设工程项目目标控制措施中,最重要的是组织措施。

20. D

解析:项目目标控制的经济措施包括:①在工程项目实施过程中,收集、加工、整理工程经济信息和数据;②对实现目标的计划进行资源、经济、财务等方面的可行性分析;③对各种设计变更和工程变更方案进行技术经济分析;④对各种工程经济文件进行审核;⑤编制资金使用计划;⑥对工程费用支付进行审查。

21. B

解析:控制项目目标所采取的技术措施包括:①对各种可能的技术方案进行技术可行性分析;②对各种技术数据进行审核、比较;③确定设计方案评选原则;④通过科学试验确定新材料、新工艺、新方法的适用性;⑤对施工技术方案进行论证;⑥对施工组织设计进行审查;⑦在项目实施过程中寻求节约投资、保障工期和质量的技术措施。

22. D

解析:(1)用来控制投资(或造价)的方法包括:S 曲线法和香蕉曲线法。

(2)用来控制进度的方法包括:网络计划法、香蕉曲线法和 S 曲线法。

(3)用来控制质量的方法包括:直方图法、控制图法、排列图(又称主次因素分析图或帕累特图)法、因果分析图(又称鱼刺图或树枝图)法。

23. C

解析:采用 S 曲线法,即将实际 S 曲线与计划 S 曲线进行比较,以此判断工程进度偏差或造价偏差。

24. B

解析:工程项目目标控制的常用控制方法主要有如下几种。

(1)网络计划法:是一种用于工程进度控制的有效方法,在工程项目目标控制中常用这种方法也有助于工程成本的控制和资源的优化配置。

(2)S 曲线法:可用于工程造价控制和工程进度控制。

(3)香蕉曲线法:这种方法的原理与 S 曲线法的原理基本相同,香蕉曲线法同样可用于工程造价控制和工程进度控制。

(4)直方图法:是以直方图形的高度表示一定范围内数值所发生的频数,据此可掌握产品质量的波动情况,了解质量特征的分布规律,以便对质量状况进行分析判断。

(5)控制图法:是一种典型的工程质量动态分析方法。

25. C

解析:主动控制措施的实质在于预防,防患于未然,将问题消灭在萌芽状态;而被动控制措施的实质在于通过检查发现问题,采取措施及时处理。

(1)采用科学手段定期检查工程实施过程,发现问题及时处理。这属于被动控制措施。

(2)针对工程实施过程中出现的索赔事件,依据合同合理确定工程索赔费用。这属于被动控制措施。

(3)应用科学方法定量分析工程风险,并在计划实施过程中做好风险管理工作。这属于主动控制措施。

(4)项目实施过程中检查发现偏差,根据工程实施情况及时纠正偏差。这属于被动控制措施。

26. C

解析:控制项目目标所采取的合同措施包括:①合理拟订合同条款;②正确处理合同履行过程中的问题;③防止和处理索赔工作。

27. C

解析:(1)锯齿形:也称折齿形,图形出现凹凸状,这多数是由于分组的组数不当,或组距确定不当,或测试时使用的方法和读数有问题所致。

(2)陡壁形:也称绝壁形,直方图的分布中心偏向一侧,这常常是由于操作者的主观因素所造成,即一般多是因数据收集不正常(如剔除了不合格的数据),或是在工序经验中出现了人为的干扰现象。这时应重新进行数据统计或重新按规定检验。

(3)孤岛形:出现孤立的小直方图,这主要是由于少量材料不合格,或短时间内工人操作不熟练所造成的。

(4)双峰形:图形出现两个峰顶,一般是由于两组生产条件不同的数据混淆在一起所造成的。

28. C

解析:网络计划法主要应用于工程进度控制,但通过网络计划的资源优化和成本优化,也有助于资源的优化配置和工程成本控制。

29. A

解析:建立健全目标管理组织机构,明确并落实管理人员、任务及管理职能分工,制订各项规章制度及考核标准,确定管理工作流程,对控制工作进行考评,改进各项工作,挖掘潜在工作能力,加强相互沟通等属于目标控制中的组织措施。

30. A

解析:项目的三大目标共同构成项目管理的目标体系。它们之间是相互联系、相互影响的,它们中的任何一个目标发生变化必然会引起另外两个目标的变化,因此在项目实施过程中首先要采取系统控制的方法。

31. C

解析:所谓控制就是按照事先制订的计划和标准检查项目实施情况,找出偏离计划的误差,确定应采取的纠正措施,并采取纠正行为。

Ⅱ.多项选择题

1. BDE

解析:按照目标分类,工程项目计划可分为:

(1)进度(工期)计划。包括项目结构多层次单元的持续时间的确定,以及各个工程活动开始和结束时间的安排,时差的分析。

(2)成本(投资)计划。包括各层次项目单元的计划成本,项目“时间—计划成本”曲线和项目成本模型,项目现金流量,项目资金筹措计划。

(3)质量计划。包括力学与物理性能,寿命期内使用性能的稳定性,适用于安装机械设备的操作与维修,具有规定的生产能力或效率的产品的经济性,保证使用维修过程的安全性,外观与环境的协调性。

2. ABD

解析:工程项目计划体系包括建设单位的计划体系和施工单位的计划体系。其中,建设单位的计划体系包括:①工程项目前期工作计划;②工程项目建设总进度计划;③工程项目年度计划。

3. ABCE

解析:工程项目建设总进度计划是指初步设计被批准后、编制上报年度计划以前,根据初步设计对工程项目从开始建设(设计、施工)准备至竣工投产(动用)全过程的统一部署。其主要目的是安排各单项工程和单位工程的建设进度,合理分配年度投资,组织各方面的协作,保证初步设计所确定的各项建设任务的完成。

工程项目建设总进度计划由文字和表格两部分组成。其中,表格部分包括:①工程项目一览表;②工程项目总进度计划;③投资计划年度分配表;④工程项目进度平衡表。

4. ADE

解析:工程项目年度计划由文字和表格两部分组成。其中,表格部分包括:①年度计划项目表;②年度竣工投产交付使用计划表;③年度建设资金平衡表;④年度设备平衡表。

5. AC

解析:施工单位的计划体系包括投标之前编制的项目管理规划大纲和签订合同之后编制的项目管理实施规划。

6. ABCD

解析:项目管理规划大纲是由施工单位管理层在投标之前编制的,旨在作为投标依据、满足招标文件要求及签订施工合同要求的文件。项目管理规划大纲的内容主要包括以下 10 个方面:①项目概况及实施条件分析;②项目现场管理和施工平面图;③项目投标活动及签订施工合同的策略;④项目管理组织机构及其职责;⑤项目管理目标;⑥项目工期目标和施工总进度计划;⑦项目质量目标和施工方案;⑧项目成本目标及管理措施;⑨项目风险预测和安全生产目标及措施;⑩现场文明施工及环境保护措施。

7. BCDE

解析:项目管理实施规划是在开工前由施工项目经理主持编制的,旨在指导施工项目实施阶段管理的文件。

项目管理实施规划的内容包括:①工程概况;②施工部署;③施工方案;④施工进度计划;⑤资源供应计划;⑥施工准备工作计划;⑦施工平面图;⑧技术组织措施计划;⑨项目风险管理;⑩信息管理;⑪技术经济指标分析。

8. ABCD

解析:项目管理规划大纲应包括如下内容:①项目概况及实施条件分析;②项目现场管理和施工平面图;③项目投标活动及签订施工合同的策略;④项目管理组织机构及其职责;⑤项目管理目标;⑥项目工期目标和施工总进度计划;⑦项目质量目标和施工方案;⑧项目成本目标及管理措施;⑨项目风险预测和安全生产目标及措施;⑩现场文明施工及环境保护措施。

9. ABCD

解析:在项目建设过程中,成本计划有许多形式,它们分别在项目建议书、可行性研究、设计、实施、竣工结算中产生,形成一个不断修改、补充、调整、控制和反馈的过程。工程项目建设各阶段的成本计划主要包括:①项目建议书阶段投资估算;②项目可行性研究阶段投资估算;③项目设计阶段预算成本(如设计概算、施工图预算、施工预算等);④合同价;⑤项目实施中的成本计划(包括已完成或已支付成本、追加成本、剩余成本计划);⑥最终实际成本和结算价格。

10. ACDE

解析:通常一个完整的项目成本计划包括以下几个方面的内容:①各个成本对象的计划成

本值;②成本—时间关系曲线,即成本的强度计划曲线;③成本—时间累计曲线,又称项目的成本模型;④相关的其他计划,例如,工程款收支计划、现金流量计划、融资计划等。

11. ABCD

解析:为了取得目标控制的理想成果,应当从多方面采取措施。工程项目目标控制的措施通常可以概括为以下四个方面:①组织措施;②技术措施;③经济措施;④合同措施。

12. ABD

解析:主动控制的实质是事先分析,采取预防措施,将问题消灭在萌芽状态。常见的主动控制措施包括:①详细调查并分析研究外部环境条件;②识别并防范风险;③用科学的方法制订计划;④高质量地做好组织工作,并明确职责与职权;⑤制订必要的备用方案;⑥计划应有适当的松弛度;⑦沟通信息渠道,加强信息收集、整理和研究。

13. BCDE

解析:工程项目目标控制主要方法包括网络计划法;香蕉曲线法;S 曲线法;直方图法;控制图法;项目责任控制图法等。

14. BCD

解析:可用于工程进度控制的方法主要有:网络计划法;S 曲线法;香蕉曲线法。

15. CE

解析:①S 曲线法和香蕉曲线法都可用于工程项目的进度控制和造价(投资)控制。②网络计划法主要用来进行进度控制。③直方图法和控制图法是质量控制的方法。

16. ABDE

解析:工程项目目标控制的方法有很多种,如常见的网络计划法、香蕉曲线法、S 曲线法、责任控制图法、直方图法、控制图法、因果分析图法、排列图法,此外根据控制目标的不同还可以采用以下方法,如 PDCA 管理循环法、量本利法、价值工程法、66 管理法、目标管理法、偏差估计法、检查对比法、看板管理法、责任承担法、进度报告法、会议审查法、定额管理法等。而本题选项 C 流程图法属于风险识别方法。

17. AD

解析:①直方图法和控制图法一般用于质量控制。②香蕉曲线法和 S 曲线法既可用于工程进度控制,又可用于工程投资(造价)控制。③网络计划法一般用于进度控制。

Ⅲ. 判断题

1. ×

解析:建设单位的计划体系是工程项目计划体系的重要组成部分。建设单位的计划体系包括工程项目前期工作计划、工程项目建设总进度计划和工程项目年度计划。

2. ×

解析:工程项目前期工作计划是由建设单位在预测的基础上进行编制。

3. √

解析:作为建设单位计划体系的重要内容,工程项目年度计划是依据工程项目建设总进度计划和批准的设计文件由建设单位编制的。

4. ×

解析:作为施工承包单位计划体系的重要内容,项目管理规划大纲应由企业管理层在投标之前编制的,旨在作为投标依据、满足招标文件要求及签订合同要求的文件。

5. ×

解析:作为施工承包单位计划体系的重要内容,项目管理实施规划是在开工之前由施工项目经理主持编制的,旨在指导施工项目实施阶段管理的文件。

6. ×

解析:主动控制是一种前馈控制,是一种面向未来的控制,又是一种事前控制。

7. √

解析:由于在项目在实施过程中,影响目标及目标控制的因素有很多,而且这些因素始终是处于动态的变化的过程中。因此,要实现目标必须采用动态控制的方法。

8. ×

解析:由于质量、工期、投资这三大目标是项目目标系统中的最重要的目标。因此,项目目标控制的重点是质量、工期、投资这三大目标。

(二)流水施工组织方法、网络计划技术

Ⅰ.单项选择题

1. D

解析:流水施工能够连续施工,使得劳动力及施工机具等资源均衡地使用;流水施工单位时间内投入的劳动力、施工机具、材料等资源量较为均衡,有利于资源供应的组织;另外,流水施工实现了专业化施工,有利于提高技术水平和劳动生产率,也有利于提高工程质量。

2. D

解析:用以表达流水施工在工艺流程、空间布置和时间排列等方面展开状态的参数,称为流水参数。流水参数包括工艺参数、空间参数和时间参数三类。

3. A

解析:流水步距是指两个相邻的施工队先后进入流水作业的最小时间间隔。

4. A

解析:流水节拍是指某个专业工作队(或作业班组)在一个施工段上的施工作业持续时间。流水节拍的大小关系着投入的劳动力、机械和材料量的多少,决定着施工的速度和施工的节奏性。

5. D

解析:空间参数是指在组织流水施工时,用以表达施工在空间布置上展开状态的参数。空间参数主要包括工作面和施工段数。

6. D

解析:工艺参数是指在组织流水施工时,用以表达施工在时间排列方面开展状态的参数。时间参数主要有流水节拍、流水步距、技术间歇、流水施工工期。

7. C

解析:(1)全等节拍流水与分别流水施工的共同特点是:①同一施工过程流水节拍相等;②每个专业工作队都能够连续施工;③专业工作队数等于施工过程数。

(2)全等节拍流水与无节奏(无节拍)流水施工的共同特点是:①每个专业工作队都能够连续施工;②专业工作队数等于施工过程数。

(3)分别流水与无节奏流水的共同点是:①每个专业工作队都能够连续施工;②专业工作队数等于施工过程数。

8. D

解析:该流水施工为无节奏流水施工。相邻施工过程的流水步距采用累加数列错位相减取大差法计算。

各施工过程流水节拍的累加数列分别为:施工过程①3、7、9;施工过程②4、7、9;施工过程③2、6、9。

错位相减求得数列差:①与②:{3,3,2,-9};②与③:{4,5,3,-9}。

施工过程①与②之间的流水步距 = min{3,3,2,-9} = 3(d)。

施工过程②与③之间的流水步距 = min{4,5,3,-9} = 5(d)。

9. B

解析:该流水施工为全等节拍流水施工,施工段数 $m=3$,施工过程数 $n=4$,流水节拍均为3d,即 $t=3\text{d}$,各施工过程的流水步距相等,且等于流水节拍,即 $K=3\text{d}$,则流水工期 T 为:

$$T=(m+n-1)\cdot t+\sum Z+\sum G-\sum C=(3+4-1)\times 3+(1+2)-1=20(\text{d})$$

10. D

解析:流水施工的参数主要有以下三类。

(1)时间参数主要有:流水节拍、流水步距、流水施工工期。

(2)工艺参数主要有:施工过程(数)、流水强度(流水能力)。

(3)空间参数主要有:施工段(数)、工作面。

11. A

解析:①流水步距的数目取决于施工过程数;②流水步距的大小取决于流水节拍、流水施工组织方式。

12. C

解析:由题意可知该流水施工为分别流水施工。根据分别流水施工的特点,相邻施工过程的流水步距是根据其流水节拍的大小计算的。

施工过程 A 与 B 的流水步距:由于 $t_A<t_B$,所以 $K_{AB}=t_A=6\text{d}$;

施工过程 B 与 C 的流水步距:由于 $t_B=t_C$,所以 $K_{BC}=t_B=12\text{d}$;

施工过程 C 与 D 的流水步距:由于 $t_C>t_D$,所以 $K_{CD}=(t_C-t_D)\cdot \text{m}+t_D=30\text{d}$;

因此,施工工期 $T=(6+12+30)+4\times 6=72(\text{d})$。

13. C

解析:在网络计划中,总时差最小的工作为关键工作。当网络计划的计划工期等于计算工期时,总时差为零的工作就是关键工作。

14. D

解析:工期优化也称时间优化,是指网络计划的计算工期不满足要求工期时,通过压缩关键工作的持续时间以满足要求工期目标的过程。

15. A

解析:在网络计划中,总时差最小的工作为关键工作,找出关键工作之后,将这些关键工作首尾相连,便构成从起点节点到终点节点的通路,位于该通路上各项工作的持续时间总和最大,这条通路就是关键线路。在关键线路上可能有虚工作(或虚箭线)存在。双代号网络计划中,关键节点必然处在关键线路上,但由关键节点组成的线路不一定是关键线路。单代号网络计划中,从网络计划的终点节点开始,逆着箭线方向依次找出相邻两项工作之间时间间隔为零的线路就是关键线路。时标网络计划中的关键线路可从网络计划的终点节点开始,逆着箭线方向进行评定,凡自始至终不出现波形线的线路即为关键线路。

16. D

解析:费用优化又称工期—费用优化,是指寻求工程总成本最低时的最优工期安排,或按要求工期寻求最低成本的计划安排的过程。

17. B

解析:自由时差也称为局部时差,是指在不影响其紧后工作的最早开始时间的条件下,本工作所具有的机动时间。具体地说,它是在不影响紧后工作按最早开始时间开工的前提下,允许本工作推迟最早开始时间或延长其持续时间的幅度。

18. B

解析:双代号网络计划中,总时差最小的工作为关键工作,关键工作相连而成的线路即为关键线路。我们通常说的网络计划是假定计划工期等于计算工期,此时关键工作的总时差为零。

19. D

解析:在双代号网络计划中,那种既不消耗时间,也不消耗资源,只表示前后相邻工作之间逻辑关系而设的工作称为需工作。需工作一般用虚箭线表示,其作业时间为零。在双代号网络计划中,虚箭线起着联系、区别和断路的作用。

20. A

解析:工作 C 的最早开始时间 $ES_C = \max\{ES_A + t_A; ES_B + t_B\} = 10$。

21. C

解析:根据自由时差的定义求解紧后工作丁的最早开始时间 $ES_丁$为:

$ES_丁 = \max\{EF_甲; EF_乙; EF_丙\} = \max\{12+5; 11+7; 13+6\} = 19(d)$。

甲工作最早完成时间为:$EF_甲 = 12 + 5 = 17(d)$。

所以,甲工作的自由时差为 $FF_甲 = ES_丁 - EF_甲 = 19 - 17 = 2(d)$。

22. A

解析:可根据总时差的计算公式进行计算。

A 工作最迟完成时间为:$LF_A = \min\{LS_B; LS_C; LS_D\} = \min\{25-5; 22-5; 20-6\} = 14(d)$。

A 工作最早完成时间为:$EF_A = ES_A + t_A = 8 + 6 = 14(d)$。

因此,A 工作总时差为:$TF_A = LF_A - EF_A = 14 - 14 = 0(d)$。

23. C

解析:根据工作总时差的计算公式:TF = LF - EF 计算。

实际完工时间延迟了 9d,即 EF = -9d,则 LF = TF + EF = 5 - 9 = -4(d)。

因此,承包人可索赔工期最多 4 天 d。

24. D

解析:(1)相邻两项工作之间的时间间隔是指其紧后工作的最早开始时间与本工作最早完成时间的差值。

(2)双代号网络图中,在关键线路上可能存在虚工作。

(3)在单代号网络图中,将关键工作相连构成的线路,并保证相邻两项工作之间的时间间隔为零而构成的线路就是关键线路。

(4)在网络计划中,总时差最小的工作为关键工作。

25. C

解析:由题意可知:D工作的 $ES_D = 10d$,$EF_D = ES_D + t_D = 10 + 6 = 16(d)$。

G工作最早开始时间:$ES_G = EF_D = 16(d)$。

G工作最早完成时间:$EF_G = ES_G + t_G = 16 + 4 = 20(d)$。

所以,G工作的总时差:$TF_G = LF_G - EF_G = 22 - 20 = 2(d)$。

26. B

解析:本题中的关键线路为①→③→⑥→⑦与①→②→④→⑦两条线路。

一个网络计划中的关键线路可能不止一条。关键线路的总持续时间最长,本题的关键线路总持续时间为15d。

27. A

解析:在双代号时标网络计划中,各工作总时差应从网络计划的终点节点开始,逆着箭线方向依次计算。工作总时差的确定方法如下:

(1)以终点节点为完成节点的工作,其总时差应等于计划工期与本工作最早完成时间之差。

(2)其他工作的总时差等于其紧后工作的总时差加本工作与该紧后工作之间的时间间隔所得之和的最小值。

因此,工作H的总时差 $= 12 - 10 = 2(d)$,工作I的总时差 $= 0$,工作J的总时差 $= 12 - 11 = 1(d)$,工作D的总时差 $= 2 + 0 = 2(d)$,工作E的总时差 $= 0$,工作G的总时差 $= 1 + 0 = 1(d)$,工作A的总时差 $= \min\{2 + 0, 0 + 1, 1 + 1\} = 1(d)$。

Ⅱ.多项选择题

1. ABCD

解析:流水施工方式具有以下特点:

(1)尽可能地利用工作面进行施工,工期比较短;

(2)各工作队实现了专业化施工,有利于提高技术水平和劳动生产率,也有利于提高工程质量;

(3)专业工作队能够连续施工,同时使相邻专业队的开工时间能够最大限度地搭接;

(4)单位时间内投入的劳动力、施工机具、材料等施工资源量较为均衡,有利于资源供应的组织;

(5)为施工现场的文明施工和科学管理创造了有利条件。

2. ABC

解析:(1)平行施工方式单位时间内投入的各种施工资源量成倍地增加,不利于资源供应的组织。

(2)流水施工方式单位时间内投入的各种施工资源量较为均衡,有利于资源供应的组织。

3. BCE

解析:流水参数主要表达流水施工在工艺流程、空间布置和时间排列等方面展开状态,因此流水参数包括工艺参数、空间参数和时间参数三类。

4. BCE

解析:(1)流水节拍的大小关系着投入的劳动力、机械和材料量的多少,决定着施工的速度和施工的节奏性。

(2)施工过程数属于工艺参数。

(3)工艺间歇是只消耗时间而不消耗劳动力、机械、设备和材料等资源。而验槽是需要消耗人力、设备、材料等资源的。

5. BD

解析:网络计划中各项工作间的逻辑关系是指工作之间的先后顺序关系。网络计划中各工作间的逻辑关系包括工艺关系和组织关系。工作间逻辑关系的具体表现形式包括紧前工作、紧后工作和平行工作。

6. ABD

解析:网络计划的时间参数按其特性可分为:

(1)控制性时间参数,包括节点时间参数和工作时间参数。

(2)协调性时间参数,即工作时差,即主要有工作的总时差和局部时差等。

7. ACD

解析:网络计划的优化目标应按计划任务的需要和条件选定,包括工期目标、费用目标和资源目标。根据优化目标的不同,网络计划的优化可分为工期优化、费用优化和资源优化。

8. BCDE

解析:①在网络计划中,关键线路可能不止一条,有时可能有多条。②在网络计划中,关键线路上的工作为关键工作,关键工作的总时差均为零。③在网络计划中,总持续时间最长的线路称为关键线路,关键线路的长度就是网络计划的总工期。④网络计划中的关键线路不是一成不变的,在一定条件下,关键线路和非关键线路可以相互转化,或关键工作和非关键工作可以相互转化,非关键工作如果将总时差全部用完,就会转化为关键工作。

Ⅲ. 判断题

1. ×

解析:流水施工是指是指将拟建工程项目中的每一个施工对象分解为若干个施工过程,并按照施工过程成立相应的专业工作队,各专业工作队按照施工顺序依次完成各个施工对象的施工过程,同时保证施工在时间和空间上连续、均衡和有节奏地进行,使相邻两专业工作队能最大限度地搭接作业。

2. ×

解析:流水节拍的大小关系着投入的劳动力、机械和材料量的多少,决定着施工的速度和施工的节奏性。流水步距的大小决定着流水施工工期的大小。

3. √

解析:由于公路工程项目结构复杂、平面轮廓不规则、工程量分布不均匀,不易划分为劳动量大致相等的施工段,各施工段上同一施工过程的流水节拍也无法相等。因此,不易组织有节奏流水施工。在这种情况下只能组织无节奏流水施工。

4. ×

解析:在网络计划中,工作的自由时差包含在总时差内,即自由时差是总时差的组成部分。因此,工作的总时差为零,其自由时差也一定为零。

5. √

解析:(1)在双代号网络计划中,总时差最小的工作就是关键工作,由总时差最小的工作组成的线路就是关键线路。特别的,当计算工期等于计划工期时,关键工作的总时差为零,由总时差为零的各项工作组成的线路就是关键线路。

(2)在单代号网络计划中，总时差最小的工作为关键工作。将这些关键工作相连，并保证相邻两项关键工作之间的时间间隔为零而构成的线路就是关键线路。特别地，当计算工期等于计划工期时，关键工作的总时差为零，由总时差为零的各项工作组成的，且相邻两项工作之间的时间间隔为零的线路就是关键线路。

6. ×

解析：在双代号网络图中，可能存在虚箭线。但在单代号网络图中不存在虚箭线。

7. ×

解析：在网络计划中，关键线路可能不止一条，但至少有一条。而且在网络计划执行过程中，关键线路还会发生转移。

8. ×

解析：在网络计划中，非关键线路上的工作既有关键工作，也有非关键工作。换句话说，非关键线路是由关键工作和非关键工作组成的。

9. ×

解析：在网络计划图中不允许出现闭合回路，否则将会导致工作之间逻辑关系的混乱。网络计划图的布局应合理，尽量避免箭线交叉，当箭线交叉不可避免时，应采用暗桥、指向或断线等方法加以处理。

10. √

解析：全部由关键工作组成的线路才是关键线路。只要有一项非关键工作，则这条线路一定不是关键线路，该线路的长度一定小于关键线路的长度，那么这条线路就是非关键线路。

11. √

解析：单代号网络图中，箭线表示工作之间的逻辑关系，因此不存在虚箭线。单代号网络图中，节点表示工作，当出现多个起点节点或多个终点节点时，可以引入一个虚工作(或虚拟节点)，作为唯一的起始节点或唯一的终点节点。

12. ×

解析：双代号网络图可以绘制成时标网络图，但单代号网络图不可以绘制成时标网络图。

13. ×

解析：单代号网络计划中，由关键工作组成的，且相邻两项工作之间的时间间隔为零的线路就是关键线路。

14. √

解析：时标网络计划中的关键线路可从网络计划的终点节点开始，逆着箭线方向进行判定。凡自始至终不出现波形线的线路就是关键线路。因为不出现波形线，就说明在这条线路上相邻两项工作之间的时间间隔全部为零，也就是在计划工期等于计算工期的前提下，这些工作的总时差和局部时差全部为零。

(三)工程项目的组成和分类、项目建设程序及不同阶段投资控制措施

Ⅰ.单项选择题

1. A

解析：由于工程项目具有一次性，这就决定了工程项目管理具有一次性的特点，即对任何项目都有一个独立的管理过程，它的计划、控制、组织等都是一次性的。

2. D

解析:工程项目参加单位之间主要靠合同作为纽带建立组织,同时以合同作为分配工作、划分责权利关系的依据。

3. C

解析:工程项目系统的组成包括目标系统、技术系统、组织系统和行为系统。工程项目目标是通过各个系统的综合作用实现的。

4. C

解析:分项工程是指在分部工程中,按不同的施工方法、材料、工序及路段长度等划分的若干个工程。

5. C

解析:基本建设项目是指投资建设用于进行以扩大生产能力或增加工程效益为主要目的的新建、扩建工程及有关工作,具体包括以下内容:①新建项目;②扩建项目;③迁建项目;④恢复项目。

6. D

解析:生产性建设项目是指直接用于物质生产或直接为物质生产服务的建设项目,主要包括:①工业建设项目;②农业建设项目;③基础设施项目;④商业建设项目。

7. D

解析:非生产性建设项目是指用于满足人民物质和文化、福利需要的建设和非物质生产部门的建设项目,主要包括:①办公用房;②居住建筑;③公共建筑等。国防工程项目属于工业建设项目。

8. D

解析:更新改造项目可划分为限额以上、限额以下两类。

9. A

解析:政府投资项目可分为以下两类:

(1)经营性政府投资项目:应实行项目法人责任制。

(2)非经营性政府投资项目:应推行“代建制”。

10. D

解析:非经营性政府投资项目:应推行“代建制”。

11. B

解析:按照我国现行规定,公路基本建设项目一般采用两阶段设计,即初步设计和施工图设计。

12. B

解析:公路建设项目在建议书阶段和可行性研究阶段应编制投资估算;在初步设计阶段应编制初步设计概算;在技术设计阶段应编制修正概算;在施工图设计阶段应编制施工图预算。

13. B

解析:按照有关规定,如果初步设计概算超过可行性研究投资估算的10%以上或其他主要指标需要变更时,应说明原因和计算依据,并重新向原审批单位报批可行性研究报告。

14. D

解析:按照有关规定,工程项目在施工之前,建设单位应当向工程所在地的县级以上交通主管部门申请领取施工许可证。

15. C

解析:项目后评价是工程项目实施阶段管理的延伸。通过项目后评价能起到评价项目效益、发行问题、总结经验教训、研究改进方案,提高以后的建设项目管理水平的作用。

16. C

解析:项目后评价是工程项目竣工投产、生产运营一段时间(一般为2年),再对项目的立项决策、设计、施工、竣工投产、生产运营等全过程进行系统评价的一种技术经济活动。后评价阶段也是基本建设程序的最后一个阶段。

17. B

解析:施工阶段投资控制的措施包括:组织措施、合同措施、经济措施和技术措施。

(1)组织措施:在项目管理机构中落实投资控制人员、具体任务及管理职能分工。

(2)合同(管理)措施:①进行索赔管理;②根据需要,及时进行合同修改和补充工作,充分考虑它对投资控制的影响。

(3)经济措施:①进行工程计量复核;②审核工程付款账单;③编制施工阶段详细的费用支出计划,并控制其执行。

(4)技术措施:对设计变更进行技术经济比较,寻求通过设计挖潜节约投资的可能。

Ⅱ. 多项选择题

1. ABCD

解析:工程项目系统可以从以下几个方面描述:①目标系统;②技术系统(或称对象系统);③行为系统;④组织系统。

2. ABCD

解析:工程项目的目标系统是工程项目所要达到的最终状态的描述系统。对于工程项目而言,项目目标是由项目任务书、合同文件、技术规范和施工图纸等所规定的。

3. ACDE

解析:分部工程是单位工程的组成部分。分部工程一般是按单位工程中的结构部位、路段长度及施工特点或施工任务等划分的。

4. ABC

解析:根据工程建设项目的经济效益、社会效益和市场需求等基本特征,可将工程项目划分为:①竞争性项目;②基础性项目;③公益性项目。

5. ABCD

解析:基本建设项目是指投资建设用于进行以扩大生产能力或增加工程效益为目的的新建、扩建工程及有关工作,具体包括以下内容:①新建项目;②扩建项目;③改建项目;④迁建项目;⑤恢复项目。

6. ABCD

解析:项目建议书经过批准后,即可开始对项目进行可行性研究。公路建设项目可行性研究是对项目建设的必要性、技术可行性、经济合理性和实施可能性进行综合性研究论证的工作,是公路建设前期工作的重要组成部分。

7. ABC

解析:在初步设计阶段编制初步设计概算,在技术设计阶段编制修正概算,在施工图设计阶段编制施工图预算。

8. ABCE

解析:控制就是指目标控制,项目目标(包括投资目标)控制的措施包括组织措施、技术措施、经济措施和合同措施等。

9. ABC

解析:设计阶段投资控制措施中的组织措施包括:①从投资控制角度落实进行设计跟踪的人员、具体任务及管理职能分工;②概预算审核;③付款复核(设计费复核);④计划值与实际值比较及投资控制报表数据处理;⑤聘请专家作技术经济比较、设计挖潜。

10. ABD

解析:施工阶段投资控制措施中的经济措施包括:①复核工程计量结果;②审核工程付款账单;③编制施工阶段的费用支出计划,并控制其执行。

Ⅲ. 判断题

1. ×

解析:工程项目可依次划分为单项工程、单位工程、分部工程和分项工程。

2. √

解析:金融、保险业属于非物质生产部门,因此金融、保险业建设项目属于非生产性建设项目。

3. ×

解析:项目建议书经批准后,即可开始对项目进行可行性研究。

4. ×

解析:国家规定,如果初步设计概算超过可行性研究投资估算的10%以上或其他主要指标需要变更时,应说明原因和计算依据,并重新向原审批单位报批可行性研究报告。

(四)工程项目管理的组织

Ⅰ. 单项选择题

1. B

解析:工程项目组织中的项目管理层推出由业主委托的项目管理公司或咨询公司组成。在项目组织中是由项目经理部具体承担项目管理层的职责。

2. A

解析:直线式是一种最简单的组织结构形式。在这种组织结构中,各种职位均按直线垂直排列,项目经理直接进行单线垂直领导。

直线式组织结构的优点是结构简单、权力集中、易于统一指挥、隶属关系明确、职责分明、决策迅速。但由于不设职能部门,领导没有参谋和助手,要求领导者通晓各种业务,成为"全能式"人才。无法实现管理工作专业化,不利于项目管理水平的提高。

3. C

解析:(1)在职能式组织结构中的管理人员要同时接受指挥部门和职能部门的双重领导和指挥,容易形成多头领导。

(2)在矩阵式组织结构中每一成员都受项目部门和职能部门的双重领导和指挥,也容易形成多头领导。

(3)在直线式和直线职能式这两种组织结构形式中每一成员都只受指挥部门的领导和指

挥,因此易于统一指挥、集中领导。

4. A

解析:矩阵式组织结构的优点是能够根据工程任务的实际情况灵活地组建与之相适应的管理结构,具有较大的机动性和灵活性。它实现了集权与分权的最优结合,有利于调动各类人员的工作积极性,使工程项目管理工作顺利地进行。但是,这种组织结构经常变动,稳定性差,尤其是业务人员的工作岗位频繁调动。此外,这种组织结构中的每一个成员都受项目经理和职能部门经理的双重领导,如果处理不当,会造成矛盾,产生扯皮现象。

5. D

解析:直线职能式组织结构既保持了直线式统一指挥的特点,又满足了职能式对管理工作专业化分工的要求。其主要优点是集中领导、职责清晰,有利于提高管理效率。但这种组织结构中各职能部门之间的横向联系差、信息传递路线长,职能部门与指挥部门之间容易产生矛盾。

6. D

解析:在矩阵式组织结构形式中,矩阵中的每一个成员都要受项目经理和职能部门经理的双重领导。矩阵式组织结构形式的优点是能够根据工程任务的实际情况灵活地组建与之相适应的管理机构,具有较大的机动性和灵活性。

7. B

解析:虽然职能式和矩阵式这两种组织形式都具有双重领导的特点,但职能式组织中所有指挥部门和所有职能部门都有权向下级下达命令,而矩阵式组织中与下级所对应的项目部门和职能部门才能向其下达命令。

8. A

解析:在平行承发包模式中,业主要分别与各承包人签订合同。由于合同数量多,使项目内部结合部位数量增加,在项目实施过程中每个合同双方当事人之间都需要组织协调,因此组织协调工作量大。

9. C

解析:在平行承发包模式中与业主分别签订合同的各个承包人之间也存在着质量相互监督的关系,再加上每一个承包人自身的质量控制和业主的质量控制,这对质量控制是最有利的。

10. A

解析:CM 承包模式是指由业主委托一家 CM 单位承担项目管理工作,该 CM 单位以承包商的身份进行施工管理,并在一定程度上影响工程设计活动,组织快速路径的生产方式,使工程项目实现有条件的"边设计、边施工"。

CM 承包模式的特点如下:

(1)采用快速路径法施工,即在工程设计尚未结束之前,当工程某些部分的施工图设计已经完成时,就开始进行该部分工程的施工招标,从而使这部分工程的施工提前到工程项目的设计阶段。

(2)CM 单位有代理型和非代理型两种。代理型的 CM 单位不负责工程分包的发包,与分包人的合同由业主直接签订。而非代理型的 CM 单位直接与分包人签订分包合同。

(3)CM 合同采用成本加酬金方式。代理型合同采用简单的成本加酬金的合同形式。非代理型合同采用保证最大工程费用加酬金的合同形式。

11. D

解析:代理型的CM单位不负责工程分包的发包,与分包人的合同由业主直接签订。而非代理型的CM单位直接与分包人签订分包合同。

12. C

解析:采用CM承包模式时,施工任务要进行多次分包,每次分包都通过招标展开竞争,每个分包合同价格都通过谈判进行详细讨论,从而使各个分包合同价格汇总后形成的合同总价更具合理性。

13. D

解析:CM承包模式特别适用于那些实施周期长、工期要求紧迫的大型复杂建设工程。采用CM承包模式的基本指导思想是缩短工程项目的建设周期。除此之外,CM承包模式在工程质量、进度和造价控制方面都有很大的价值。

14. B

解析:CM承包模式特别适用于那些实施周期长、工期要求紧迫的大型复杂建设工程。采用CM承包模式的基本指导思想是缩短工程项目的建设周期。除此之外,CM承包模式在工程质量、进度和造价控制方面都有很大的价值。

15. D

解析:工程总承包模式中业主通常只和总承包人签订一个总承包合同;而平行承发包模式中业主要分别和各个承包人签订合同。

Ⅱ. 多项选择题

1. ABCD

解析:工程项目组织,是指为实现项目目标而完成各项工作的相关参与单位按照一定的规则构成的群体,通常包括业主、施工单位、设计单位、监理单位等。

2. ABCE

解析:工程项目组织相关的管理可划分为4个层次:①战略决策层;②战略管理层;③项目管理层;④项目实施层。

3. ABCD

解析:工程项目管理组织结构形式主要有四种:①直线式;②职能式;③直线职能式;④矩阵式。

4. AD

解析:直线式组织结构形式的特点之一就是所有指令都来自指挥部门,能充分体现权力集中、统一指挥、指令唯一等。

直线职能式组织结构形式既保持了直线式统一指挥的特点,又满足了职能式对管理工作专业化分工的要求。

5. ABCE

解析:交钥匙承包模式是“设计—采购—施工总承包模式”向两头延伸而形成的业务和责任范围更广的总承包模式,其中,总承包人不仅承包工程项目的建设实施任务,而且提供建设项目前期工作和运营准备工作的综合服务。

交钥匙承包模式与EPC承包模式相比主要不同点在于:承包范围更大,工期更稳定,合同总价更固定,承包人风险更大,合同价相对较高。

6. ABCD

解析:工程总承包有多种模式,常见的包括:

(1)设计—采购—施工总承包模式,简称为 EPC;

(2)交钥匙总承包模式;

(3)设计—施工总承包模式,简称为 DB;

(4)设计—采购总承包模式,简称为 EP;

(5)采购—施工总承包模式,简称为 PC。

Ⅲ. 判断题

1. √

解析:实施层通常是指工程的设计、施工、材料设备供应等单位。实施层的项目管理通常是指设计单位、施工单位、材料设备供应单位,为完成各自的项目任务,分别开展相应的项目管理工作。

2. ×

解析:平行承发包模式中合同数量多,使得业主的组织管理和协调工作量大。但每一个合同内容比较单一,合同条款容易准确确定,通常不易造成较多的合同纠纷,因而合同管理的难度一般不大。

3. ×

解析:由于业主只和总承包人签订合同,合同数量少,使得业主的组织管理和协调工作量小。但由于总承包合同条款不易准确确定,容易造成较多的合同纠纷,因而合同管理的难度一般较大。

4. √

解析:采用 CM 承包模式时,施工任务要进行多次分包,施工合同总价不是一次确定,而是有一部分完整施工图纸,就分包一部分,将施工合同总价化整为零,从而使各个分包合同价格汇总后形成的合同总价更具合理性。

(五)工程项目管理的类型和任务、工程项目管理相关制度

Ⅰ. 单项选择题

1. D

解析:工程项目管理的核心任务是控制项目目标,最终实现项目的功能以满足使用者的需求。

2. D

解析:工程项目管理的目的是实现项目目标,或实现项目的功能以满足使用者的需求。

3. B

解析:项目管理目标系统中,质量、进度和费用是相互联系、相互影响的,某一方面的变化必然引起另两个方面的变化,因此项目管理应追求它们三者之间的优化和平衡。

4. C

解析:项目管理目标系统中的质量、进度、成本三大目标,任何一个目标的变化必然会引起另两个目标的变化,因此项目管理必须保证三者结构关系的均衡性和合理性,任何强调最短工期、最高质量、最低成本都是片面的。

5. B

解析:微观项目管理是指项目的主要参与方对项目所进行的管理。

6. D

解析:建设项目法人责任制的核心是明确由项目法人承担投资风险,项目法人要对工程项目的建设及建成后的生产经营实行一条龙管理和全面负责。

7. C

解析:建设项目董事会的职权如下:

(1)负责筹措建设资金。

(2)审核、上报项目初步设计和概算文件。

(3)审核、上报年度投资计划并落实年度资金。

(4)提出项目开工报告。

(5)研究解决建设过程中出现的重大问题。

(6)负责提出项目竣工验收申请报告。

(7)审定偿还债务计划和生产经营方针,并负责按时偿还债务。

(8)聘任或解聘项目总经理,并根据总经理的提名,聘任或解聘其他高级管理人员。

8. D

解析:项目总经理的职权如下:

(1)组织编制项目初步设计文件,对项目工艺流程、设备选型、建设标准、总图布置提出意见,提交董事会审查。

(2)组织工程设计、施工监理、施工和设备材料采购的招标工作,编制和确定招标方案、标底和评标标准,评选和确定投标单位、中标单位。

(3)编制并组织实施项目年度投资计划、用款计划、建设进度计划。

(4)编制项目财务预算、决算。

(5)编制并组织实施归还贷款和其他债务计划。

(6)组织工程建设实施,负责控制工程投资、工期和质量。

(7)在项目建设过程中,在批准的概算范围内对单项工程的设计进行局部调整。

(8)根据董事会授权处理项目实施中的重大紧急事件,并及时向董事会报告。

(9)负责生产准备工作和培训有关人员。

(10)负责组织项目试生产和单项工程预验收。

(11)拟订生产经营计划、企业内部机构设置、劳动定员定额方案及工资福利方案。

(12)组织项目后评价,提出项目后评价报告。

(13)按时向有关部门报送项目建设、生产信息和统计资料。

(14)提请董事会聘任或解聘项目高级管理人员。

9. B

解析:业主方项目管理包括:①业主自身的项目管理;②业主委托项目管理公司提供的项目管理;③业主委托工程监理公司提供的工程监理。

10. C

解析:公路工程建设项目,包括项目的勘察、设计、施工、监理以及与工程建设有关的重要设备、材料等的采购,达到下列标准之一的,必须进行招标:

(1)施工单项合同估算价在200万元人民币以上的;

(2)重要设备、材料等货物的采购,单项合同估算价在100万元人民币以上的;

(3)勘察、设计、监理等服务的采购,单项合同估算价在50万元人民币以上的;

(4)单项合同估算价低于上述(1)、(2)、(3)项规定的标准,但项目总投资额在3 000万元人民币以上的。

11. B

解析:应当采用公开招标的工程范围如下:①国家重点建设项目;②地方重点建设项目;③全部使用国有资金投资的建设项目;④国有资金投资占控股或者主导地位的建设项目。

12. C

解析:可以采用邀请招标的工程范围如下:①项目技术复杂或者有特殊要求,只有少量几家潜在投标人可供选择的;②受自然地域环境限制的;③涉及国家安全、国家秘密或者抢险救灾,适宜招标但不适宜公开招标的;④拟公开招标的费用与项目的价值相比,不值得的;⑤法律法规规定不宜公开招标的。

Ⅱ. 多项选择题

1. BDE

解析:工程项目管理的目标有多个,其中最重要的有三个,即质量、进度和成本,它们共同构成了项目管理的目标体系。

2. ABCD

解析:项目管理是指运用系统工程的观点、理论和方法对项目周期内的所有工作进行预测、决策、计划、组织、指挥、协调、控制和反馈的过程。

3. ABDE

解析:项目管理任务包括:目标控制(包括质量管理、进度管理、成本管理)、合同管理、信息管理、组织协调(组织管理)、风险管理、工料机等资源管理、环境保护等。

4. ABC

解析:项目管理的全面性主要体现在三个方面:

(1)对整个项目系统的管理——项目管理的对象;

(2)完整的管理工作过程——项目管理工程;

(3)全部的管理任务——项目管理任务。

因此项目管理系统至少是三维的结构体系,包括项目管理过程、项目管理对象、项目管理任务。

5. ABCE

解析:施工方项目管理的任务包括:①施工安全管理;②施工成本控制;③施工进度控制;④施工质量控制:⑤施工合同管理;⑥施工信息管理;⑦施工组织协调。

6. ABCD

解析:工程建设领域实行建设项目法人责任制、建设工程监理制、工程招标投标制和合同管理制,是我国工程建设管理体制深化改革的重大举措。这四项制度共同构成了我国工程建设项目管理的基本制度。

Ⅲ. 判断题

1. √

解析:业主方的项目管理是对项目建设全过程的管理,业主对项目全过程的管理承担责任;其次承包方或监理方的项目管理都是受业主方的委托,按业主方的要求开展的。因此,业主方的项目管理是项目管理的核心。

2. √

解析:业主方的项目管理就是项目业主自身或委托人对工程项目建设全过程所进行的管理,所以全过程项目管理是由业主实施的。

3. ×

解析:《建设工程监理范围和规模标准规定》中明确规定了必须实行工程监理的项目范围。

4. ×

解析:国家对应当采用公开招标的工程范围和可以采用邀请招标的工程范围都有明确规定。对于必须实行招标的项目,采用何种招标方式必须符合有关规定,而不能由建设单位自行决定。

(六)工程项目风险管理

Ⅰ.单项选择题

1. C

解析:风险识别是风险管理流程的第一步。风险识别的成果是进行风险分析与评价的重要基础。风险识别的最主要成果是形成风险清单。风险清单是记录和控制风险管理过程的一种方法,并且在作出决策时具有不可替代的作用。风险清单最简单的作用是描述存在的风险并记录可能减轻风险的行为。

2. D

解析:风险识别常用的方法有:①专家调查法(包括头脑风暴法、德尔菲法、访谈法);②财务报表法;③流程图法;④初始风险清单法;⑤经验数据法;⑥风险调查法。

3. C

解析:风险评价常常常用定性与定量相结合的方法来进行,这两者之间并不是相互排斥的,而是相互补充的。目前,常用的项目风险分析与评价的方法主要有:①调查打分法(也称为综合评估法或主观评分法);②蒙特卡洛模拟法;③计划评审技术法;④敏感性分析法。

4. C

解析:风险识别是风险管理中的首要步骤。是指通过一定方式,系统而全面地识别出影响建设工程项目目标实现的风险事件并加以适当归类的过程。

5. C

解析:应考虑采用风险回避的主要有以下两种情形:

(1)风险事件发生概率很大,且后果损失很大的工程项目。

(2)风险事件发生概率并不大,但当风险发生后产生的损失是灾难性的、无法弥补的工程项目。

6. B

解析:(1)保险转移不能转移工程项目的所有风险,存在不可保的风险,如业主或承包人的信用风险。

(2)设计变更引起的投资增加属于不可保的风险,不能通过工程保险进行风险转移。

(3)风险转移就是通过某种方式将某些风险的后果连同对风险应对的权力和责任转移给他人,即权力与责任是对等的。

7. A

解析:在采用损失控制这一风险对策时,所制订的损失控制措施应当形成一个周密的、完整的损失控制计划系统。就施工阶段而言,损失控制计划系统一般应由预防计划、灾难计划和应急计划三部分组成。

8. A

解析:预防计划的目的在于有针对性地预防损失发生,其主要作用是降低损失发生的概率,在许多情况下也能在一定程度上降低损失的严重性。在工程项目风险损失控制计划系统中,预防计划的内容最广泛,具体措施最多,包括组织措施、管理措施、合同措施、技术措施等。

9. B

解析:自我保险是设立一项专项基金(也称为自我基金),专门用于自留风险所造成的损失。其他几种损失支付方式并不是专门针对自留的风险,其他风险对策引起的额外费用也可从中支出。

10. C

解析:如果市场投资前景很好,则保险费的机会成本就很大,不如采取风险自留,将保险费作为投资,以取得较多的投资回报。即使今后自留风险事件发生,也足以弥补其造成的损失。

11. D

解析:根据风险管理的基本理论,建设工程的风险应由有关各方分担,而风险分担的原则是:任何一种风险都应由最适宜承担该风险或最有能力进行损失控制的一方承担。

12. D

解析:风险转移是通过某种方式将某些风险的后果连同对风险应对的权力和责任转移给他人。转移的本身并不能消除风险,只是将风险管理的责任和可能从该风险管理中所能获得的利益移交给了他人,项目管理者不再直接地面对被转移的风险。

13. C

解析:风险转移的方法很多,主要包括非保险转移和保险转移两大类。

(1)非保险转移:非保险转移又称为合同转移,因为这种风险转移一般是通过签订合同的方式将项目风险转移给非保险人的对方当事人。项目风险最常见的非保险转移由以下三种情况:①业主将合同责任和风险转移给对方当事人;②承包人进行合同转让或工程分包;③第三方担保。

(2)保险转移:保险转移通常直接成为工程保险。通过购买保险,业主或承包人作为投保人将本应由自己承担的项目风险(包括第三方责任)转移给保险公司,从而使自己免受风险损失。

14. C

解析:非保险转移又称为合同转移,因为这种风险转移一般是通过签订合同的方式将工程风险转移给非保险人的对方当事人。因此,非保险转移的媒介是合同。

15. A

解析:虽然风险回避是一种必要的、有时甚至是最佳的风险对策,但应该承认这是一种消极的风险对策。如果处处回避,事事回避,其结果只能是停止发展,直至停止生存。因此应当勇敢地面对风险,适当运用风险回避以外的其他风险对策。

Ⅱ. 多项选择题

1. ABC

解析:风险识别是指风险管理人员在收集资料和调查研究之后,运用各种方法对尚未发生的潜在风险以及客观存在的各种风险进行系统归类和全面识别。风险识别的主要内容是:识别引起风险的主要因素;识别风险的性质;识别风险可能引起的后果。

2. AE

解析:风险评价是将建设工程风险事件的发生可能性和损失后果进行定量化的过程。风险评价的结果主要在于确定各种风险事件发生的概率及其对工程目标影响的严重程度。

3. ACD

解析:工程项目风险的应对策略包括:风险回避;损失控制;风险自留;风险转移。

4. AC

解析:损失控制可分为预防损失和减少损失两方面工作。一般来说,损失控制方案都应当是预防损失措施和减少损失措施的有机结合。

5. ABCE

解析:计划性风险自留常见的损失支付方式有:①从现金净收入中支付;②建立非基金储备;③自我保险;④母公司保险。

6. ABCD

解析:计划性风险自留至少要符合以下条件之一才应予以考虑:①别无选择;②期望损失不严重;③损失可准确预测;④企业有短期内承受最大潜在损失的能力;⑤投资机会很好(或机会成本很大)。

Ⅲ. 判断题

1. √

解析:风险识别的成果是进行风险分析与评价的重要基础。风险识别的最主要成果就是建立风险清单。风险清单最简单的作用是描述存在的风险并记录可能减轻风险的行为。

2. ×

解析:通常,当遇到下列情形时,应考虑风险回避的策略:①风险事件发生概率很大且后果也很大;②发生损失的概率并不大,但当风险事件发生后产生的损失是灾难性的、无法弥补的。

3. ×

解析:风险自留绝不可能单独运用,而应与其他风险对策结合使用。在采用风险自留时,应保证重大和较大的建设工程风险已经进行了工程保险或实施了实施控制计划。

4. ×

解析:计划性风险自留至少要符合以下条件之一时才予以考虑:①别无选择;②期望损失不严重;③损失可准确预测;④企业有短期内承受最大潜在损失的能力;⑤投资机会很好(或机会成本很大)。

5. √

解析:根据风险管理理论,建设工程的风险应由参与建设的各方分担,而风险分担的原则是:任何一种风险都应由最适宜承担该风险或最有能力进行损失控制的一方承担。

6. ×

解析:工程保险并不能转移工程项目中的所有风险,一方面是因为存在不可保风险,另一方面则是因为有些风险不宜保险。因此,对于工程项目而言,应将工程保险与风险回避、损失控制和风险自留结合起来运用。

五、法 律 法 规

(一)合同法的有关内容

Ⅰ.单项选择题

1. B

解析:合同法规定,建设工程合同的形式应当采用书面形式。

2. C

解析:要约是希望和他人订立合同的意思表示。就是说,要约必须是特定人的意思表示,必须是以缔结合同为目的,必须具备合同的主要条款。要约到达受要约人时生效。

3. B

解析:要约的撤回是要约人阻止要约发生效力的意思表示。因此,在要约生效之前要约人对发出的要约进行了修改,其效果等于原要约撤回,而产生新要约。

4. B

解析:要约的撤销是指在要约发生效力之后,要约人欲使其丧失效力而作出的取消该要约的意思表示。要约的撤销就是要约人阻止要约发生效力的意思表示。因此,在要约生效后、承诺生效前,要约人对要约进行的修改,其效果等于原要约撤销,而产生新要约。

5. C

解析:①诺的内容应当与要约的内容一致。如果受要约人对要约中所包含的合同主要条款作出变更,认为是对要约内容的实质性变更,则为新要约。②合同法规定,承诺到达要约人时生效。③承诺可以撤回,但不能撤销。合同法规定,承诺可以撤回,撤回承诺的通知应当在承诺到达要约人之前或者与承诺同时到达要约人。④受要约人超过承诺期限发出承诺的,除要约人及时通知受要约人该承诺有效的以外,为新要约。

6. D

解析:无效合同的确认权直接归属人民法院或仲裁机构,除此之外,任何组织或个人都无权确认合同无效。

7. A

解析:由于可撤销的合同只是涉及当事人意思表示不真实的问题,因此法律对撤销权的行使有一定的限制。法律规定有下列情形之一的,撤销权消灭:

(1)具有撤销权的当事人自知道或者应当知道撤销事由之日起1年内没有行使撤销权。

(2)具有撤销权的当事人知道撤销事由后明确表示或者以自己的行为放弃撤销权。

8. D

解析:合同无效、被撤销或终止的,不影响合同中独立存在的有关解决争议方法的条款的效力。

9. A

解析:无效合同的确认权归属人民法院或仲裁机构,人民法院或仲裁机构对无效合同的确认具有溯及既往的效力。换句话说,无效合同从订立之时起就没有法律效力。

10. B

解析:由题意可知题中所述的合同为可变更或可撤销的合同。该合同被法院裁定予以撤销,合同即为无效的合同,则该合同从订立成立之时起就无效。

11. C

解析:当事人一方不履行合同义务或者履行合同义务不符合约定的,应当承担继续履行、采取补救措施或者赔偿损失等违约责任。当事人可以约定一方违约时应当根据违约情况向对方支付一定数额的违约金,也可以约定因违约产生的损失赔偿额的计算方法。违约的当事人承担了支付违约金或者赔偿金等经济法律责任都不能代替合同的履行。因此,当事人就迟延履行约定债务的,违约方支付违约金后,还应当继续履行债务。

12. A

解析:可变更或可撤销的合同包括:①因重大误解而订立的合同。②在订立合同时显失公平的合同。

一方以欺诈、胁迫的手段或者乘人之危,使对方在违背真实意思的情况下订立的合同,受损害方有权请求人民法院或者仲裁机构变更或者撤销。

当事人请求变更的,人民法院或者仲裁机构不得撤销。

13. C

解析:应当先履行合同债务的当事人,有确切证据证明对方有下列情形之一的,可以中止履行合同:①经营状况严重恶化;②转移财产、抽逃资金,以逃避债务;③丧失商业信誉;④有丧失或者可能丧失履行债务能力的其他情形。

但当事人没有确切证据中止履行的,应当承担违约责任。当事人依照上述规定中止履行的,应当及时通知对方。当对方提供适当担保时,应当恢复履行。中止履行后,对方在合理期限内未恢复履行能力并且未提供适当担保的,中止履行的一方可以解除合同。

14. D

解析:格式条款是当事人为了重复使用而预先拟定,并在订立合同时未与对方协商的条款。对格式条款的理解发生争议的,应当按照通常理解予以解释。对格式条款有两种以上解释的,应当作出不利于提供格式条款一方的解释。格式条款和非格式条款不一致的,应当采用非格式条款。

15. D

解析:《合同法》规定,执行政府定价或政府指导价的,在合同约定的交付期限内政府价格调整时,按照交付时的价格计价。逾期交付标的物的,遇价格上涨时,按照原价格执行;价格下降时,按照新价格执行。逾期提取标的物或者逾期付款的,遇价格上涨时,按照新价格执行;价格下降时,按照原价格执行。

16. B

解析:调解是指合同当事人于争议发生后,在第三者的主持下,根据事实、法律和合同,经过第三者的说服与劝解,使发生争议的合同当事人双方互谅、互让,自愿达成协议,从而公平、合理地解决争议的一种方式。参与调解的第三者不同,调解的性质也就不同。调解有民间调解、仲裁机构调解、法庭调解三种。

17. C

解析:缔约过失责任发生于合同不成立或者合同无效的缔约过程中。缔约过失责任的表现形式是赔偿损失。

当事人在订立合同过程中有下列情况之一，给对方造成损失的，应当承担缔约过失责任（即损害赔偿责任）：①假借订立合同，恶意进行磋商；②故意隐瞒与订立合同有关的重要事实或者提供虚假情况；③有其他违背诚实信用原则的行为。

18. B

解析：合同法规定，履行费用的负担约定不明确的，由履行义务一方负担。

19. C

解析：可变更、可撤销合同是指欠缺一定的合同生效条件，但当事人一方可依照自己的意思使合同的内容得以变更或者使合同的效力归于消灭的合同。可变更、可撤销的合同不同于无效合同，当事人提出请求是合同被变更、撤销的前提。当事人如果只要求变更合同，人民法院或仲裁机构不得撤销合同。

20. A

解析：只有履行合同才能实现合同目的。同时，违约的一方当事人承担赔偿损失，或支付违约金，或采取补救措施等都不能代替合同的履行。

21. C

解析：合同的撤销权应由合同当事人行使，并应向人民法院或者仲裁机构主张该项权利。换句话说，拥有撤销权的合同当事人向人民法院或者仲裁机构提出请求是合同被撤销的前提。

22. B

解析：调解可以分为民间调解、仲裁机构调解、法院调解。

23. C

解析：《合同法》规定，合同终止，不影响合同中结算条款、清理条款的效力，也不影响解决争议条款的效力。

24. D

解析：合同当事人承担违约责任的方式包括：继续履行，采取补救措施，赔偿损失，支付违约金，定金罚则。

25. B

解析：先履行抗辩权是指当事人互负债务，有先后履行顺序，先履行一方未履行的，后履行一方有权拒绝其履行要求；先履行一方履行债务不符合约定的，后履行一方有权拒绝其相应的履行要求。

26. A

解析：承担违约责任的条件主要包括：①有违约行为；②行为人本身有过错。

27. C

解析：（1）合同争议的仲裁实行“一裁终局制”，裁决做出后，当事人就同一争议再申请仲裁的，仲裁机构不予受理。

（2）仲裁是基于双方当事人达成的仲裁协议进行的，这就排除了法院对争议的管辖权。因此，仲裁机构做出的裁决不受法院的司法管辖，法院不再受理已经裁决的合同争议案件。

（3）仲裁机构的裁决做出后，当事人应当履行。当一方当事人不履行仲裁裁决时，另一方当事人可以向人民法院申请强制执行。接受申请的人民法院应当执行。

28. A

解析:当事人采用仲裁方式解决争议的,应当双方自愿,并达成仲裁协议。如有一方不同意仲裁的,仲裁机构即无权受理。换句话说,合同双方当事人自愿达成的仲裁协议是仲裁机构受理合同争议的前提条件。合同双方当事人如果未达成仲裁协议,则只能以诉讼作为解决合同争议的最终方式。

29. E

解析:合同履行的主要原则有:全面适当履行原则和诚实信用原则。全面适当履行原则是指当事人应当按照合同约定全面履行自己的义务,即按合同约定的标的、价款、数量、质量、地点、期限、方式等全面履行各自的义务。本题所述表明,承包人没有履行所承担的确保工程质量的义务,因此违反了全面适当履行的要求。

Ⅱ. 多项选择题

1. ABDE

解析:合同法的基本原则包括:平等原则、自愿原则、公平原则、守法原则(又称合法原则)、诚实信用原则、法律约束力原则。

2. BCE

解析:《合同法》规定,建设工程合同包括:工程勘察合同、工程设计合同和工程施工合同。

3. ABCD

解析:合同法规定,合同的内容应由当事人约定,但一般应包含以下条款:①当事人的名称或者姓名和住所;②标的;③数量;④质量;⑤价款或者报酬;⑥履行期限、地点和方式;⑦违约责任;⑧解决争议的方法。

4. ADE

解析:当事人在订立合同过程中有下列情形之一,给对方造成损失的,应当承担缔约过失责任(或订约过错责任):①假借订立合同,恶意进行磋商。②故意隐瞒与订立合同有关的重要事实或提供虚假情况。③有其他违背诚实信用原则的行为。

5. ACE

解析:合同法规定,有下列情形之一的合同无效:①一方以欺诈、胁迫的手段订立的,损害国家利益的合同。②恶意串通,损害国家、集体或第三人利益的合同。③以合法的形式掩盖非法目的的合同。④损害社会公共利益的合同。⑤违反法律、行政法规的强制性规定的合同。

6. CD

解析:合同履行的原则主要有:全面履行原则,诚实信用原则。

7. ABE

解析:合同生效后,当事人就质量、价款或者报酬、履行地点等内容没有约定或者约定不明的,可以协议补充,不能达成补充协议的,按照合同有关条款或者交易习惯确定。如果按照上述办法仍不能确定合同如何履行的,则应按合同法的有关规定履行。

8. ABCD

解析:承担违约责任的方式有:①继续履行;②赔偿损失;③支付违约金;④采取补救措施;⑤定金罚则。

9. ABDE

解析:合同争议也称合同纠纷,是指合同当事人对合同规定的权利和义务产生了不同的理解而产生的争执。合同争议的解决方式有:和解、调解、仲裁、诉讼四种。

10. BCE

解析:有下列情形之一的,要约失效:①拒绝要约的通知到达要约人;②要约人依法撤销要约;③承诺期限届满,受要约人未作出承诺;④受要约人对要约内容作出实质性变更。

11. ACDE

解析:合同法中规定的解除合同的条件即为法定解除条件。合同法规定可以解除合同的条件包括:①因不可抗力致使不能实现合同目的;②在履行期限届满之前,当事人一方明确表示或者以自己的行为表明不履行主要债务;③当事人一方迟延履行主要债务,经催告后在合理期限内仍未履行;④当事人一方迟延履行债务或者有其他违约行为致使不能实现合同目的。

12. ABC

解析:合同争议的解决方式有和解、调解、仲裁、诉讼四种。其中,和解、调解和仲裁是建立在双方都自愿的基础上,只有双方当事人自愿才能采用。而诉讼无需双方当事人自愿,只要一方当事人愿意即可进行。

Ⅲ.判断题

1. √

解析:当事人依法可以享有的权利和能够承担的义务是合同实际履行和全面履行的条件,也只有在此条件下合同才可以得以履行,才能实现合同目的。因此,合同生效的条件之一就是合同双方当事人应具有相应的民事权利能力和民事行为能力。

2. ×

解析:订立合同的过程就是双方当事人采用要约和承诺方式进行协商的过程。要约和承诺是达成合意的方式。因此,合同的成立必须经过要约和承诺两个阶段,这被称为合同订立的程序。

3. ×

解析:受要约人对要约的内容作出变更的,不会导致要约失效。但受要约人对要约的内容作出实质性变更的,则说明受要约人提出了新要约,新要约意味着对原要约的拒绝,使原要约失去效力。

4. ×

解析:通常情况下,受要约人超出承诺期限发出的承诺是无效的。如果受要约人超出承诺期限发出承诺,但要约人及时通知受要约人该承诺有效的,则该承诺是有效的。

5. ×

解析:格式条款是指当事人为了重复使用而预先拟订,并在订立合同时未与对方协商的条款。

6. ×

解析:一方以欺诈、胁迫的手段订立的合同,如果该合同没有损害国家利益,则为可变更或可撤销合同,但该合同如果损害了国家利益,则属于无效合同。

7. ×

解析:损害社会公共利益的合同属于无效合同。可变更或可撤销的合同包括以下几类合同:①因重大误解而订立的合同;②在订立时显失公平的合同;③一方以欺诈、胁迫的手段订立的合同;④乘人之危而订立的合同。

8. ×

解析:合同通过招标投标方式订立时,招标人发布招标公告(或发出投标邀请书)是要约邀请;投标人向招标人递交投标文件是要约;招标人向中标人发出中标通知书是承诺。

9. ×

解析:当事人承担违约责任的基本条件有两个:一是有违约行为;二是本身有过错。因此,如果合同当事人一方不履行合同或不适当履行合同的违约行为是由自身的过错造成的,则应当承担违约责任。反之,如果合同当事人一方不履行合同或不适当履行合同的违约行为不是由本身过错造成的,而是由不可抗力造成的,则违约责任可以全部或部分免除。

10. ×

解析:由于违约金和赔偿金都具有赔偿性。如果同时约定违约金和赔偿金,那么一方违约时,则需要同时向对方支付违约金和赔偿金,这相当于向对方作了两次赔偿,显然有悖于公平原则。因此,当事人要么约定违约金,要么约定赔偿金,约定违约金和赔偿金不能同时采用。

11. √

解析:当事人采用仲裁方式解决合同纠纷,应当双方自愿,并达成仲裁协议。如有一方不同意进行仲裁,仲裁机构即无权受理。换句话说,双方自愿达成的仲裁协议是仲裁机构对纠纷进行仲裁的先决条件,仲裁机构应按仲裁协议进行仲裁。

12. ×

解析:合同鉴证或公证是指国家工商行政管理部门或公证机构根据合同当事人的申请,依法对合同的真实性和合法性进行审查和确定的法律制度。合同鉴证或公证都实行自愿的原则。合同是否进行鉴证或公证对合同的效力没有影响。

13. √

解析:合同争议的解决方式中,和解、调解和仲裁都必须双方当事人自愿才能进行。而诉讼方式则不需要双方自愿,只要一方当事人意思表示即可进行。因此,合同双方当事人如果未约定仲裁协议,则只能以诉讼作为解决合同争议的最终方式。

(二)公路法、招标投标法、政府采购法、土地管理法、价格法、物权法、国有土地上房屋征收与补偿条例等法律法规中与工程造价有关的内容

Ⅰ. 单项选择题

1. C

解析:公路建设资金的来源包括政府财政拨款、征收、贷款、发行债券和股票等。

2. B

解析:邀请招标是指招标人以投标邀请书的方式邀请特定的法人或者其他组织投标。邀请招标必须向3个以上的潜在投标人发出投标邀请。

3. B

解析:由同一专业的单位组成的联合体,按照资质等级较低的单位确定联合体的资质等级。

4. C

解析:评标委员会由招标人依法组建。评标委员会由招标人代表和有关技术、经济等方面的专家组成。评标委员会的成员人数为5人以上的单数,其中,技术、经济等方面的专家不得少于成员总数的2/3。

5. C

解析:招标投标法规定,招标人应合理确定投标人编制投标文件的时间。自招标文件开始发售之日起至投标人提交投标文件截止之日止,最短不得少于20日。交通运输部规定,高速公路、一级公路、技术复杂的特大桥梁、特长隧道不得少于28日,其他公路工程不得少于20日。

6. D

解析:招标投标法规定,招标人和中标人应当自中标通知书发出之日起30日内,按照招标文件和中标人的投标文件订立书面合同。

7. C

解析:依法必须进行招标的项目,其评标委员会由招标人的代表和有关技术、经济等方面的专家组成,成员人数为5人以上的单数。其中,技术、经济等方面的专家不得少于成员总数的2/3。联合体中标的,联合体各方应当共同与招标人签订合同,就中标的项目向招标人承担连带责任。

8. B

解析:政府采购的方式包括:公开招标、邀请招标、竞争性谈判、单一来源采购、询价等。由于公开招标的竞争性最充分、透明性最高,因此公开招标应作为政府采购的主要方式。

9. D

解析:政府采购合同履行中,采购人需追加与合同标的相同的货物、工程或服务,在不改变合同其他条款的前提下,可以与供应商协商签订补充合同,但所有补充合同的采购金额不得超过原合同采购金额的10%。

10. D

解析:①政府采购的对象为货物、工程和服务。②政府采购的买方是指各级国家机关、事业单位和团体组织。③政府采购实行集中采购和分散采购相结合。④政府采购所使用的资金是财政性资金。

11. D

解析:符合下列情形之一的货物或服务,可以采用单一来源方式采购:①只能从唯一供应商处采购;②发生了不可预见的紧急情况,不能从其他供应商处采购;③必须保证原有采购项目一致性或服务配套的要求,需要继续从原供应商处添购,且添购资金总额不得超过原合同采购金额的10%。

12. D

解析:征收土地应当按照被征收土地的原用途给予补偿。征收耕地的补偿费用包括土地补偿费、安置补助费以及地上附着物和青苗的补偿费。其中,土地补偿费,为该耕地被征收前3年平均年产值的6~10倍;安置补助费,按照需要安置的农业人口数计算。每一个需要安置的农业人口的安置补助费标准,为该耕地被征收前3年平均年产值的4~6倍。但是,每公顷被征收耕地的安置补助费,最高不得超过被征收前3年平均年产值的15倍。征地补偿安置方案确定后,有关地方人民政府应当公告,并听取被征地的农村集体经济组织和农民的意见。

13. D

解析:征收耕地的补偿费用包括土地补偿费、安置补助费以及地上附着物和青苗的补偿费。其中,土地补偿费,为该耕地被征收前3年平均年产值的6~10倍;安置补助费,按照需要安置的农业人口数计算。每一个需要安置的农业人口的安置补助费标准,为该耕地被征收前3年平均年产值的4~6倍。但是,每公顷被征收耕地的安置补助费,最高不得超过被征收前3年平均年产值的15倍。

14. D

解析:《土地管理法》规定,各省、自治权、直辖市划定的基本农田应当占本行政区域内耕地的80%以上。

15. B

解析:必要时,政府可以对下列商品和服务价格实行政府指导价或政府定价:①与国民经济发展和人民生活关系重大的极少数商品价格;②资源稀缺的少数商品价格;③自然垄断经营的商品价格;④重要的公用事业价格;⑤重要的公益性服务价格。

16. B

解析:政府应当依据有关商品或者服务的社会平均成本和市场供求状况、国民经济与社会发展要求以及社会承受能力,实行合理的购销差价、批零差价、地区差价和季节差价。在制定关系群众切身利益的公用事业价格、公益性服务价格、自然垄断经营的商品价格时,应当建立听证会制度,征求消费者、经营者和有关方面的意见。

17. D

解析:《国有土地上房屋征收与补偿条例》规定,被征收房屋价值的补偿标准由具有相应资质的房地产价格评估机构按照房屋征收评估办法评估确定。

Ⅱ. 多项选择题

1. ACDE

解析:收费经营期限按照收回投资并有合理回报的原则,由有关交通主管部门与投资者约定并按照国家有关规定办理审批手续,但最长不得超过国务院规定的年限。

2. ABCE

解析:无论采用何种招标方式,招标人都应对申请参加投标的潜在投标人进行资质条件、业绩、信誉、技术、资金等多方面的情况进行资格审查。

3. BE

解析:依据招标投标法规定,中标人的投标应当符合下列条件之一:

(1)能够最大限度地满足招标文件中规定的各项综合评价标准。

(2)能够满足招标文件的实质性要求,经评审的投标价格最低,但是,投标价格低于成本的除外。

4. BDE

解析:《政府采购法》规定,符合下列情形之一的货物或服务,可采用竞争性谈判方式采购:

(1)招标后没有供应商投标或没有合格标的或重新招标未能成立;

(2)技术复杂或性质特殊,不能确定详细规格或具体要求;

(3)采用招标所需时间无法满足用户紧急需要;

(4)不能事先计算出价格总额。

5. BCE

解析:政府采购的方式包括公开招标、邀请招标、竞争性谈判、单一来源采购、询价等,其中,公开招标应作为政府采购的主要方式。政府采购实行集中采购和分散采购相结合。集中采购的范围由省级以上人民政府公布的集中采购目录确定。政府采购当事人包括采购人、供应商和采购代理机构等。采购代理机构是指根据采购人的委托办理采购事宜的集中采购机构,是非营利事业法人。

6. ABCE

解析:(1)建设用地需征用下列土地的,由国务院批准:①基本农田;②基本农田以外的耕地超过35公顷的;③其他土地超过70公顷的。征用上述规定以外的土地,由省、自治权、直辖市人民政府批准,并报国务院备案。

(2)征收耕地的补偿费用包括土地补偿费、安置补助费以及地上附着物和青苗的补偿费。其中,土地补偿费,为该耕地被征收前3年平均年产值的6~10倍;安置补助费,按照需要安置的农业人口数计算。每一个需要安置的农业人口的安置补助费标准,为该耕地被征收前3年平均年产值的4~6倍。但是,每公顷被征收耕地的安置补助费,最高不得超过被征收前3年平均年产值的15倍。

(3)为公共利益需要使用土地的,有关土地行政主管部门报经人民政府批准后可以收回国有土地使用权。

7. ACE

解析:必要时,政府可以对下列商品和服务价格实行政府指导价或政府定价:①与国民经济发展和人民生活关系重大的极少数商品价格;②资源稀缺的少数商品价格;③自然垄断经营的商品价格;④重要的公用事业价格;⑤重要的公益性服务价格。

8. ABC

解析:政府应当依据有关商品或者服务的社会平均成本和市场供求状况、国民经济与社会发展要求以及社会承受能力,实行合理的购销差价、批零差价、地区差价和季节差价。在制定关系群众切身利益的公用事业价格、公益性服务价格、自然垄断经营的商品价格时,应当建立听证会制度,征求消费者、经营者和有关方面的意见。

9. ABCE

解析:当重要商品和服务价格显著上涨或者有可能显著上涨,国家可以对部分价格采取干预措施。采取的干预措施有:规定限价、限定差价率或利润率、提价申报制度、调价备案制度等。

10. ABC

解析:物权是民事主体依法对特定的物进行管领支配,享有利益并排除他人干涉的权利,包括所有权、用益物权和担保物权。

11. ACDE

解析:房屋征收与补偿的主要原则如下:①公平补偿原则;②决策民主、程序正当、结果公开原则;③保证改善居住生活水平不降原则;④先补偿、后搬迁原则。

Ⅲ. 判断题

1. ×

解析:建设工程的招标方式分为公开招标、邀请招标两种。

2. ×

解析:投标人在招标文件确定的提交投标文件截止时间之前,可以补充、修改或撤回已提交的投标文件。在招标文件确定的提交投标文件截止时间之后,不得对投标文件进行补充、修改或撤回。

3. ×

解析:政府采购的方式包括:公开招标、邀请招标、竞争性谈判、单一来源采购、询价等,公开招标应作为政府采购的主要方式。

4. √

解析:土地管理法规定,征用下列土地的,由国务院批准:①基本农田;②基本农田以外的耕地超过35公顷的;③其他土地超过70公顷的。

(三)建筑、标准化、保险、税收、水土保持、环境保护、文物、矿产资源、森林等相关领域法律法规中与工程造价有关的内容

Ⅰ.单项选择题

1. C

解析:建设单位应当自领取施工许可证之日起3个月内开工。因故不能开工,应当向发证机关申请延期;延期以两次为限,每次不超过3个月;既不开工又不申请延期或者超过延期时限,施工许可证自行废止。在建工程因故中止施工,建设单位应当自中止施工之日起1个月内,向发证机关报告,并按照规定做好建设工程的维护管理工作。建筑工程恢复施工时,应当向发证机关报告;对中止施工满1年的工程,恢复施工前,建设单位应当报发证机关核验施工许可证。

2. B

解析:建筑工程发包分为招标发包和直接发包两类。建筑工程依法实行招标发包,对不适于招标发包的可以直接发包。政府投资大、中型和限额以上的工程项目,必须采用招标发包方式;特殊专业工程等项目,可以采取协议方式发包,也可以直接发包。

3. C

解析:环境保护的“三同时”制度是指:建设项目中防治污染的措施,必须与主体工程同时设计、同时施工、同时投产使用。

4. B

解析:①可能造成重大环境影响的,应当编制环境影响报告书,对产生的环境影响进行全面评价。②可能造成轻度环境影响的,应当编制环境影响报告表,对产生的环境影响进行分析或者专项评价。③对环境影响很小、不需要进行环境评价的,应当填报环境影响登记表。

5. B

解析:①因工程建设需要的文物原址保护、迁移、拆除等费用,由建设单位列入建设工程预算。②因进行基本建设和生产建设需要的考古调查、勘探、发掘,所需费用由建设单位列入建设工程预算。

6. A

解析:《森林法》规定,需要临时占用林地的,应当经县级以上人民政府林业主管部门批准。临时占用林地的期限不得超过2年,并不得在临时占用的林地上修建永久性建筑物;占用期满后,用地单位必须恢复林业生产条件。

Ⅱ.多项选择题

1. ABCE

解析:承包单位将其承包的部分建筑工程转包给他人不属于禁止行为,但是承包单位将其承包的全部建筑工程转包给他人则属于禁止行为。

2. ACE

解析:建筑施工企业对建筑材料、构配件和设备进行检验,应依据工程设计要求、施工技术标准、合同的约定,不合格的不得使用。

3. ABDE

解析:建筑工程一切险承保的内容包括:工程本身;临时工程;全部存放于工地,为施工所必需的材料;场地清理费;工地内现有的建筑物等。

Ⅲ. 判断题

1. ×

解析:建筑工程开工前,建设单位应当按照国家有关规定向工程所在地县级以上人民政府建设行政主管部门申请领取施工许可证。

2. ×

解析:按照国务院有关规定批准开工报告的建筑工程,因故不能按期开工或中止施工的,应当及时向批准机关报告情况。因故不能按期开工超过 6 个月的,应当重新办理开工报告的批准手续。

3. ×

解析:保险合同中的投保人和被保险人受益人可以是同一人,也可以不是同一人。如果投保人和被保险人受益人不是同一人,那么,在保险合同中必须指明被保险人、受益人。

4. ×

解析:建设项目实施后可能造成重大环境影响的,应当编制环境影响报告书,对产生的环境影响进行全面评价;对可能造成轻度环境影响的,应当编制环境影响报告表,对产生的环境影响进行分析或者专项评价。